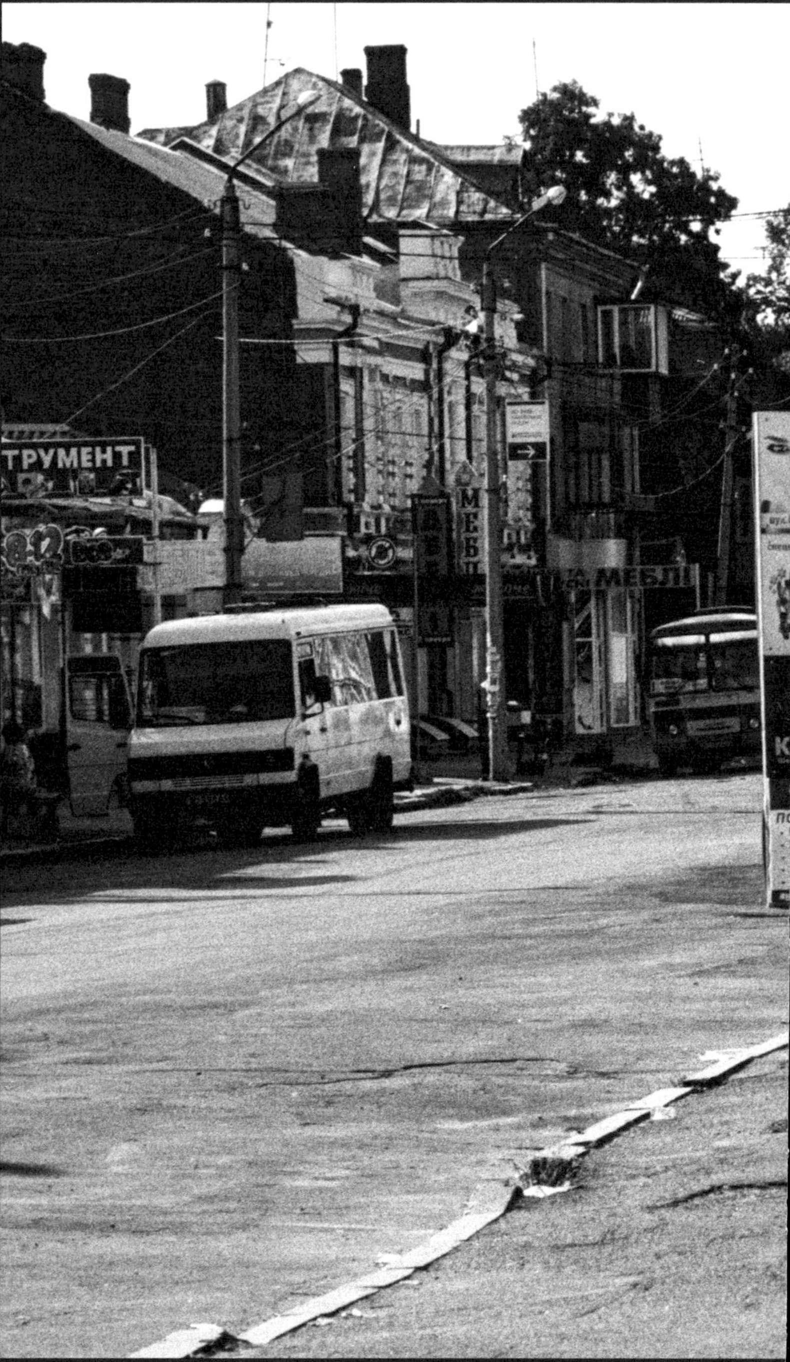

Полтава
Poltava **2012**

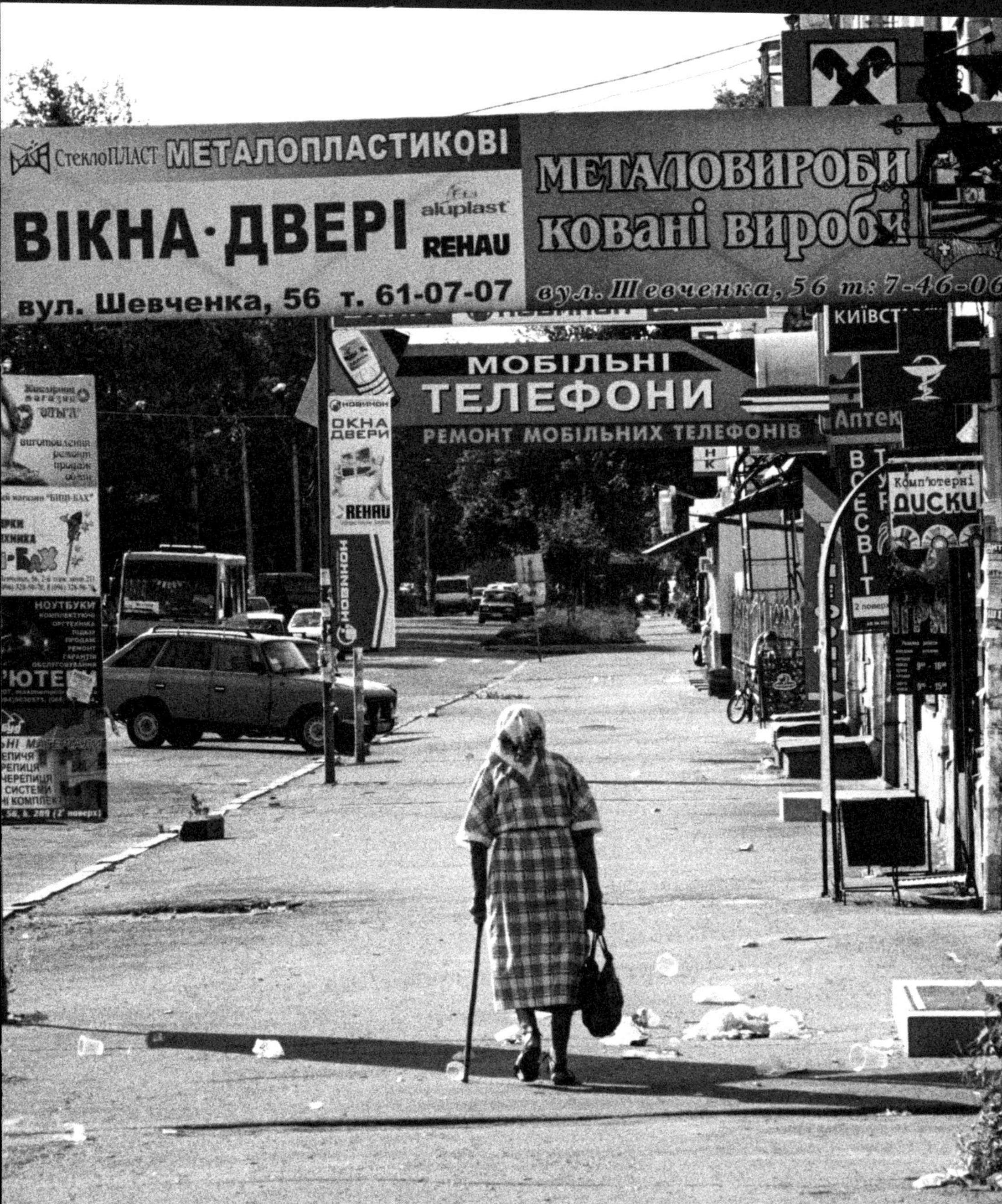
СтеклоПЛАСТ МЕТАЛОПЛАСТИКОВІ
ВІКНА · ДВЕРІ
aluplast
REHAU
вул. Шевченка, 56 т. 61-07-07
МЕТАЛОВИРОБИ
ковані вироби
вул. Шевченка, 56 т: 7-46-06
МОБІЛЬНІ
ТЕЛЕФОНИ
РЕМОНТ МОБІЛЬНИХ ТЕЛЕФОНІВ
ОКНА ДВЕРИ
REHAU
Комп'ютерні
ДИСКИ
НОУТБУКИ

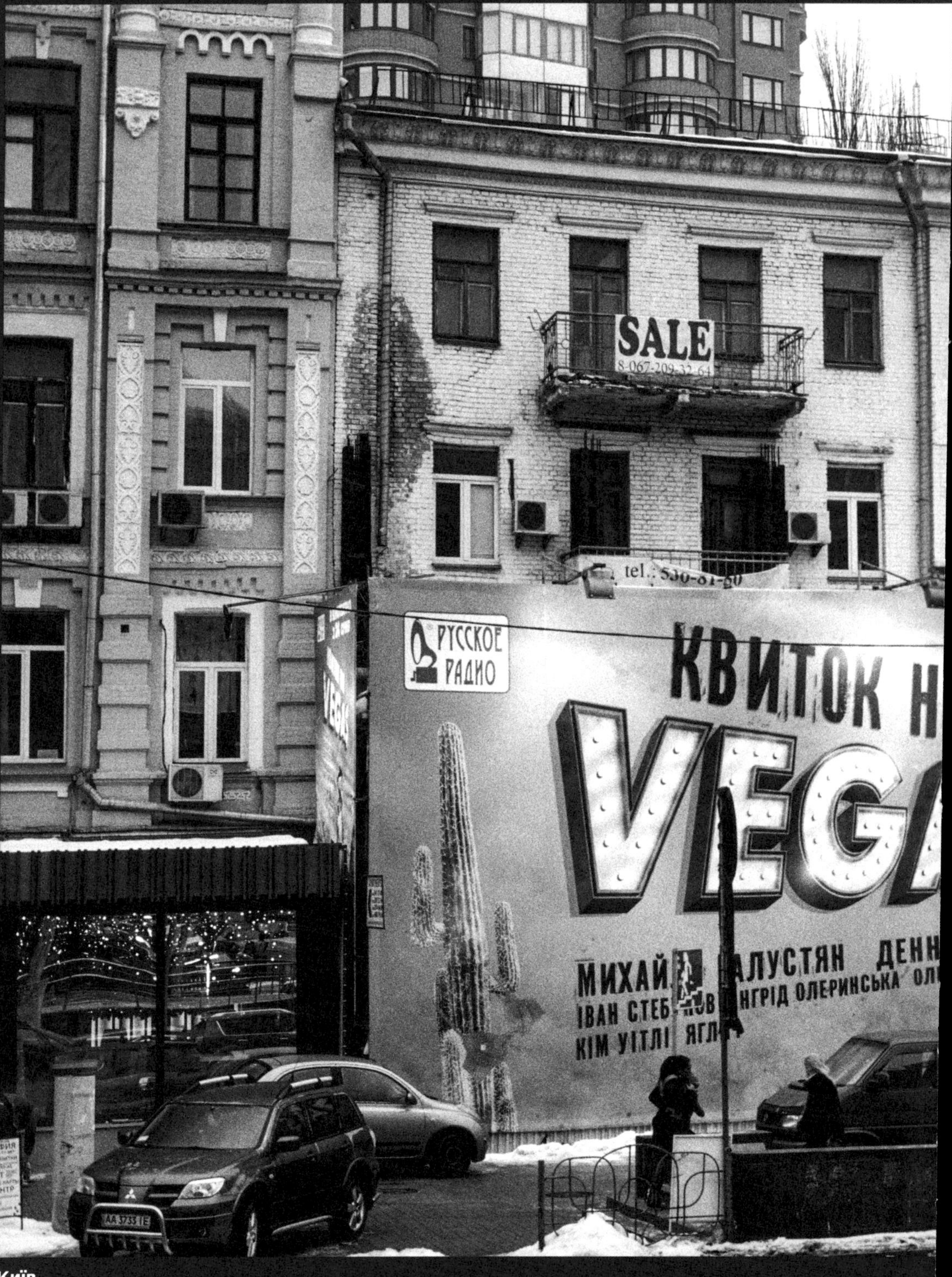

Київ
Kyiv 2013

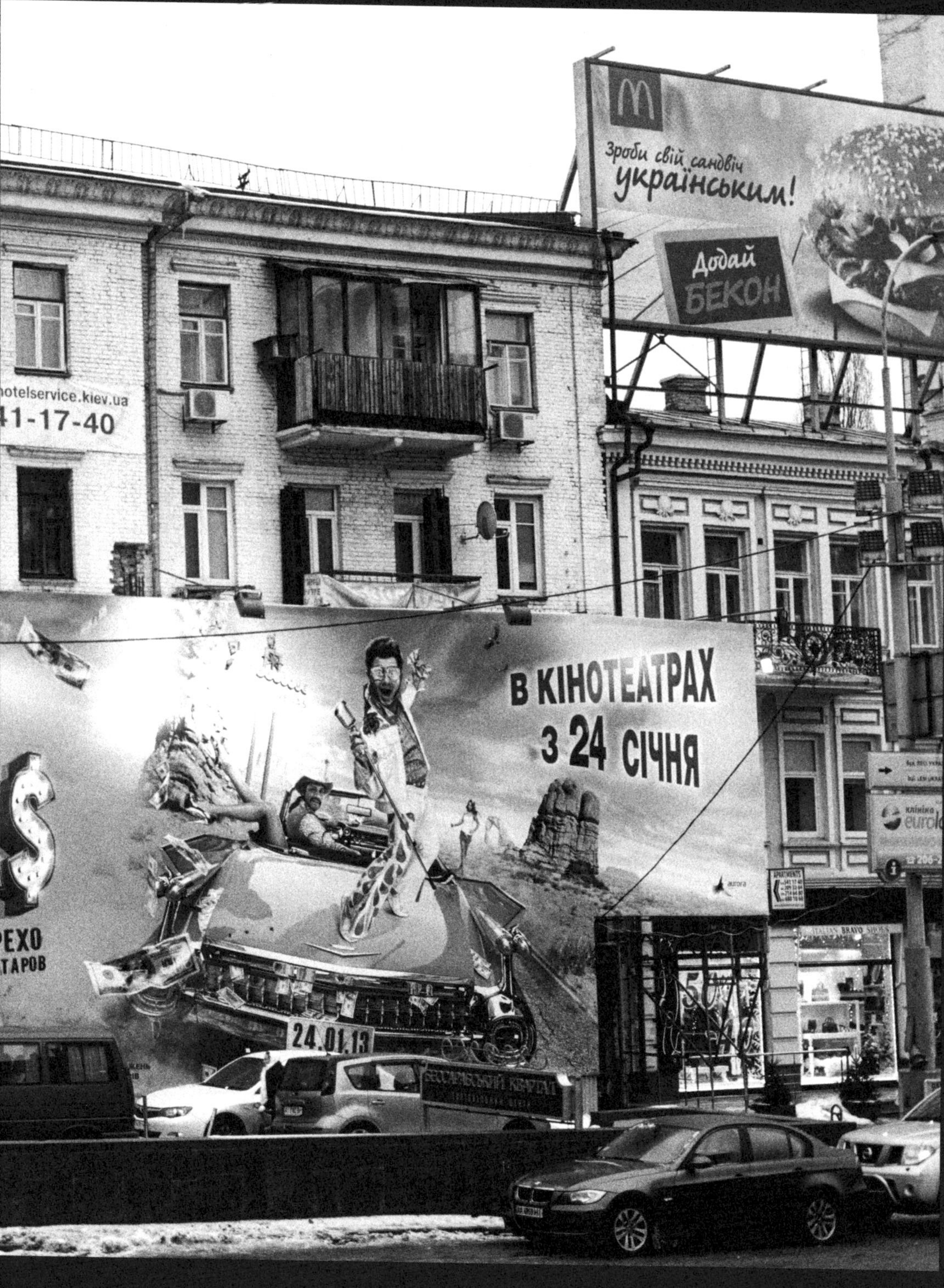
Зроби свій сандвіч
українським!
Додай
БЕКОН
otelservice.kiev.ua
41-17-40
В КІНОТЕАТРАХ
з 24 СІЧНЯ
РЕХО
ТАРОВ
24.01.13

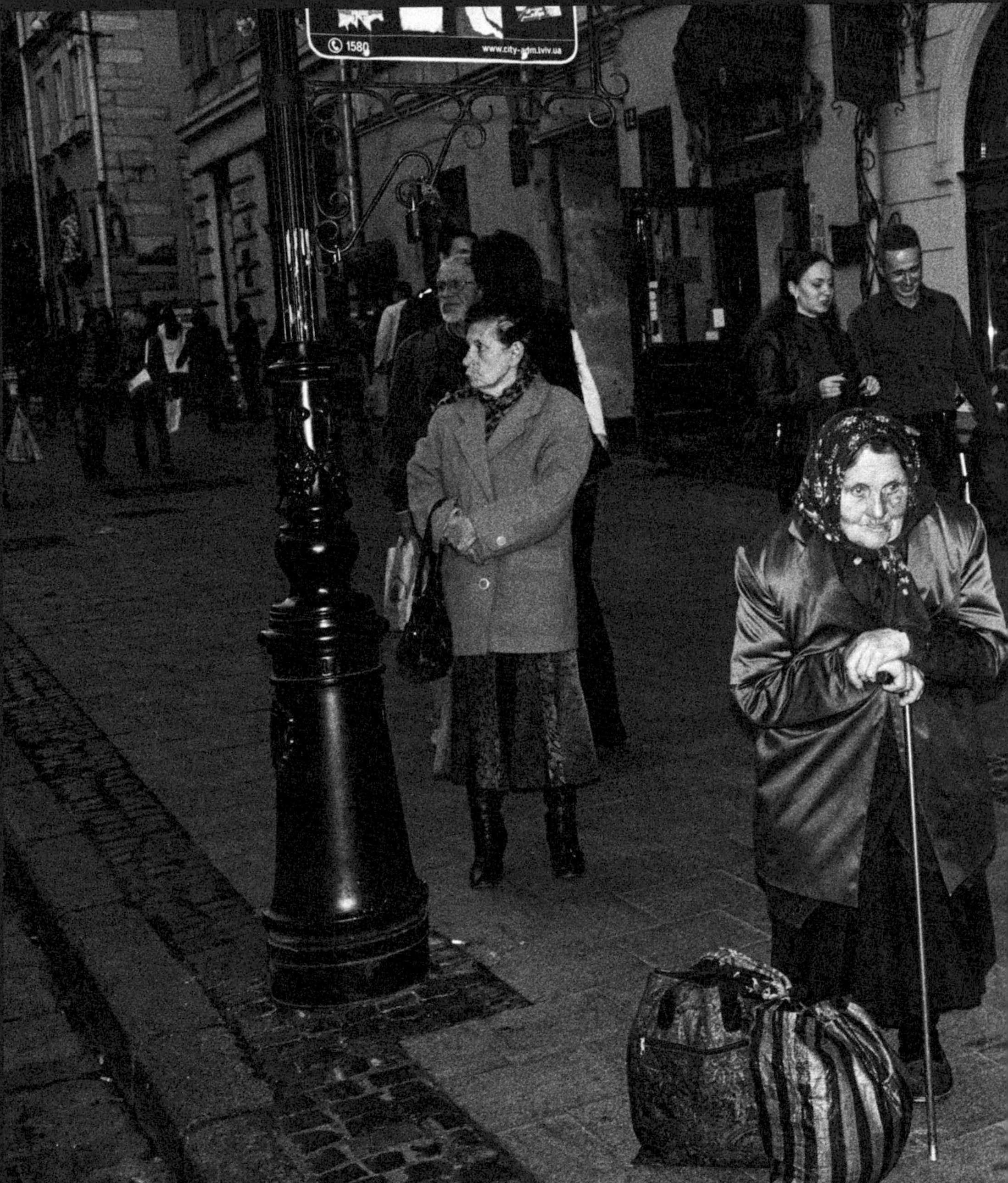

Львів
Lviv 2012

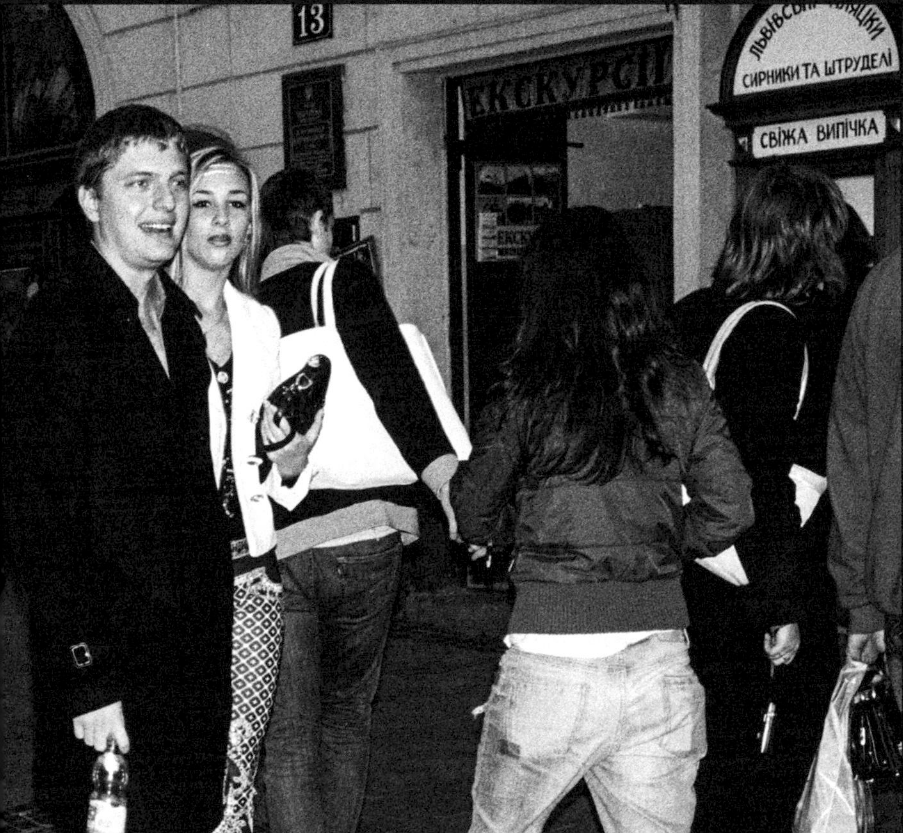
13
СИРНИКИ ТА ШТРУДЕЛІ
СВІЖА ВИПІЧКА

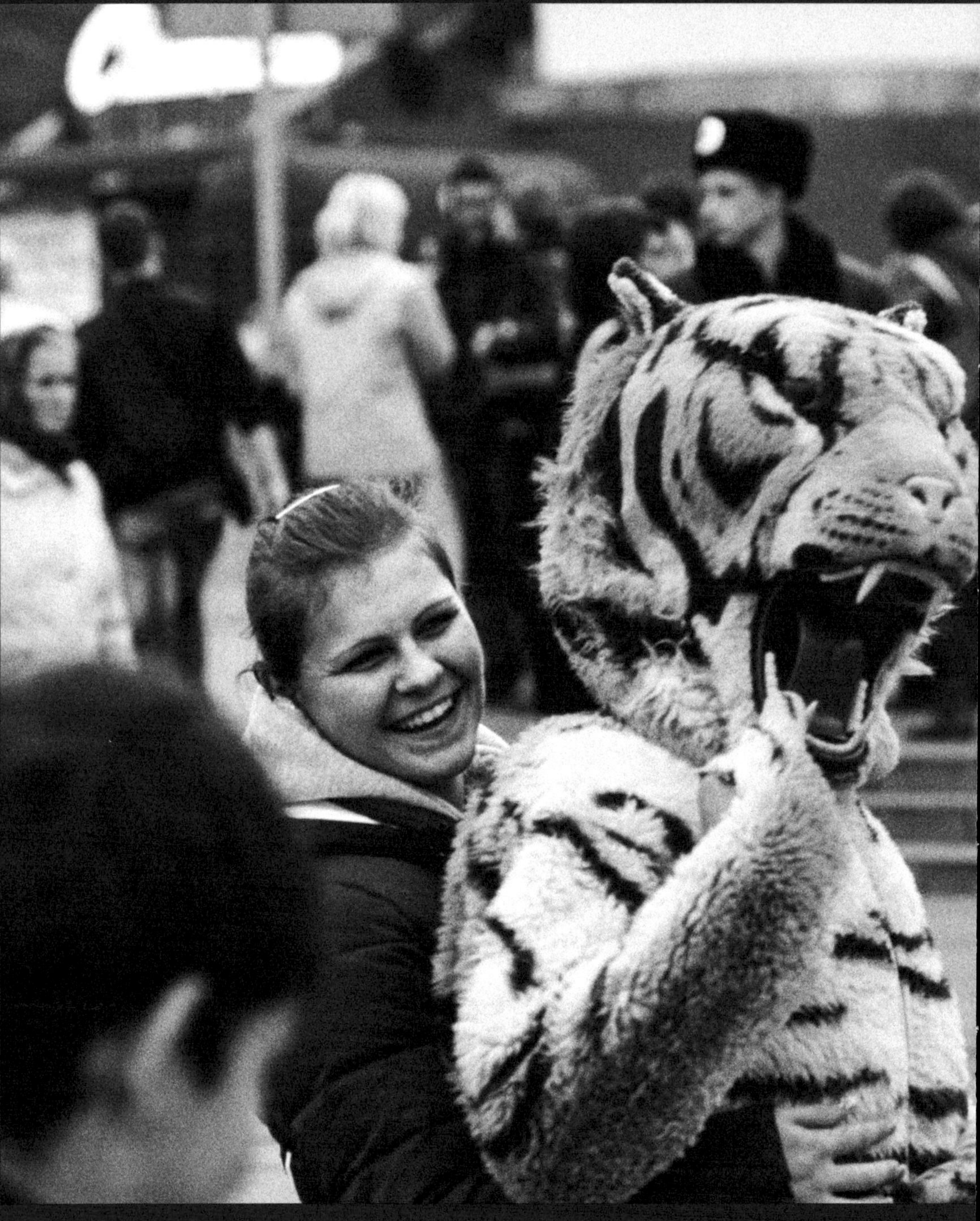

Київ
Kyiv 2012

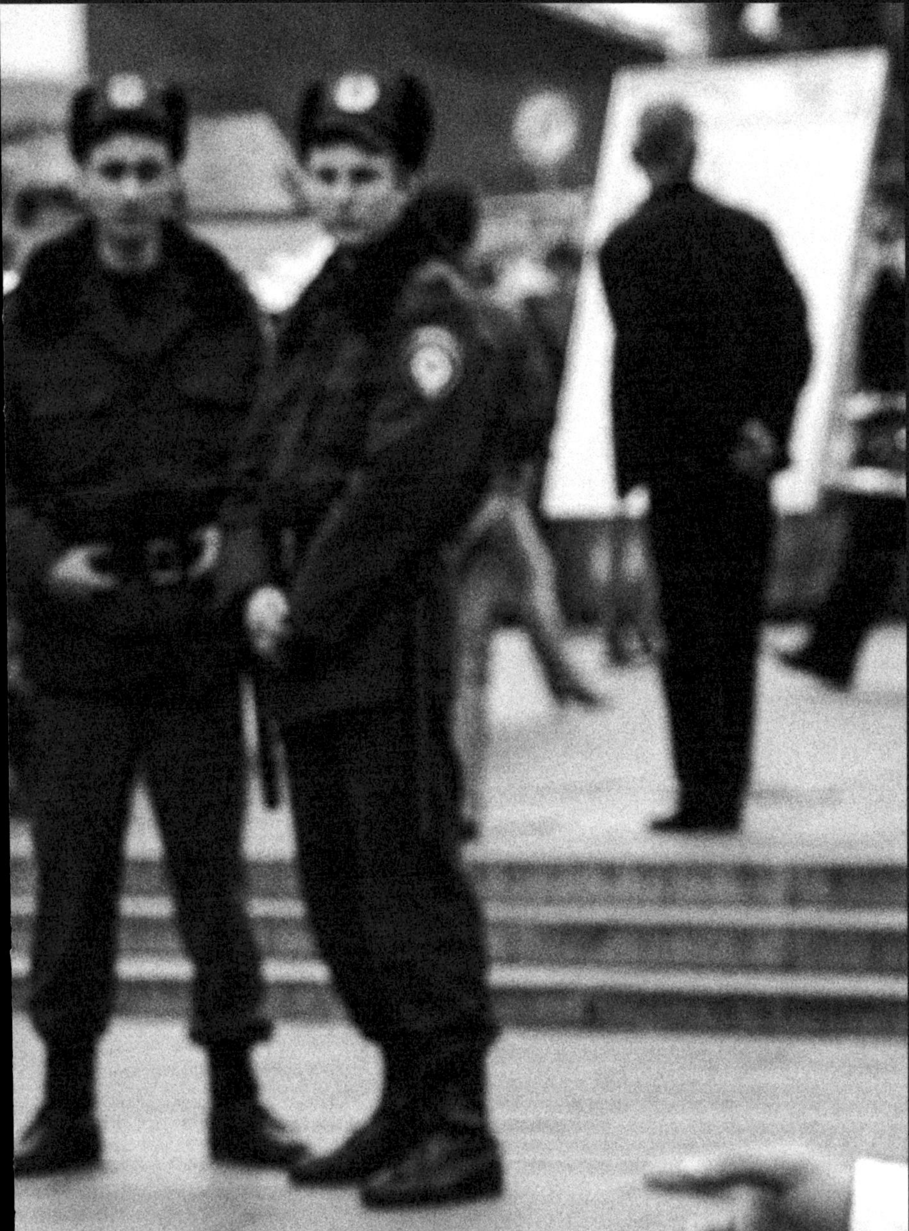

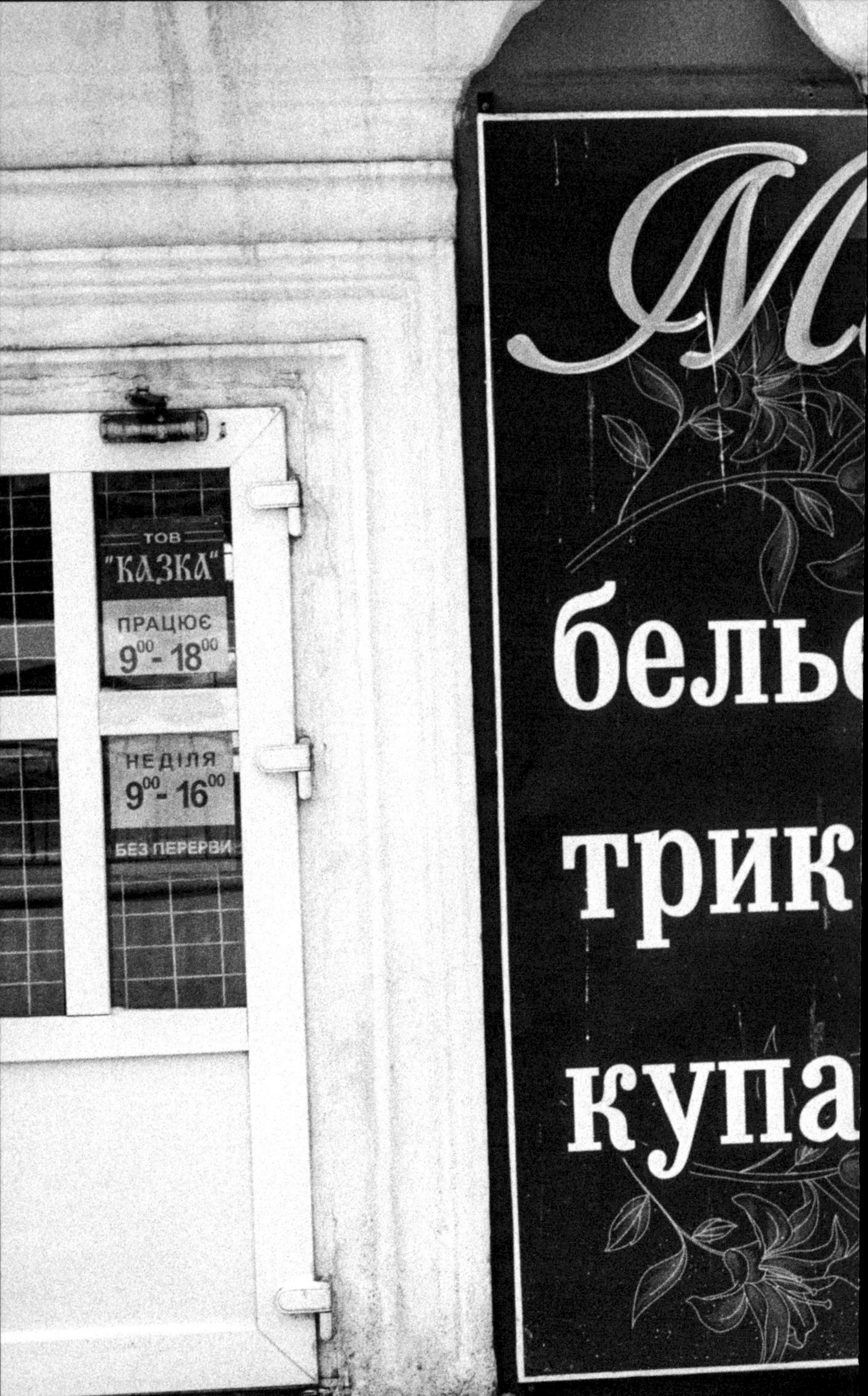

Маріуполь
Mariupol 2013

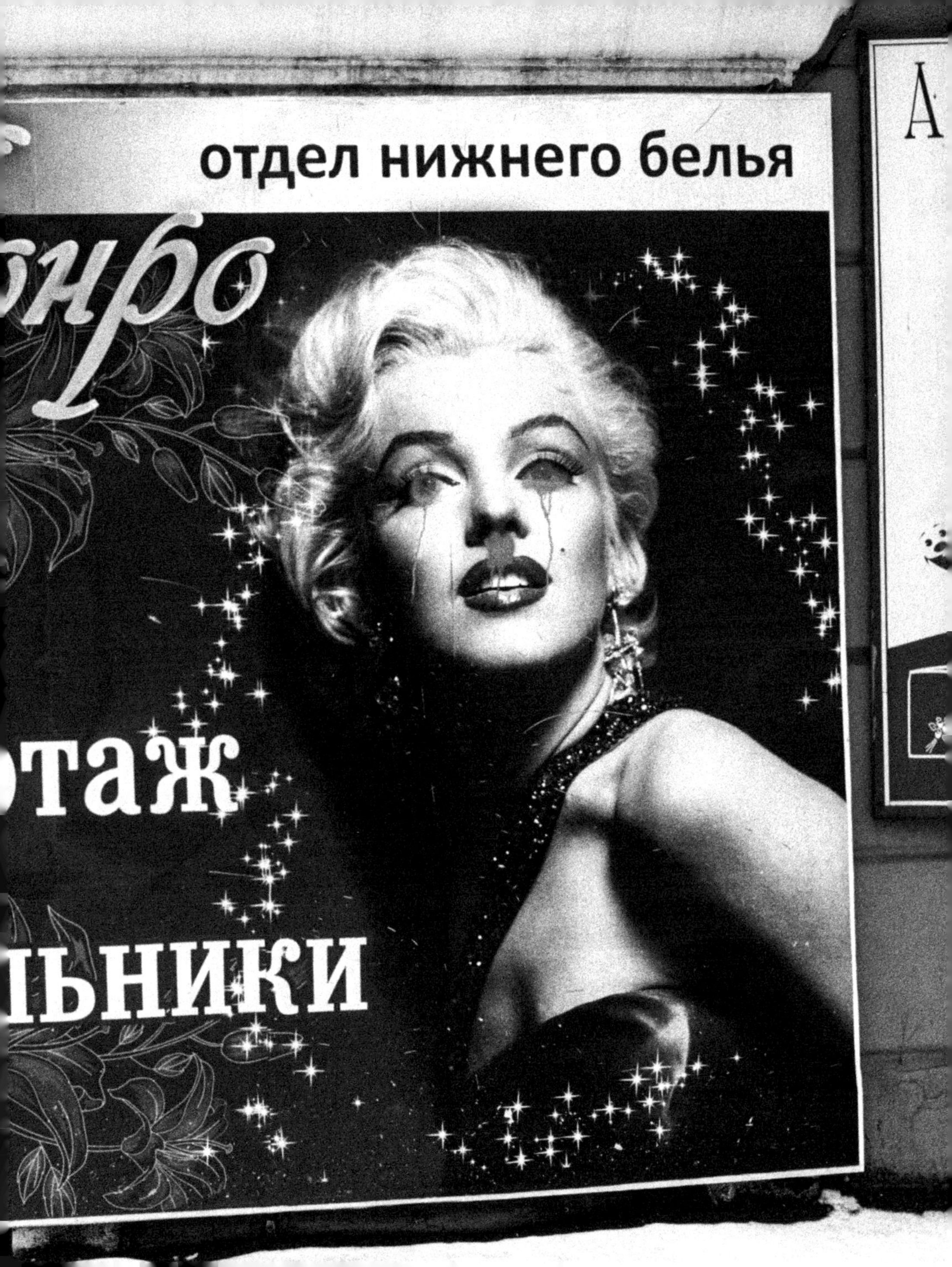
отдел нижнего белья
нро
таж
ьники

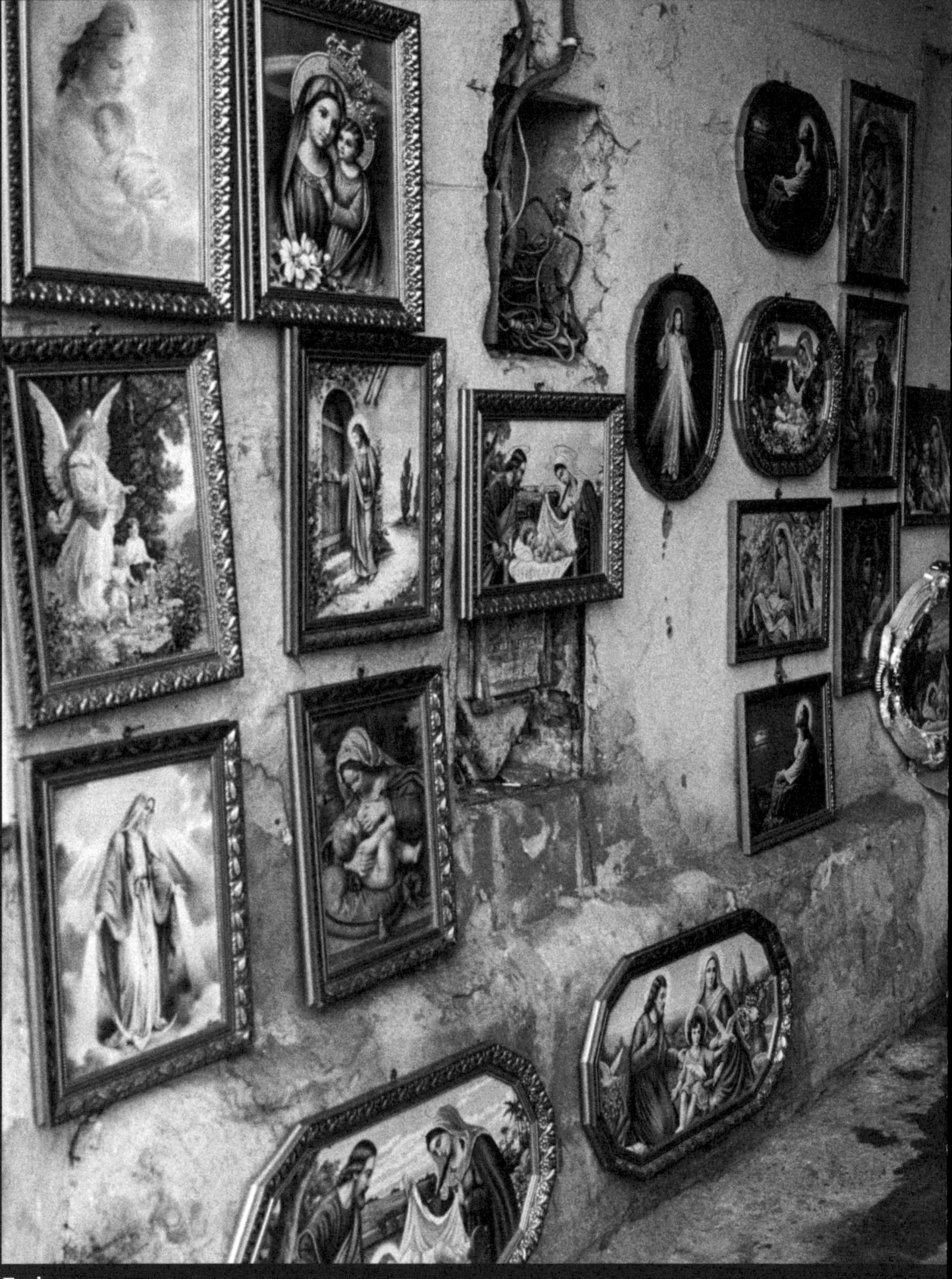

Львів
Lviv 2012

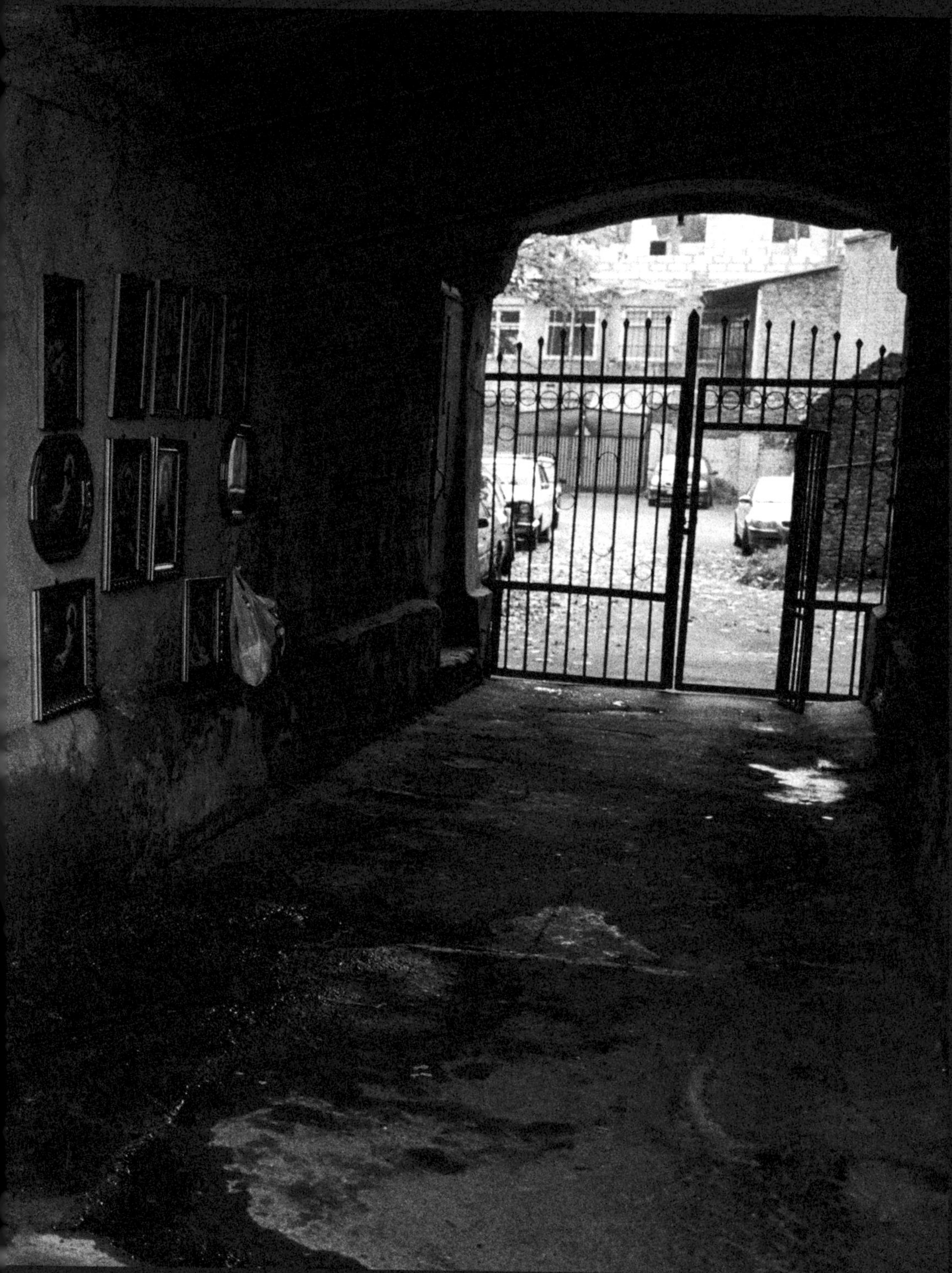

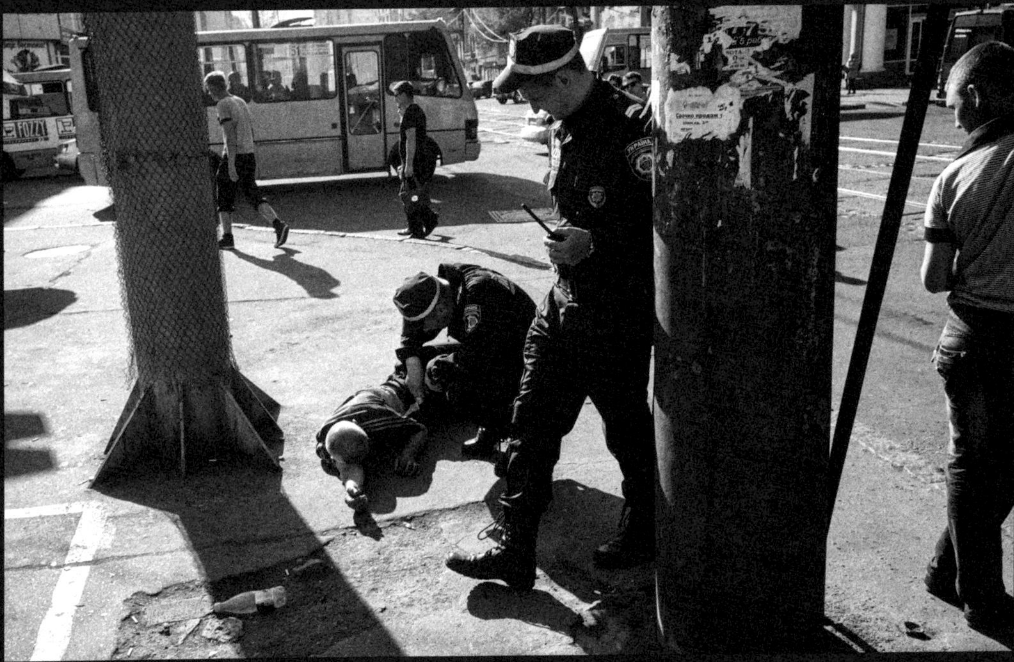

Київ
Kyiv 2013

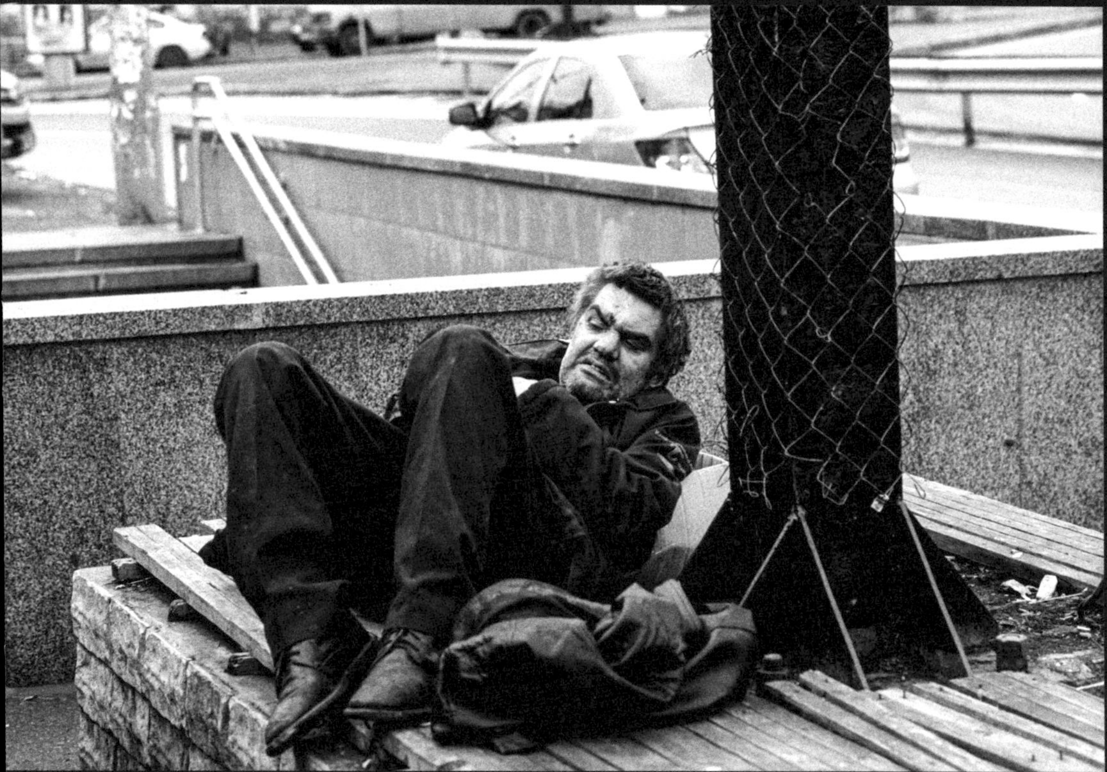

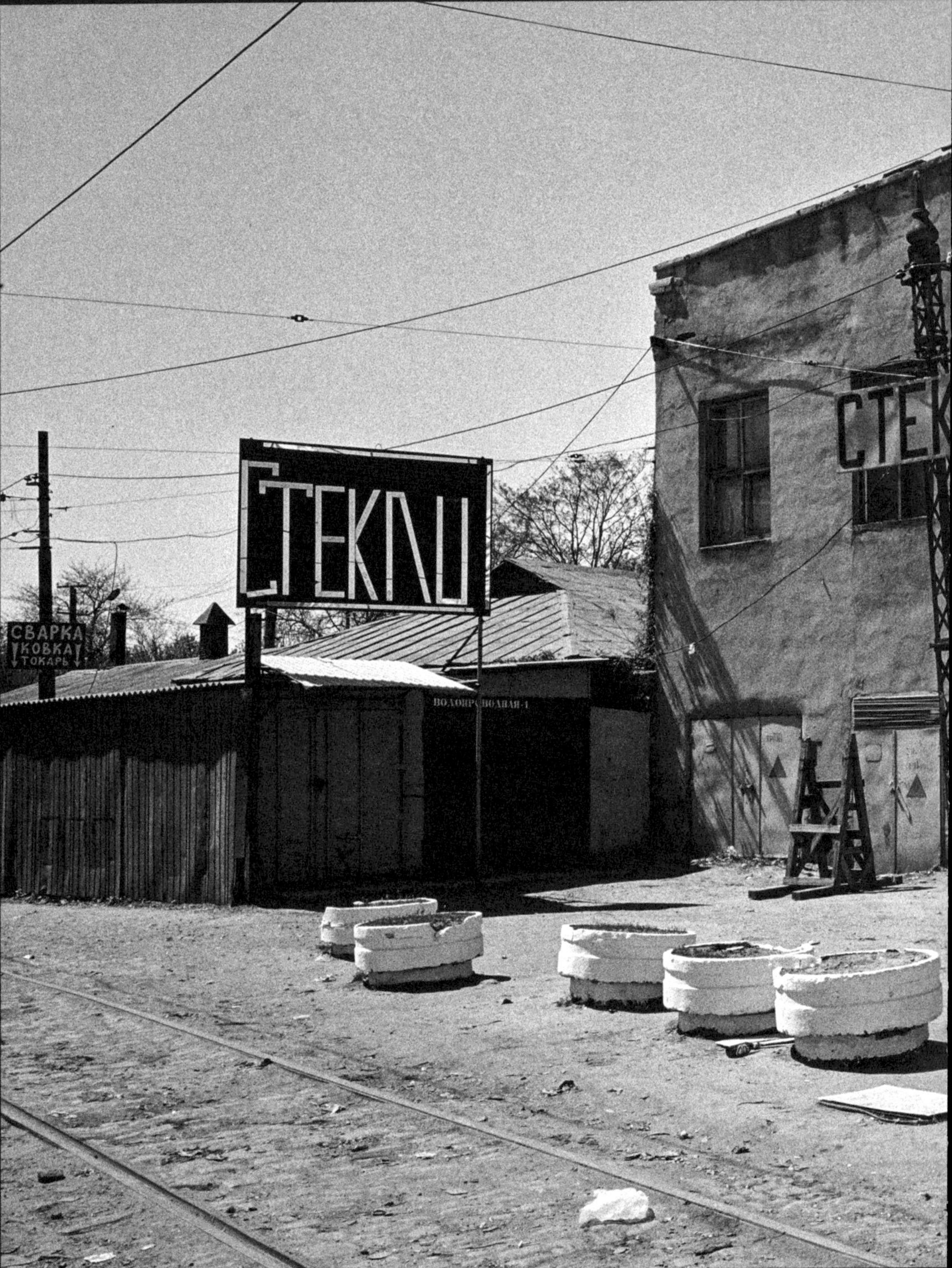

Одеса
Odessa 2013

Our destination—a black hole beneath the caged staircase within an apartment block. There are no doors leading into the basement, only a black square opening level with my knees: in order to climb into it you have to crouch forward and stretch your leg into the emptiness. Somewhere inside, perhaps, there is a ladder against the wall, making it unnecessary to jump. It quickly occurs to me that less than several meters away, the May sun is shining, cats run through the yard, while children climb apricot trees, in order to gather a handful of fruit to then sell immediately to passersby. Day-to-day existence, bathed in the midday sun, glimmers, radiant. In search of the living spaces of Odessa's homeless, we find ourselves in an average apartment building's entryway within an average commuter district, common to every large city, crawling one after the other into the pitch darkness. We did not bring flashlights with us, relying instead on the screens of our cell phones, which emit hardly enough light to illuminate our own hands. And so we begin to no longer see the darkness; rather we are immersed within it.

My Private Darkness

With every step deeper into the murky blindness, I feel a bubble of fear inflate within my chest.

Моя приватна темрява

Наше місце призначення—чорна діра під сходовою кліткою багатоповерхівки. До тутешнього підвалу не ведуть жодні двері, лишень цей чорний прямокутник на рівні моїх колін. Щоб залізти в нього, треба нахилитися і простягнути ногу в порожнечу. Десь там, мабуть, стоїть драбина, і стрибати не доведеться. В голові майнула думка про те, що лише за кілька метрів звідси, надворі, сяє травневе сонце, біля будинку бігають коти, діти видряпуються на абрикосові дерева, щоб назбирати трохи плодів і потім тут-таки продати їх перехожим. Буденність, залита полуденним сонцем, блискає востаннє і стухає. У пошуках нічліжки одеських бездомних ми опинилися у звичайному під'їзді звичайного спального району великого міста і по черзі занурюємося у рівно окреслену пітьму. Ліхтарики із собою ми не брали, підсвічуємо екранами мобільників, світла яких вистачає, щоб підсвітити лише власну руку. І ось ми більше темряви не бачимо, тепер ми в ній знаходимося.
Із кожним кроком у чорній сліпоті я відчуваю, що в грудях пузирем роздувається страх. Він змушує сумніватися

It leads me to doubt my own movements, and even the smallest flicker of light can become a threat when you are surrounded by complete darkness: Could there be someone's face in front of mine? Could someone possibly be following me? We climbed here to make photographs, but in this moment we emerge as scattered white spots on an overcast background.
After a few seconds we hear rustling. Roman, our guide, is wise to the local hideouts of the city's street kids, and quickly explains that these are homeless adults, who have settled in the remotest parts of the basement. Yet we did not come for them, we came seeking images of street children and teenagers, and the spaces of their everyday existence. Several more steps and Roman finds the light switch. It turns out that we have just entered their *room*—a grey crypt with damp walls and stale air; the floor is covered with mattresses, debris strewn amongst them. The room is empty, and so, Roman begins to represent in absentia of those who dwell here, revealing in several details the history of this basement.
There is another entrance in the cave, through which you can pass without doubling over in three parts. However, the home-

у власних рухах, і навіть найменший проблиск світла може здаватися загрозою для такого перебування посеред темряви. Чиє обличчя я побачу перед своїм? Можливо, хтось спостерігає за мною? Ми залізли сюди в пошуках фотографічних мотивів, але здається, у цю мить самі проступаємо розгубленими білими плямами на похмурому тлі.
За кілька секунд чуємо шурхіт. Роман, наш супровідник, місцевий знавець секретних пристановищ вуличних дітей, одразу пояснює: це дорослі бездомні, які поселилися у найвіддаленішій частині підвалу. Але ми прийшли не до них. Ми полюємо на образи вуличних дітей та підлітків, на простори їхнього існування. Ще кілька кроків, і Роман знаходить вмикач світла. Виявляється, ми якраз підійшли до *кімнати*—сірого склепу з вогкими стінами, спертим повітрям, підлогою, вкритою матрацами і сміттям поміж них. У кімнаті порожньо. Тож Роман починає заочно представляти нам місцевих жителів та розкривати деякі подробиці з історії цього підвалу.
До підземелля є ще один вхід, через який можна зайти, не згинаючись у дугу. Однак його зазвичай тримають замкненим, аби не мозолити очі міліції, яка може «накрити» цю точку.

less usually keep it locked, in order to avoid the roving eyes of the police, who might otherwise seal it off. Inhaling wet clammy air, I ask myself what kind of place this is, a place where one is subjected to humiliation and dejection, just for the chance to sleep between mold and garbage.
They—those who live here—are teenagers that look like old men. They use narcotics made from materials readily available to them, cleaning products mixed with over-the-counter medicines from the local pharmacy. After a few months the drugs ruin their bones. Eventually, they have to learn how to push their mutilated bodies into any suitable keyhole to find some respite. This grim social "sport" is especially critical in winter, when you cannot sleep on the street or in garage courtyards. In cold weather several times a day they walk from the hole under the stairs, past the supply pipe for the building's hot water boiler, and then make their journey back to their shelter overgrown with mold. In the early winter twilight these solitary figures on crutches disappear under the stairs like silent ghosts while the people who live on the upper floors do not want to know anything about what is happening to those others below.

Вдихаючи вологе недоповітря, я питаю себе, що ж це за місце таке, де прирікаєш себе на приниження і прогинання за можливість поспати серед грибка і сміття.
Ті, хто живуть тут,—це підлітки, які виглядають, мов старці. Вони вживають наркотики, доступні їм речовини—миючі засоби вперемішку з ліками, які без рецепту продаються в аптеці. За кілька місяців такий наркотик руйнує кістки. Їхнім понівеченим тілам довелося навчитися заради перепочинку пролізати в будь-яку придатну для цього шпарину. Цей похмурий—соціальний—спорт стає особливо актуальний узимку, коли не можна спати на вулиці, десь у дворі за гаражами. В холодну пору вони по кілька разів на день проходять шлях від діри під сходами повз клекотливі труби гарячого водопроводу до свого порослого грибками притулку. У ранніх зимових сутінках ці поодинокі фігури на милицях, немов привиди, зникають під сходами, а тим часом на верхніх поверхах живуть інші люди, і вони нічого не хочуть знати про те, що відбувається з отими, унизу.
Я слухаю розповіді Романа і паралельно з ними все голосніше чую у власній голові нуртування потоку запитань та сумнівів.

As I listen to Roman's explanations, in my head I hear flow an ever louder stream of questions and doubts. In this dark basement room my own individual game of light and shadow unfolds. The uneasiness from being underground summons an instinctive desire to shut out this space, to block it from my consciousness. But it's already too late. You find yourself as if in a freeze frame, in those beautiful moments which linger, in what remains of a reality to which you must constantly return, while not retreating even a millimeter.
The eyes start to see differently. I begin to perceive things as though my usual way of seeing has been taken up by someone else in a perpetual lease, staged as a mere ornamentation of reality in which there is no room for either the homeless living here, let alone myself. As I attempt to return to my own senses, I understand how much I risk—the pain of society's wounds can be overpowering. This dark basement, the mold, the damp, and those who are forced to live here—it all ceases to be just an uncomfortable topic. Turning my eyes, they shift inward to myself because it is precisely here, in this hole, that it is possible to see fully who I am and what constitutes this locality—the country I live in.

У цій темній підвальній кімнаті розгортається моя персональна гра світла й тіні. Незручність від перебування у підземеллі викликає інстинктивне бажання закритися від цього простору, не впускати його в себе. Але вже пізно. Опиняєшся ніби у стоп-кадрі, у прекрасній миті, що спинилася, до реальності якої треба постійно повертатися та ні на міліметр від неї не відступати.
Очі ніби починають бачити інакше. Я усвідомлюю, що зазвичай мій погляд береться кимось у безстрокову оренду, перед ним інсценізується декорація реальності, у ній немає місця ні тутешнім безхатькам, ні мені самій. Намагаючись повернути собі власний погляд, я розумію, як ризикую — біль від соціальних ран може бути нестримний. Чорний підвал, грибки, вогкість і ті, кому доводиться тут жити, — все це перестає бути незручною темою. Повертаючи собі очі, я повертаю їх на себе, бо саме тут, у цій дірі, видно, хто така я і що собою являє місцевість, країна, де я живу.
У ночі одеського підвалу мій погляд спрямовується на агресивну дійсність, необхідно прийняти її виклик і відповісти собі на питання, чи готова я до боротьби за можливість само-

In the night of that Odessan basement my outlook became bent on an aggressive reality, in which I must meet its challenge by asking myself whether I am fully ready to struggle for the chance to see and act autonomously. The place of my own existence becomes more clearly defined. Every protective edifice actually turns out to be absurdly thin: as if made of eggshell, it cracks at the excesses of reality. And as it splits apart, its surface turns out to be as smooth as a mirror; it cuts into the skin, aching beneath countless tiny images that will never let you forget they are there.

For over one year we traveled throughout various Ukrainian cities, in the hopes of catching the acute, nominal documents of local life: its histories of the socially invisible and marginalized, and its eloquent and melancholic landscapes. Confronting not only the cruel realities of everyday life in Ukraine, but also those specific to several characters in our stories, we sought, above all, to portray this country in a new light, to observe strength over weakness in the lives of the unlucky and discarded.

In the seemingly tranquil silence of the Ukrainian night experienced as a space of hopelessness, we sought opportunities to

стійно бачити і діяти. Я цілковито визначаюся місцем свого існування. Будь-яка захисна споруда насправді виявляється сміховинно тонкою, мов яєчна шкаралупа. Вона тріскається від надміру реальності, і коли розколюється, виявляється, що її поверхня є дзеркальною. Вона врізається у шкіру, ниє під нею незліченними маленькими відображеннями і більше не дає про себе забути.

Протягом понад одного року ми їздили різними українськими містами, щоб ухопити пронизливі й маленькі документи місцевого життя, історії соціальних невидимок, маргіналізованих людей та красномовних похмурих ландшафтів. Конфронтуючи не лише із жорсткими реаліями українського життя, але й із деякими персонажами наших історій, ми прагнули, перш за все, по-новому поглянути на цю країну, побачити силу в слабкості нещасних та відкинутих.

У на позір умиротвореній нічній українській тиші, яка відчувалася як простір безнадії, ми дошукувалися можливостей зобразити й озвучити наближення соціального збурення. І під час цих мандрів ми не присвоювали собі образи. Навпаки — вони, повсякчас витіснені ідеологією, медіа чи гламуром

depict and sound the approach of social unrest. Yet throughout these journeys we did not take possession of those images. On the opposite, they peered back at us, although usually pushed to the side by ideology, media, and the glamour of mass culture. These images captured us, fixed themselves in our reality; they took its place. Each one of these photographs is a weapon in the visual war for public space. Each one not only returns us to ourselves, but reveals the politics of our own perception, rendering them deeper and more critical so that we remain restless, until hope is found.

масової культури, дивилися на нас і нас захоплювали, вони утвердилися в реальності, посіли у ній своє місце. Кожна така світлина—це зброя у візуальній війні за публічний простір. Вона не тільки повертає нас самим собі, але й перекодовує політику нашого погляду—роблячи його глибоким, критичним і таким, що не спиниться, доки не віднайде надію.

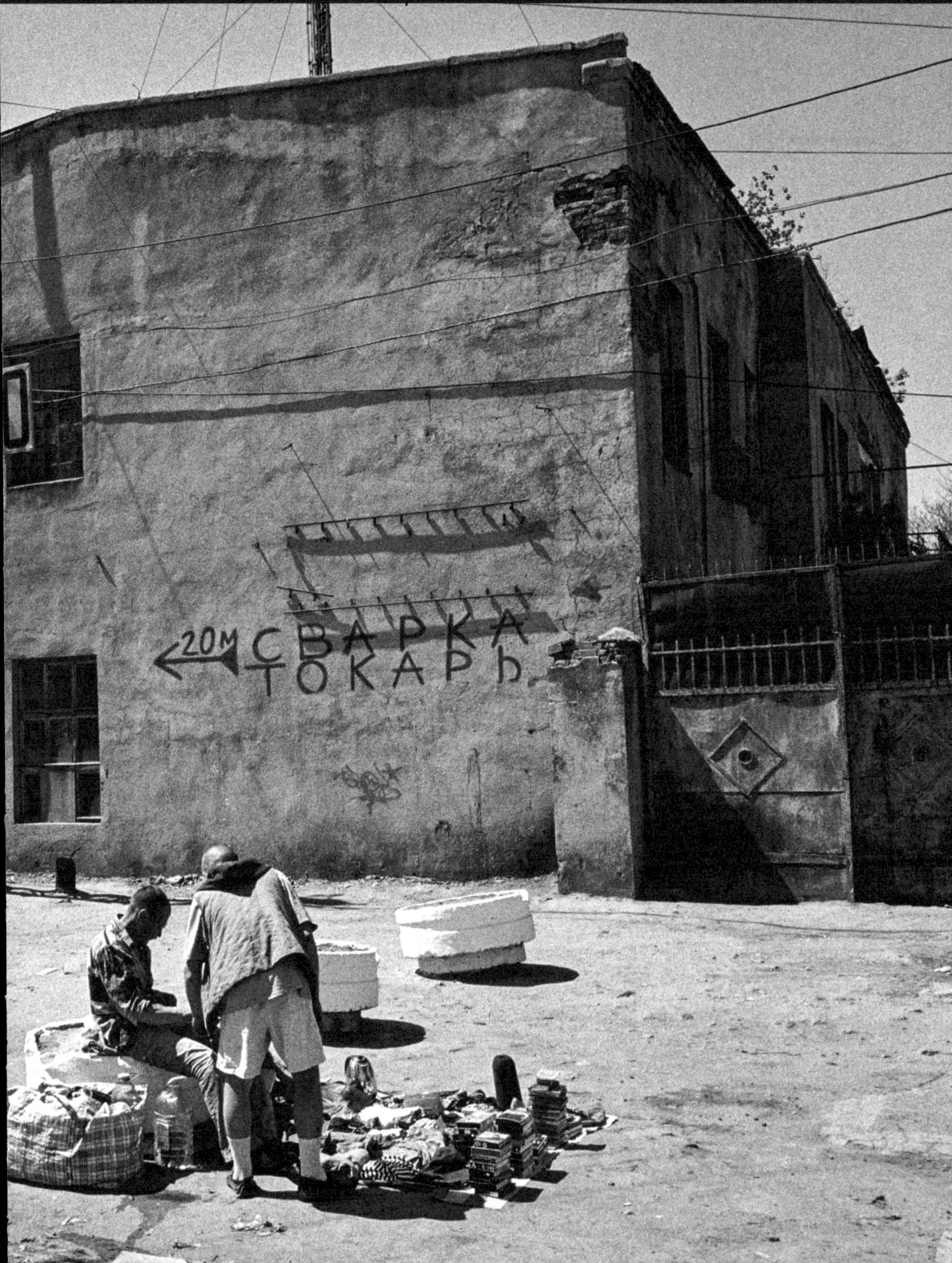
20М СВАРКА
ТОКАРЬ

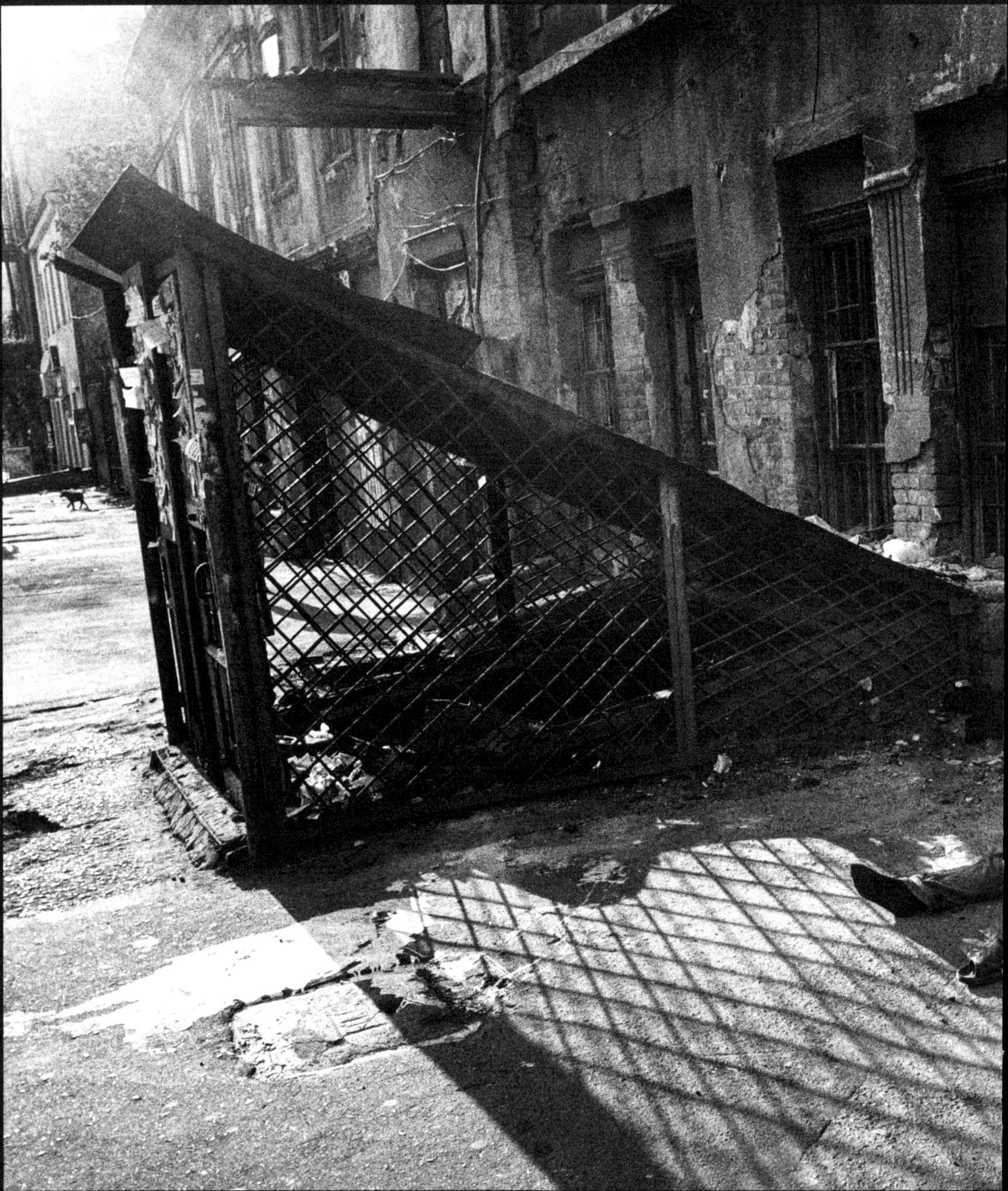

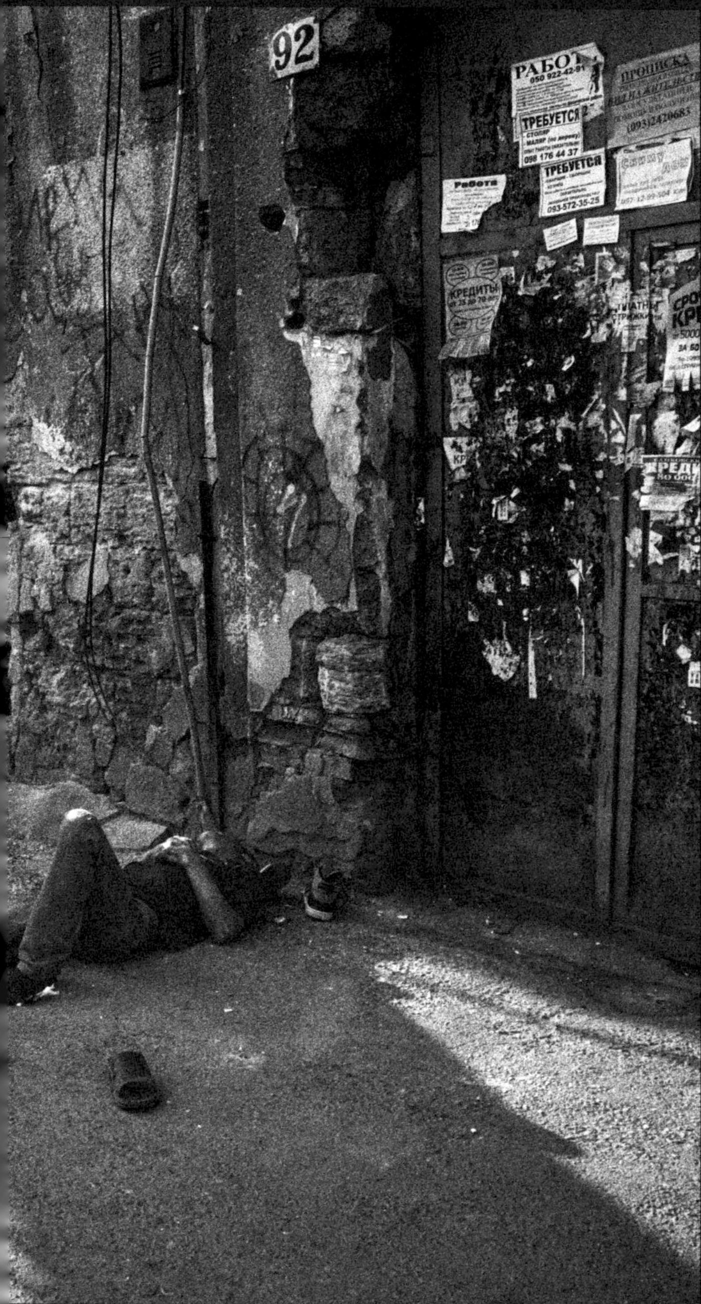
92
ТРЕБУЕТСЯ
098 176 44 37
ТРЕБУЕТСЯ
093-572-35-25

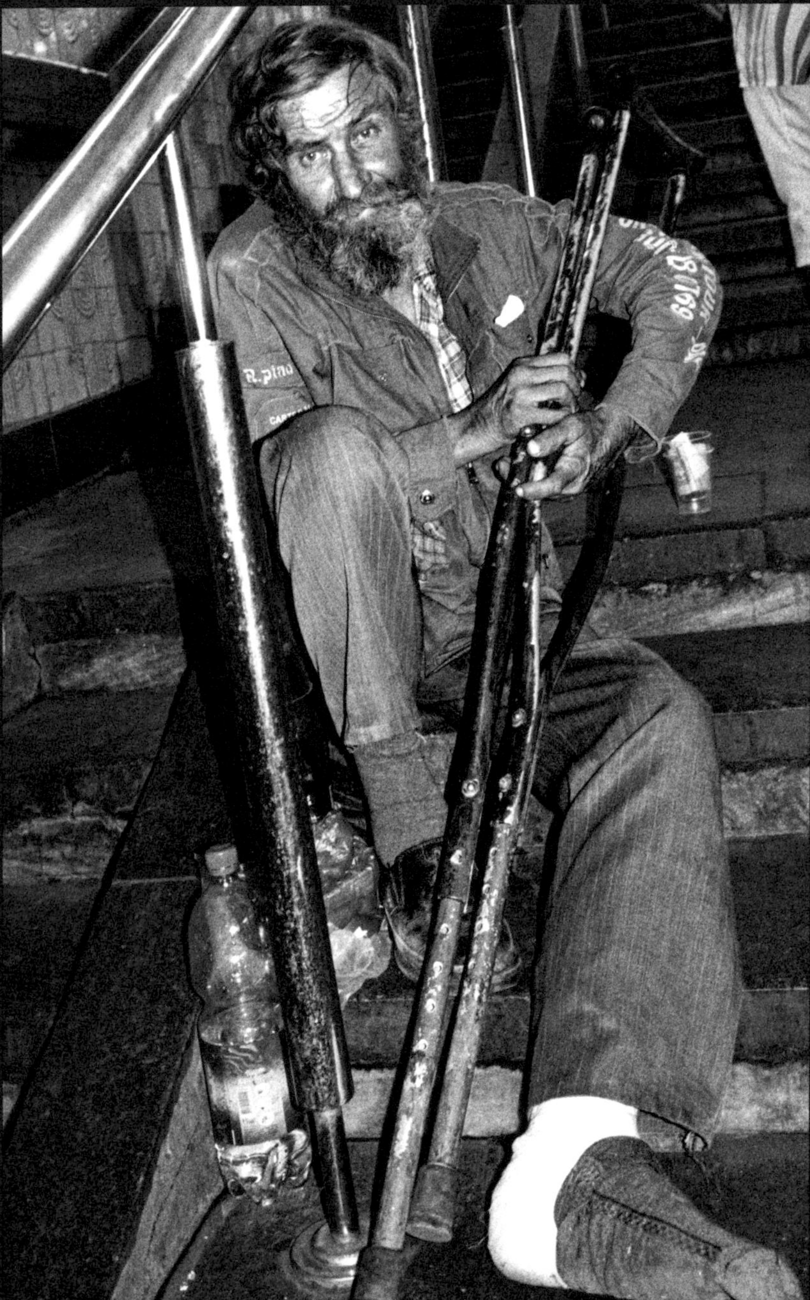

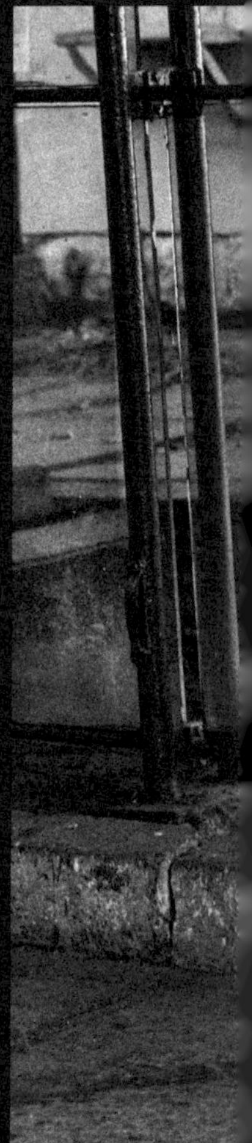

Київ
Kyiv **2012**

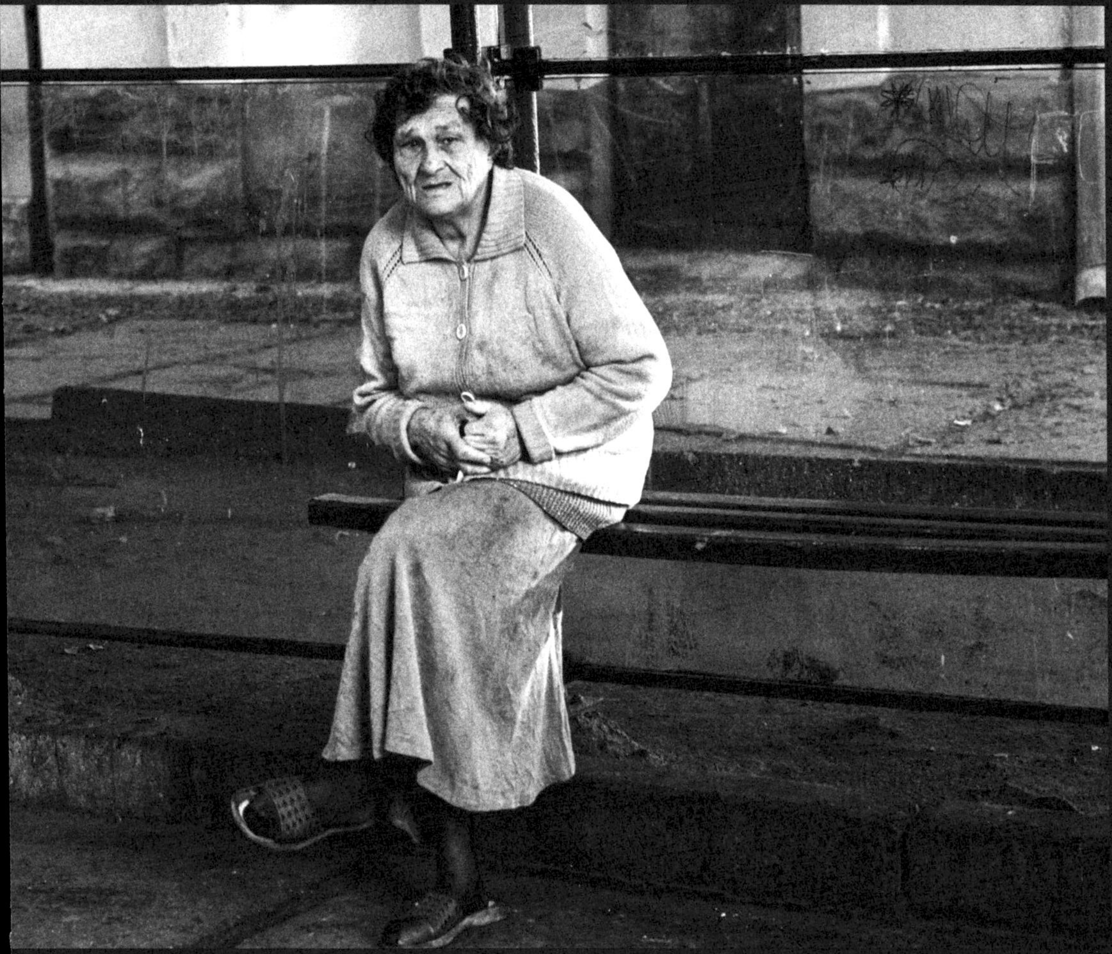

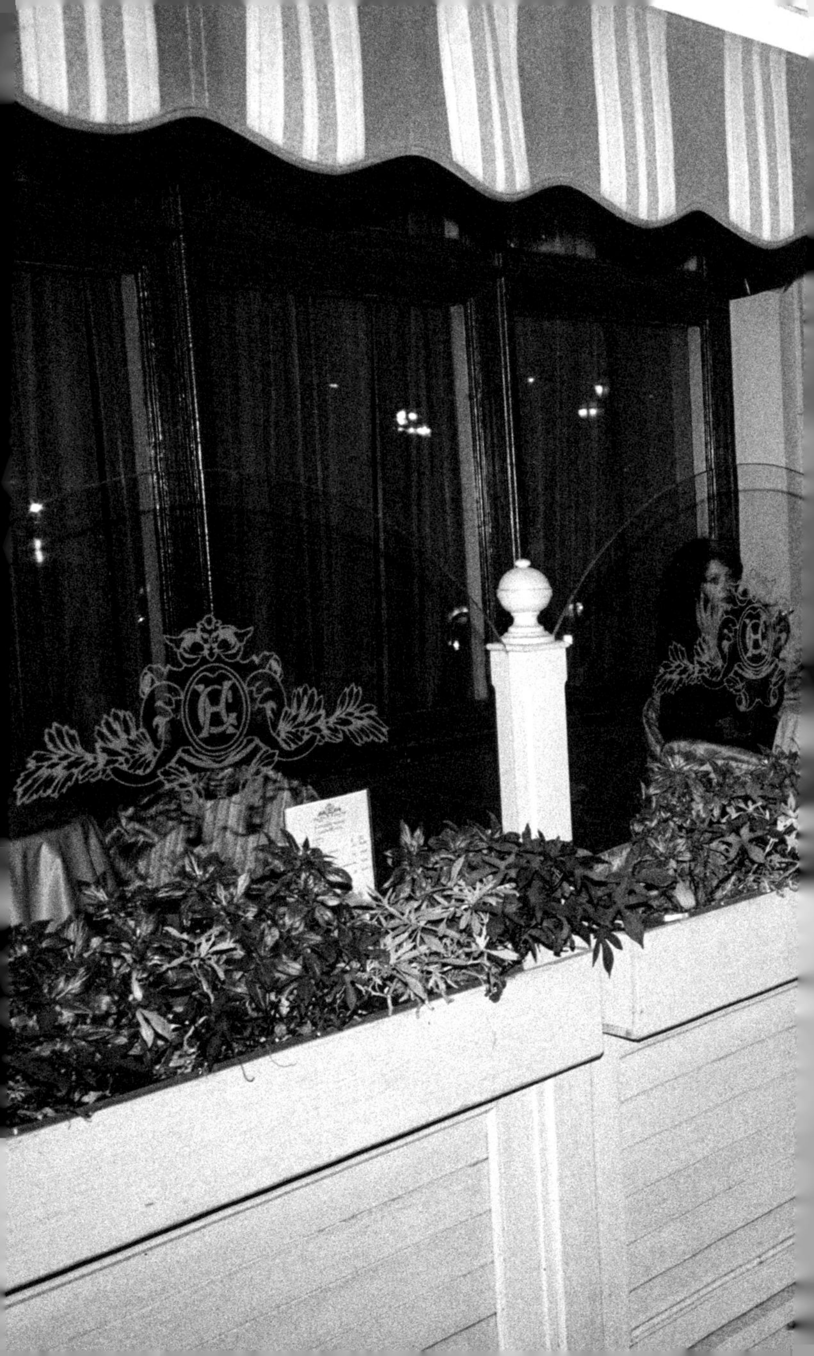

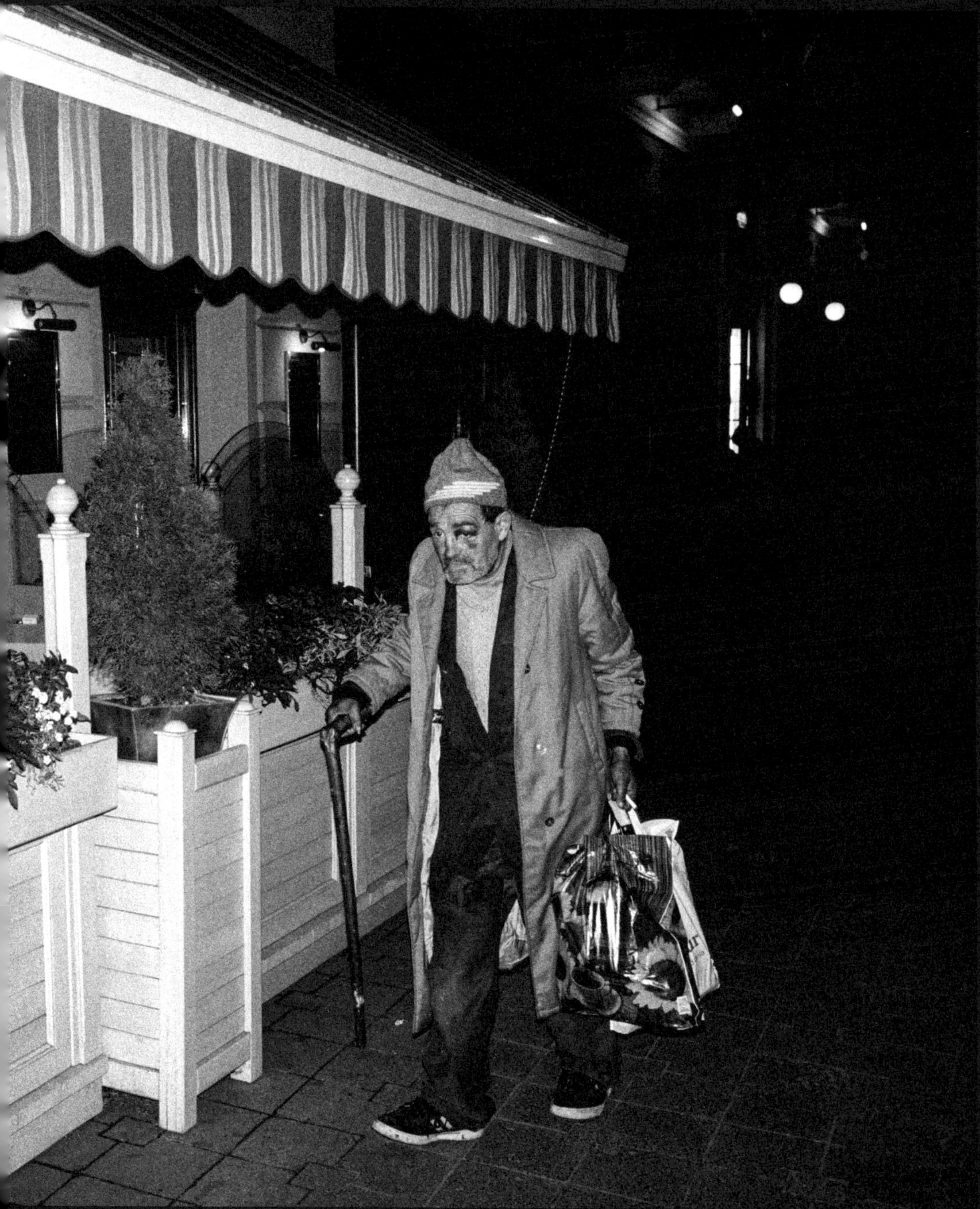

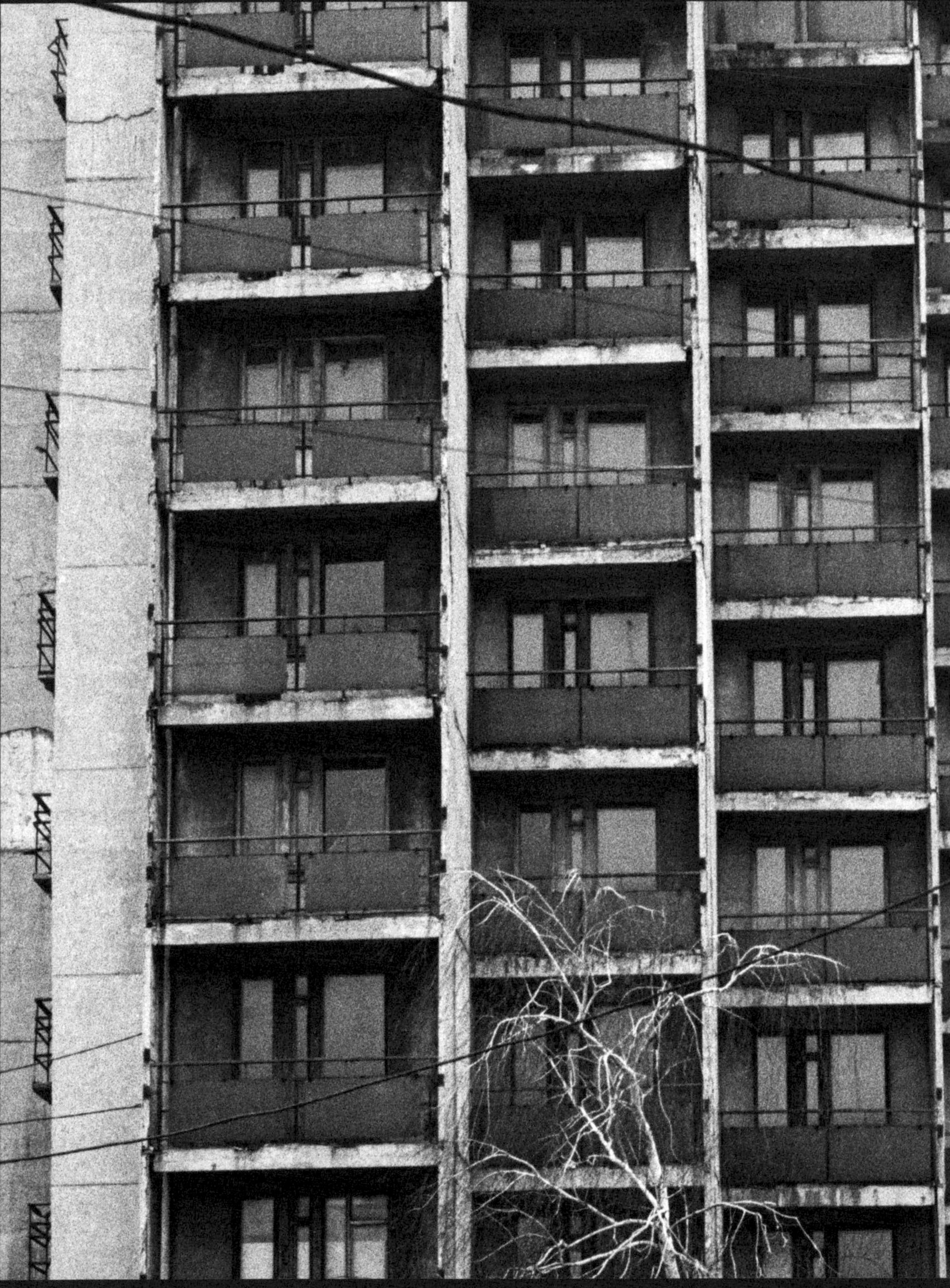

Маріуполь
Mariupol 2012

A young photographer named Danylo meets us at the bus station in Horlivka. Right away he starts telling us that there are two psychics from the TV show *Extrasensory Investigation* visiting the city, and that they'd come to research the murder of a nine-year-old girl. She had been kidnapped on New Year's Eve, right out of the playground, he says. They found her body at the city dump a few days later. The clairvoyants had undertaken their investigation from a photograph of the girl, which lead them to the footsteps of the perpetrator, through which they would then see visions replaying the series of tragic events. The police supplied a composite sketch of the culprit as evidence. You'd see these little sheets of paper with this freehand sketch and cut-out photo images of the girl plastered all over the city's billboard ads. The photo collage would then become the television program in which the psychics explained the situation, based on paranormal energy and heat from the photos. This was set to disturbing, dramatic music, spliced here and there with police monologues about how they were unable to detect anything. There is nothing to reveal, not even by the psychics.

Gloom over Donbass

Донбас у мóроці

На автостанції у Горлівці нас зустрів молодий фотограф Данило. Він одразу ж повідомив, що зараз у місті працює двоє ясновидців — учасники телепередачі «Слідство ведуть екстрасенси», щоб розслідувати вбивство дев'ятирічної дівчинки. Її викрали у новорічні свята прямо з дитячого майданчика, потім тіло було знайдене на міському смітнику. Екстрасенси вели слідство за фотографією дівчинки, зображення вело їх слідами зловмисника, провокувало видіння, в якому нібито відтворювалися трагічні події. Офіційна ж міліція запропонувала як доказ фоторобот убивці. На вуличних дошках оголошень можна було побачити роздруківки з цим фотороботом за руку з зображенням дівчинки, вирізаним із фотографії. Цей колаж і став згодом основою телепередачі, де розповіді екстрасенсів про енергетику смерті та жар від фотокартки було покладено на тривожну пафосну музику, їх коли-не-коли перебивали міліцейські монологи про те, що нічого не вдалося виявити. Нічого виявити зрештою не вдалося і ясновидцям.
Ця історія, почута у перші хвилини по приїзді, залишає відчуття тієї безвиході, коли починаєш сподіватися лише на

Hearing this story upon arrival leaves you with a certain feeling of despair, one in which you start to set your hopes on the chimera of a wanderer, who promises to fix everything using his bag of mystical tools. Surely at that time no one could have ever imagined that in the name of "fixing" politics, within a year and a half, terror would overtake the region, or that actual terrorists would ever control Horlivka, led by a city gravedigger Bes, nicknamed after the devil. There was nothing to indicate then that finding a body on a trash heap would soon become anything less than extraordinary, even an everyday occurrence.

Back then we simply wandered through the city, blanketed in snow, listening to legends about local life. It is possible that a little bit of everything we absorbed shares a common basis, namely, in oral history reaching back into the Soviet era.

In the late seventies not far from Horlivka an underground nuclear explosion took place in a mine named Yunkom (short for "Young Communist"). Some still link the horrible environmental issues plaguing the entire region today to this event. The bitter irony of the mine's name itself lies with the fact that the locals often die very young, while the underground

химерного гостя, який своїми містичними інструментами все тут відремонтує. Звичайно, тоді годі було собі уявити, що під гаслами політичного ремонту за півтора роки в цьому регіоні розпочнеться справжній терор і терористів у Горлівці очолить міський могильник на прізвисько Бєс. Ніщо тоді не сповіщало про те, що тіла на смітниках стануть не екстраординарним випадком, а повсякденням.

Тоді ми помандрували засніженим містом і слухали легенди про тутешнє життя. Мабуть, усе почуте нами має специфічний базис, а саме, передісторію, яка сягає ще радянських часів.

Наприкінці сімдесятих років неподалік від Горлівки, на шахті «Юнком» (скорочення від «юний комунар») був здійснений підземний ядерний вибух. Дехто і сьогодні пов'язує з ним жахливу екологічну ситуацію в цілому регіоні. За гіркою іронією назви шахти місцеві люди часто помирають справді молодими, однак підземні юнокомунарські витоки насичують ґрунт сучасності з її набагато більш відчутними небезпеками.

На такому ґрунті у Горлівці виріс найпотужніший в Україні хімічний завод «Стирол». Данило працював на заводі тимчасовим робітником, каже, що інших там сьогодні й немає,

Yunkom layers contaminate the soil up to the present day, which bears even more tangible dangers.
It is upon these foundations that the most powerful chemical plant in Ukraine, Stirol, has arisen. Danylo used to be employed at the factory as a part time worker, but says that steady labor is no longer available. Everyone at the plant is on probationary contracts so that they don't have to be officially hired, receive any benefits, or have any opportunity to advocate for themselves or their colleagues. Profit margins steadily extend upward, while environmental and labor standards plummet. Stirol's response to public accusations over their unethical ecological practices has been to import live peacocks into their factory landscaping. According to Danylo, they replace the poisoned birds every month, exchanging them out for a set of new peacocks.
Thanks to Stirol you can consider the entire city of Horlivka a garden of poison. Those who live in the ring of Soviet apartment blocks surrounding the factory gaze up at an unnaturally pink sky. Sometimes rain falls over the city—black feathers drift downwards, plumes of ash that split to the touch. Everyone here has grown accustomed to the constant smell of ammonia, its odor

людей беруть на випробувальний термін, щоб не працевлаштовувати офіційно і не давати соціальних гарантій, і щоб не було можливості відстоювати себе і колег. Рівень прибутків заводу впевнено тягнеться догори, лишаючи унизу екологічні та трудові стандарти. Щоб спростувати публічні докори щодо неекологічності, на «Стиролі» поселили живих павичів. За словами Данила, зоопарк оновлюють щомісяця, завозячи свіженьких птахів.
Отруйним садом «Стиролу», певно, можна назвати все місто. Мешканці спальних районів, що сусідять із заводом, бачать неприродно рожеве небо, а іноді на місто падає дощ із чорного пір'я – ні-ні, то не павичеве пір'я, це попіл, що розсипається вмить, коли до нього доторкнутися. Тут усім знайома присутність аміаку, запах якого нагадує сморід сечі. Коли він з'являється, мешканці зачиняють фіранки—більше можливості захиститися від токсичності своєї малої батьківщини вони не мають. Ніби відбиваючи такти, після кожної історії наш провідник повторює: «Такие тут мраки, мраки…»
Ці землі видаються мені навіки просякнутими гіркою пам'яттю про промислову велич та зневагою до людини, в якій вбачають

resembling the stench of urine. Residents shut their curtains against the stink, which seems to be the only way for them to protect themselves from the toxicity of their homeland. As if adopting the same tactic, our guide kept repeating the same thing each time he paused for a breath: "That's how it is here, just doom and gloom."
These territories will forever be tinted with the bitter memories of the wonders of industry and its disregard for human life, treated as raw material for the production line. Examining the slag heaps and giant ravines around me, I start to think of Donbass as a landscape composed of numerous layers. A landscape, in which have been compressed, as though into one single biography, all the different experiences of being a miner, laborer, taxi driver, migrant, or even a criminal. Sometimes, these layers rise invisibly like methane from deep inside a mine shaft, colorless and odorless, but with deadly consequences.
On the way to one of the mines, our taxi driver and Danylo start talking about the illegal coalmines in the area, places that are fatal, but well paying. These underground wooden structures are about two kilometers long and unsuitable for industrial mining.

тільки виробничу сировину. Оглядаючи терикони і величезні яри, я починаю мислити Донбас як ландшафт, численні шари якого то стискаються, так само як в одній карколомній біографії концентруються досвіди буття шахтарем, різноробочим, таксистом, мігрантом та кримінальним елементом, то викидаються на поверхню, немов метан у глибині шахти, без кольору й запаху, але із фатальними наслідками.
Дорогою до однієї з шахт таксист, який нас везе, разом з Данилом розповідають про нелегальні копанки, які є смертельно небезпечним і добре оплачуваним місцем роботи. Копанка — це дерев'яна будова, довжиною зо два кілометри, не придатна для промислової розробки, тому з неї не будували шахти. Але люди знаходять старі карти, розшукують, відкривають ці копанки і починають працювати. Ніхто не веде статистики, скільки в таких ризикованих умовах гине людей. «Прикопали їх і все», — каже таксист. Звісно, в цьому *бізнесі* є координатори та є «погони» — так називають міліцейських, які за хабарі забезпечують прикриття цій діяльності. І попри свою нелегальність, копанки легальні, фактично легальні. «Все покрыто мраком, правды никто не добьется», — підсумовує Данило.

People find out where they are located using outdated maps, uncover these old mines and start working inside them. There are no official statistics relating how many people have died laboring in these risky conditions. "They quickly bury them and move on," our cab driver tells us. Of course, even this shady *business* has its coordinators, the so-called "epaulettes" of the police, who are bribed to cover up their business. And so, despite its illegality, the whole process is legal, de facto legal. "Everything is so sealed up in gloom that the truth can't be known," Danylo mused.
Secrecy and suffocation—these words accompanied me onward to the city of Mariupol, where the most significant environmental protests in Ukraine had taken place two years prior. The city is, like a fortress, flanked on both sides by two huge concrete factories and transports visitors back to the height of Soviet industrialization. Yet the living monuments of this former capital city can be viewed only from afar, as access to those distant years, the 1930s, remains closed to passing travelers. In the unfortified places of the city, the sea flows in uninhibited. During winter the empty beaches next to the railway tracks, lined by private homes, the port—it all appears mysterious.

Таємничість і задуха—ці слова супроводили мене далі, тепер уже в Маріуполі, місті, де пройшли два роки тому найбільші екологічні протести в країні. Місто, немов фортецями, обрамлене двома велетенськими заводами, відвідини яких відносять в минуле радянської індустріалізації. На живі пам'ятки далеких тридцятих років минулого століття дивитися можна тільки здалеку—допитливим подорожнім доступ до них закритий. Там, де немає фортець, місто омиває море. Порожні зимові пляжі прямо біля залізничної колії, розкреслені приватними ділянками, порт—усе виявляється так само засекреченим.
Коли надворі було градусів 30 морозу і кожна гілочка на дереві вкрилася кригою, ми приїхали на оглядовий майданчик, з якого відкривалася панорама на море і на Маріупольський порт. Цей майданчик оточували невеликі приватні будинки, точніше, не просто будинки, а приватні двори. Здавалося, у кожному дворі живе злий собака, і щойно ти минаєш його паркан, як крижаний вітер розбиває гавкіт, що потім довго не змовкає. Таким чином, після короткої прогулянки уздовж закритих високими парканами дворів чується хор гавкотів,

The temperature was at thirty below Celsius and every twig on every tree was coated in ice. We walked out onto an observation deck with a panoramic view of the sea and the port of Mariupol. The area was surrounded by small private buildings which were really more like private estates. It seemed in every one of them lived an angry dog, and just as you approached his fence, he would begin to bark ceaselessly, chopping up the icy wind. Strolling alongside the closed, high fences, each step past was responded to by aggressive barking from one of the tiny sentinels hidden behind.
The sound of this doomed collectivity in the airless city is now but a memory. Today reality in Donbass is hundreds of silent deaths, forests laced with mines, severed body parts found in fields, people hidden in their homes in anticipation of another attack, secreted away in basements, unspoken opinions, a silenced media, and thoughts that lag behind reality. Where soot and gloom once fell there now arises a scream.

агресивний голос кожного маленького захисника маленької приватної ділянки.
Звук цієї приреченої колективності у місті без повітря залишився у минулому. Сьогоднішня реальність Донбасу—це безмовність сотень смертей, заміновані ліси, відірвані частини тіл у полях, затаєність людей у домівках в очікуванні обстрілів, переховування у підвалах, невисловлення власних поглядів, мовчання ЗМІ і постійне невстигання думки. Спочатку був морок, а тепер над цими землями здіймається крик.

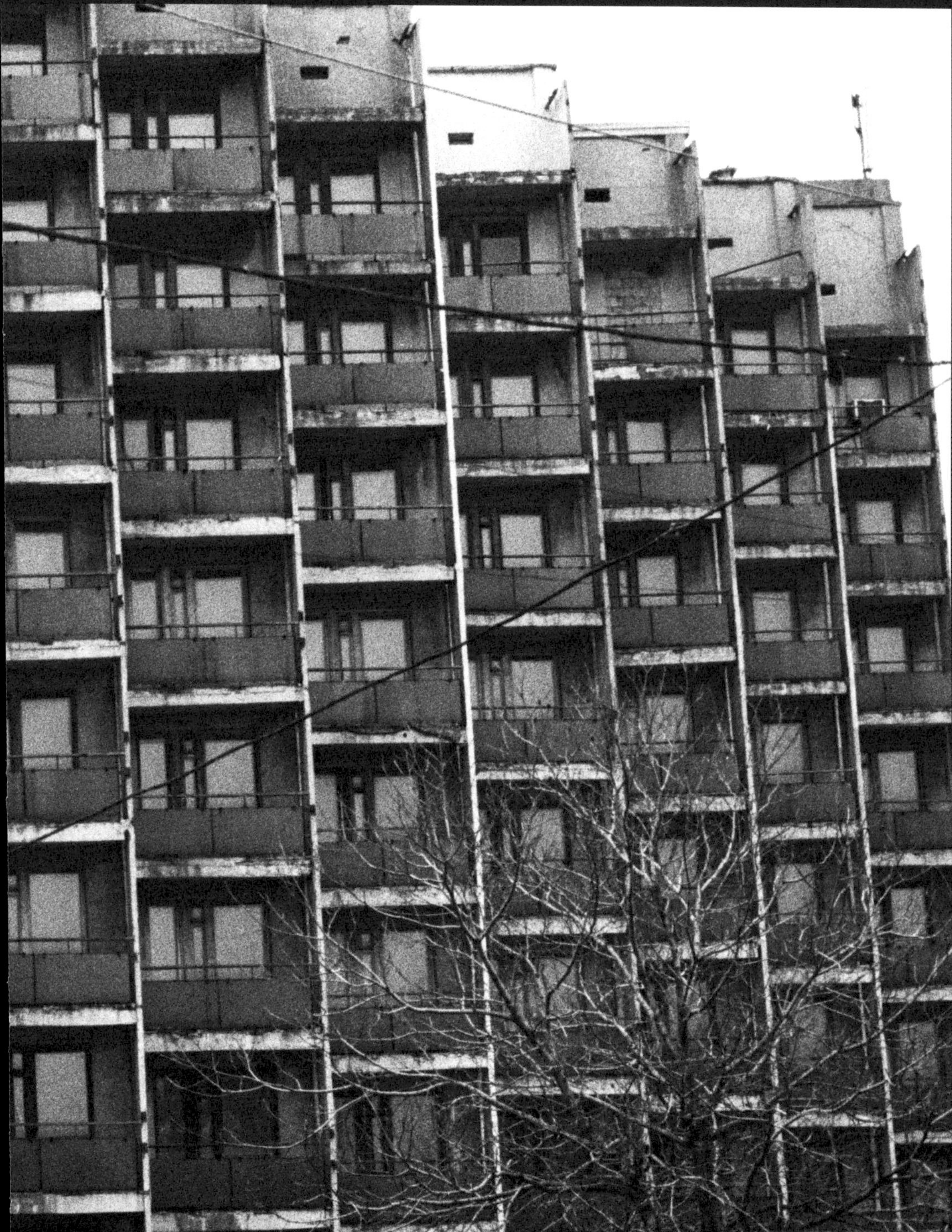

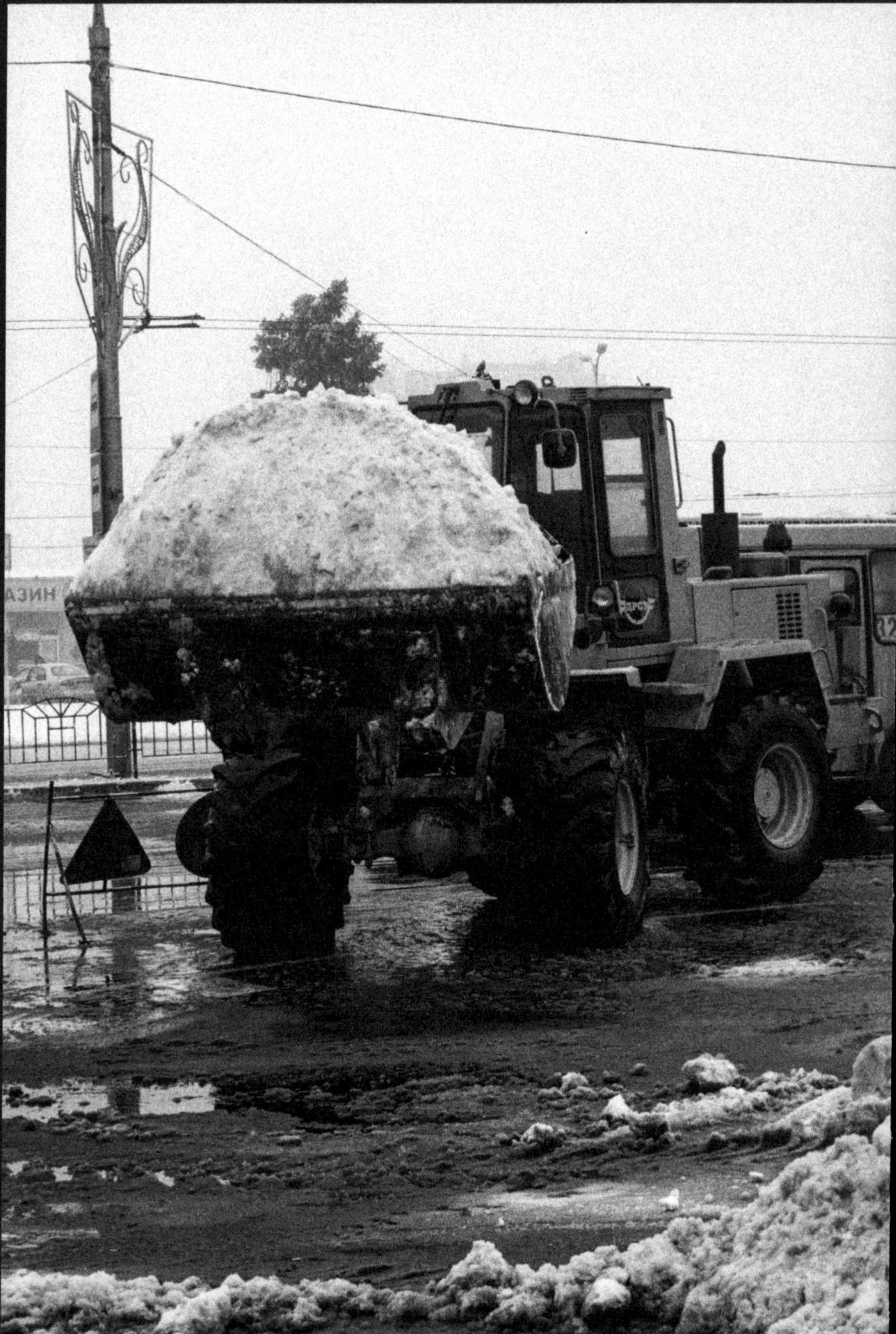

Донецьк
Donetsk 2013

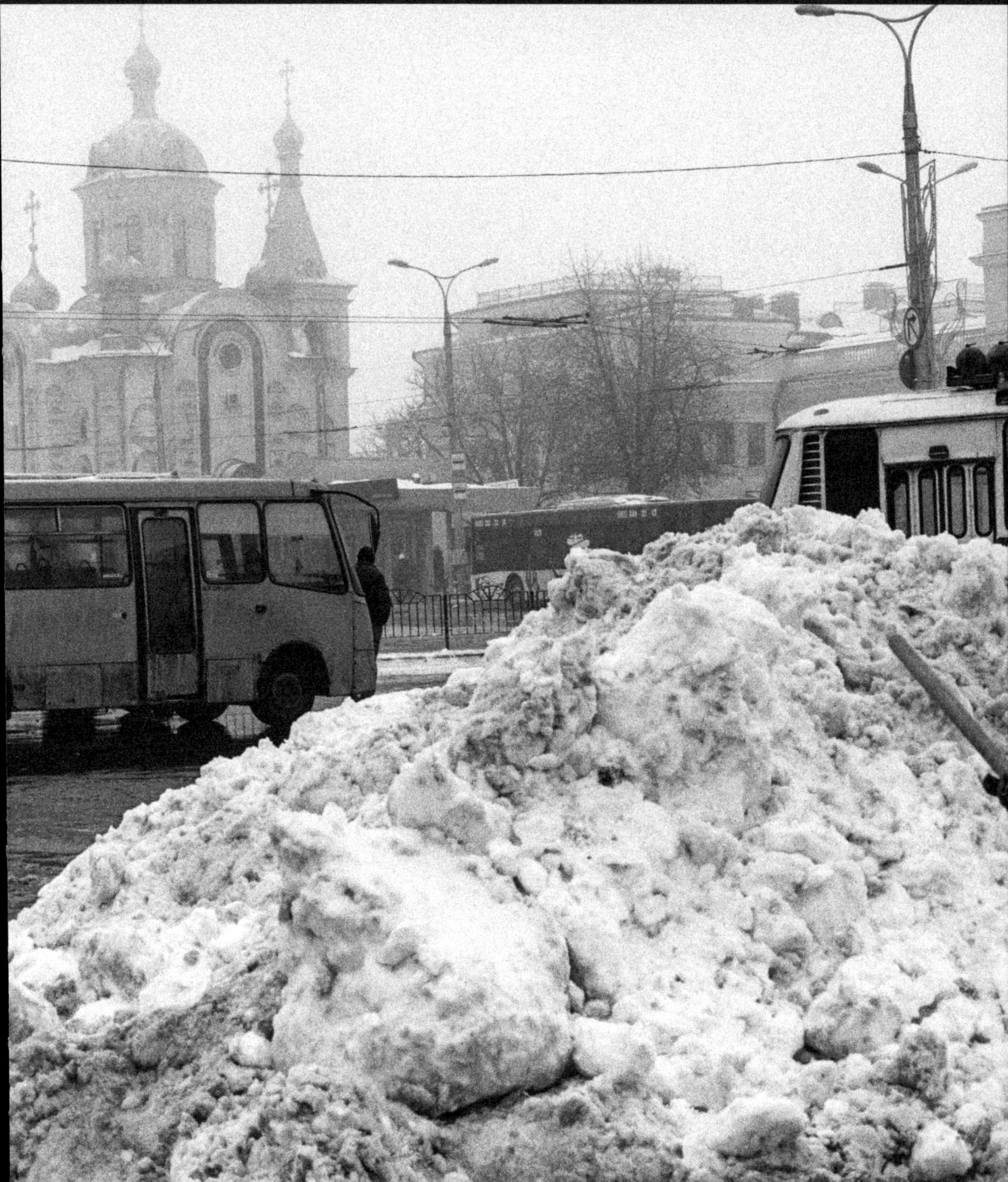

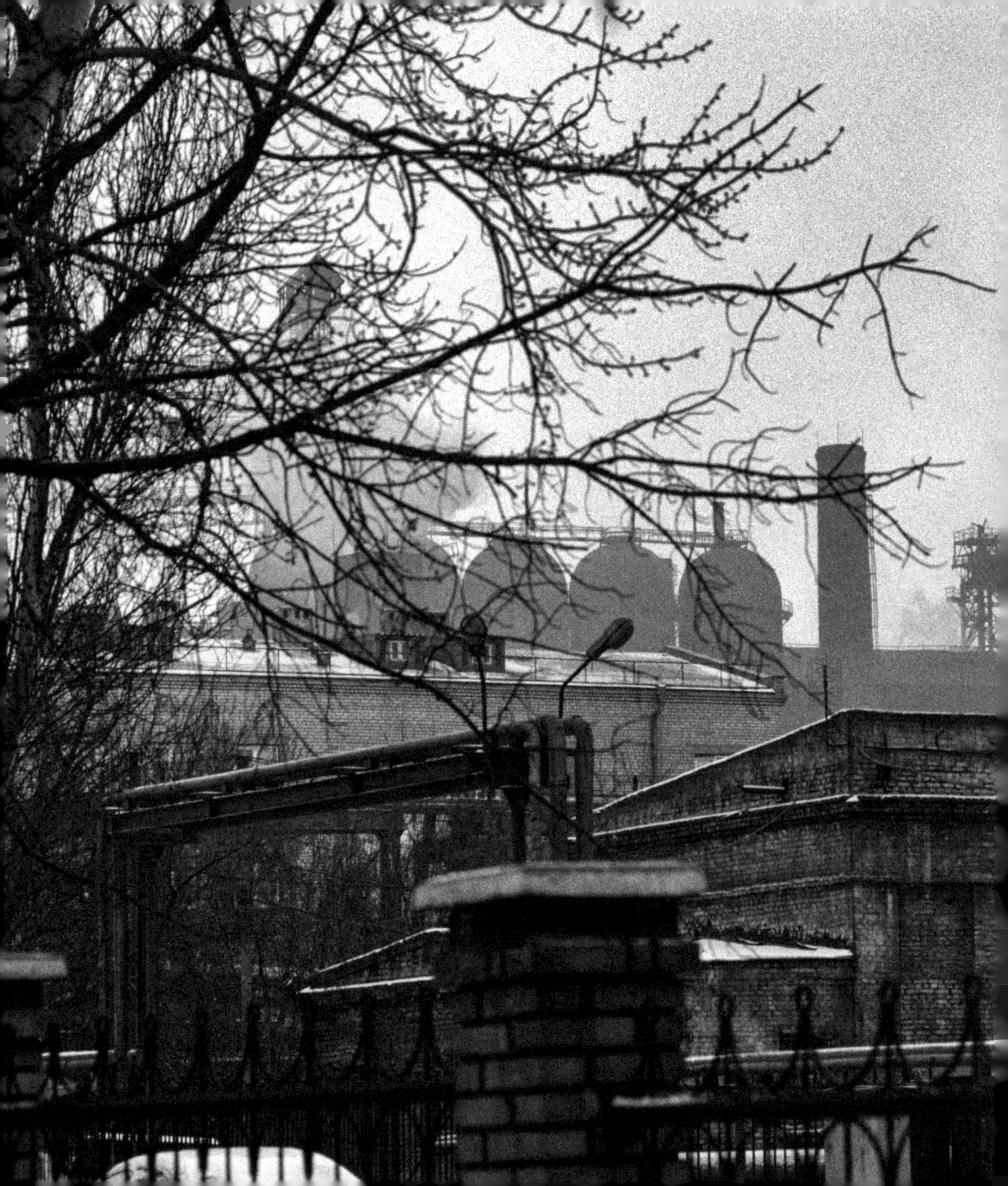

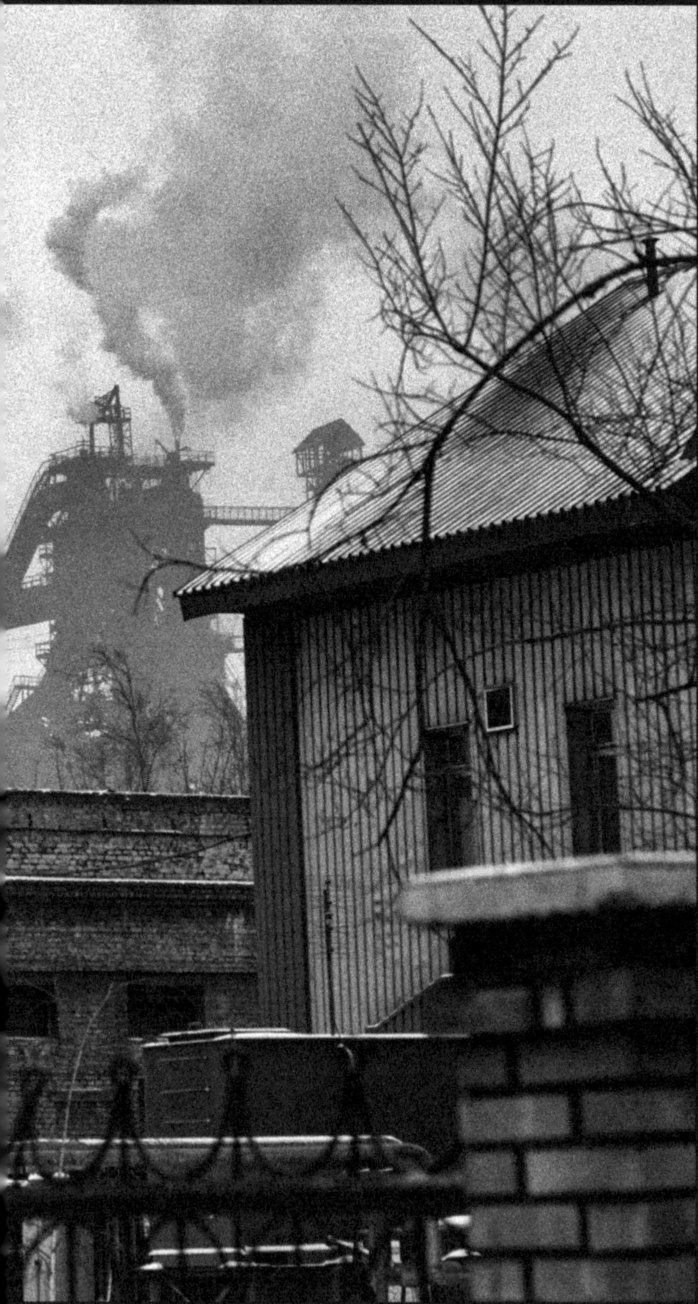

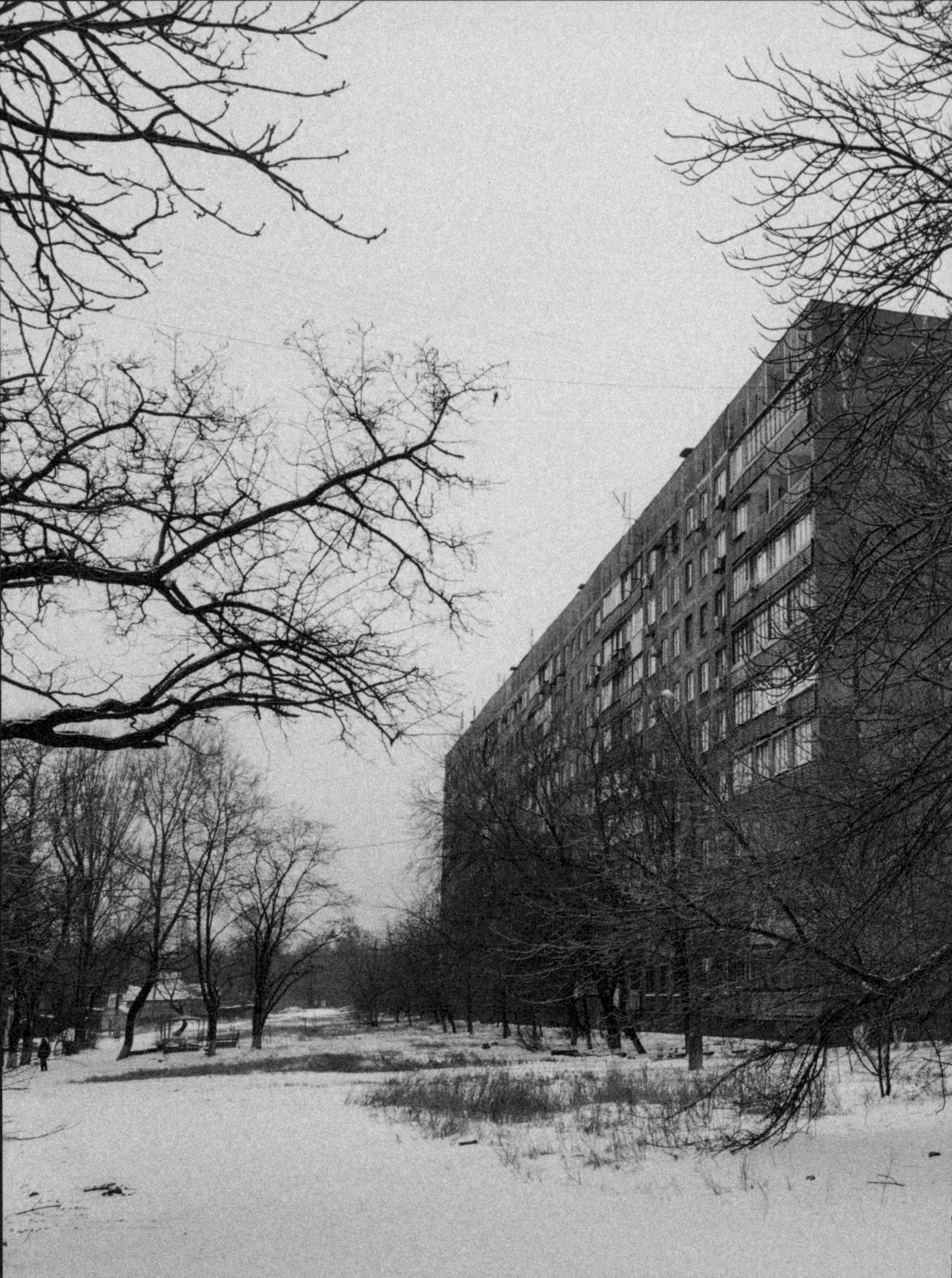

Маріуполь
Mariupol **2013**

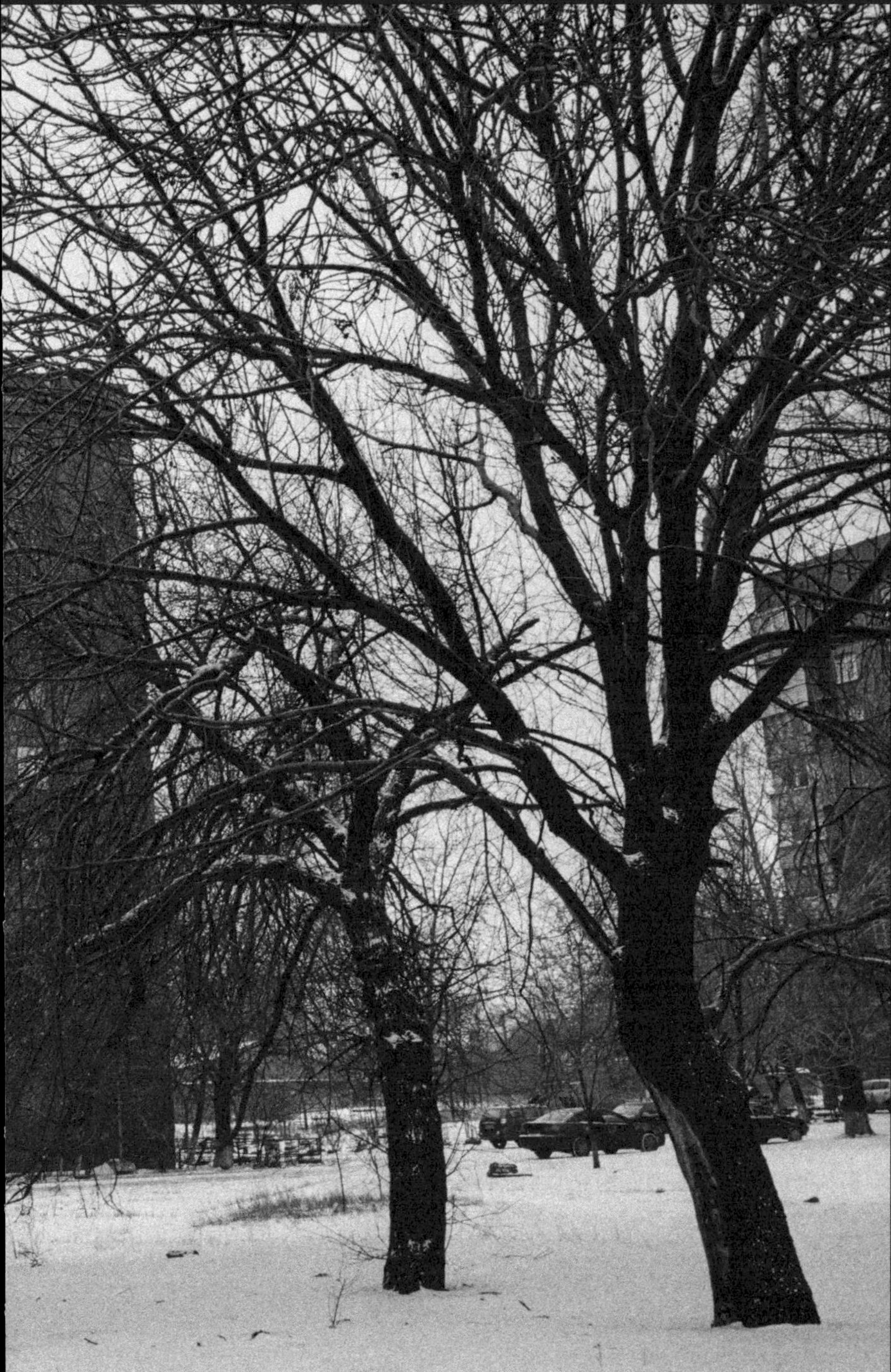

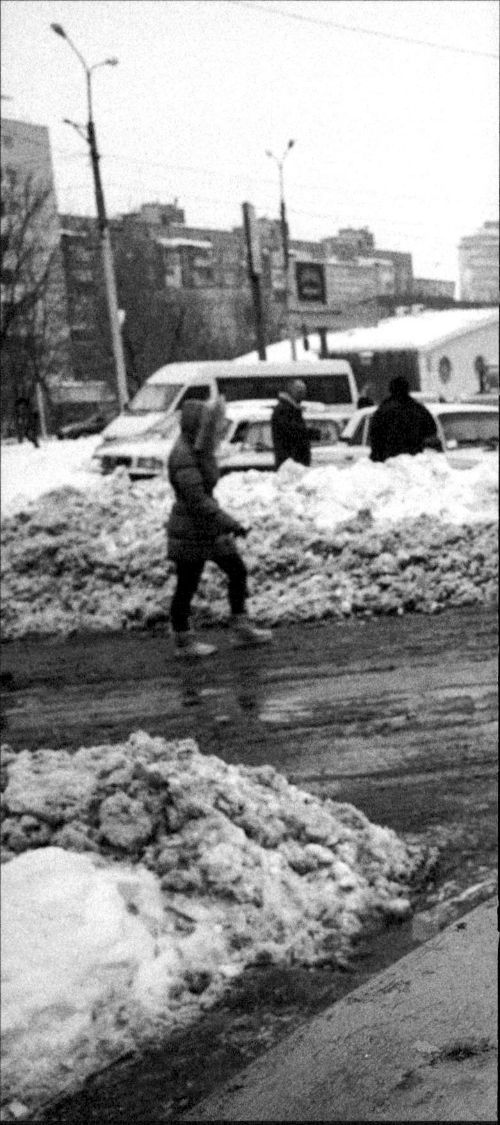

Донецьк
Donetsk 2013

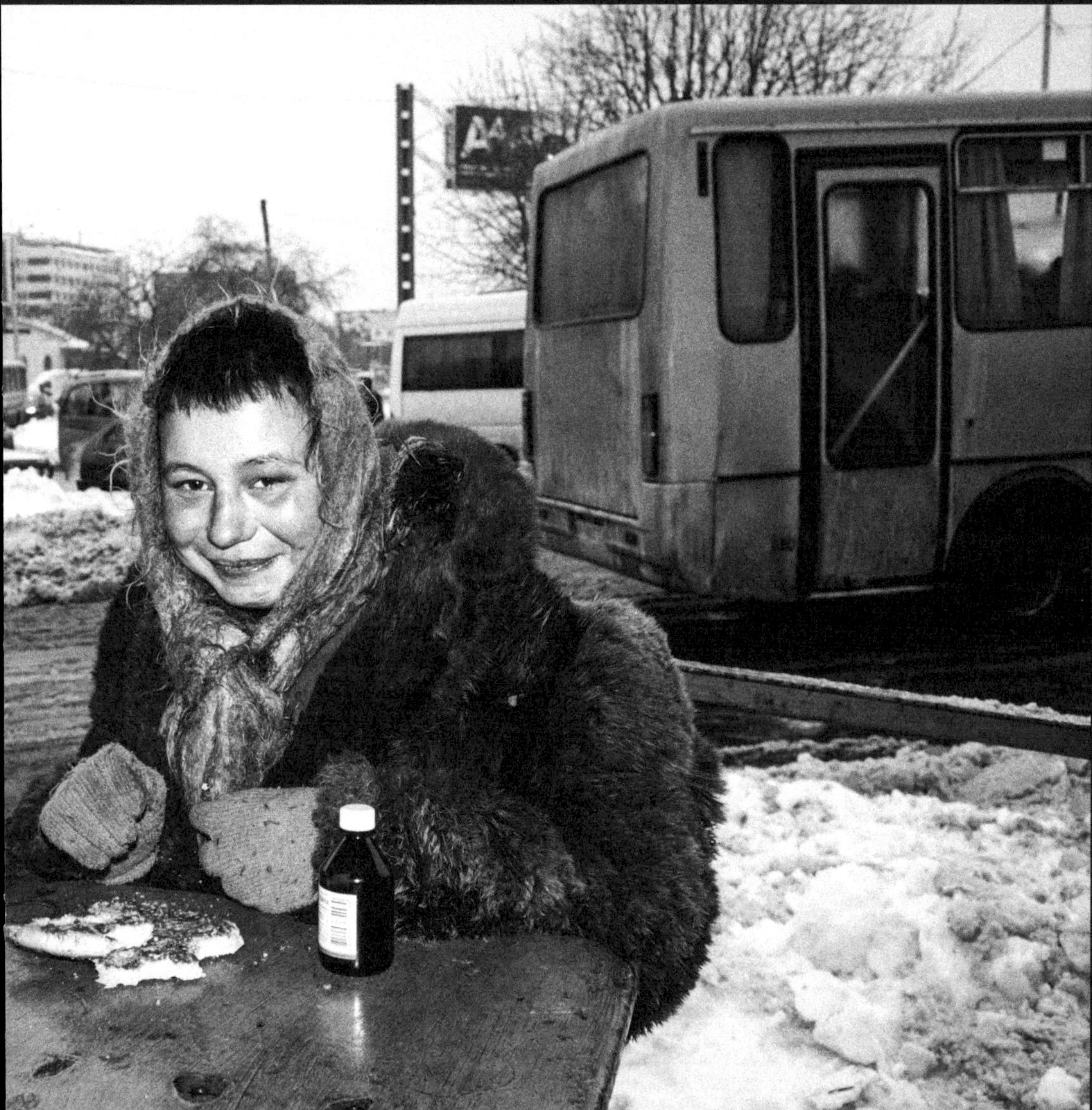

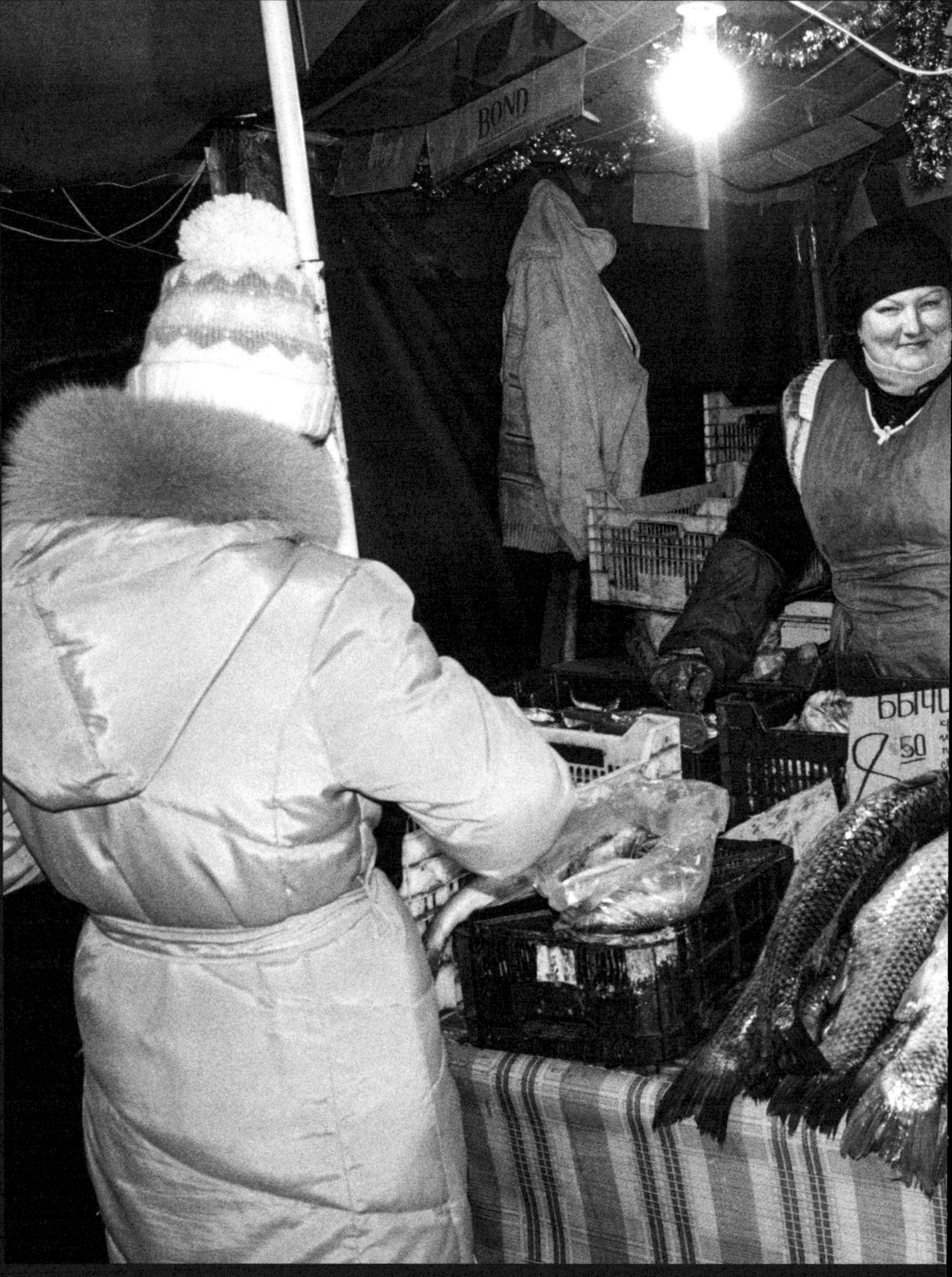

Донецьк
Donetsk 2013

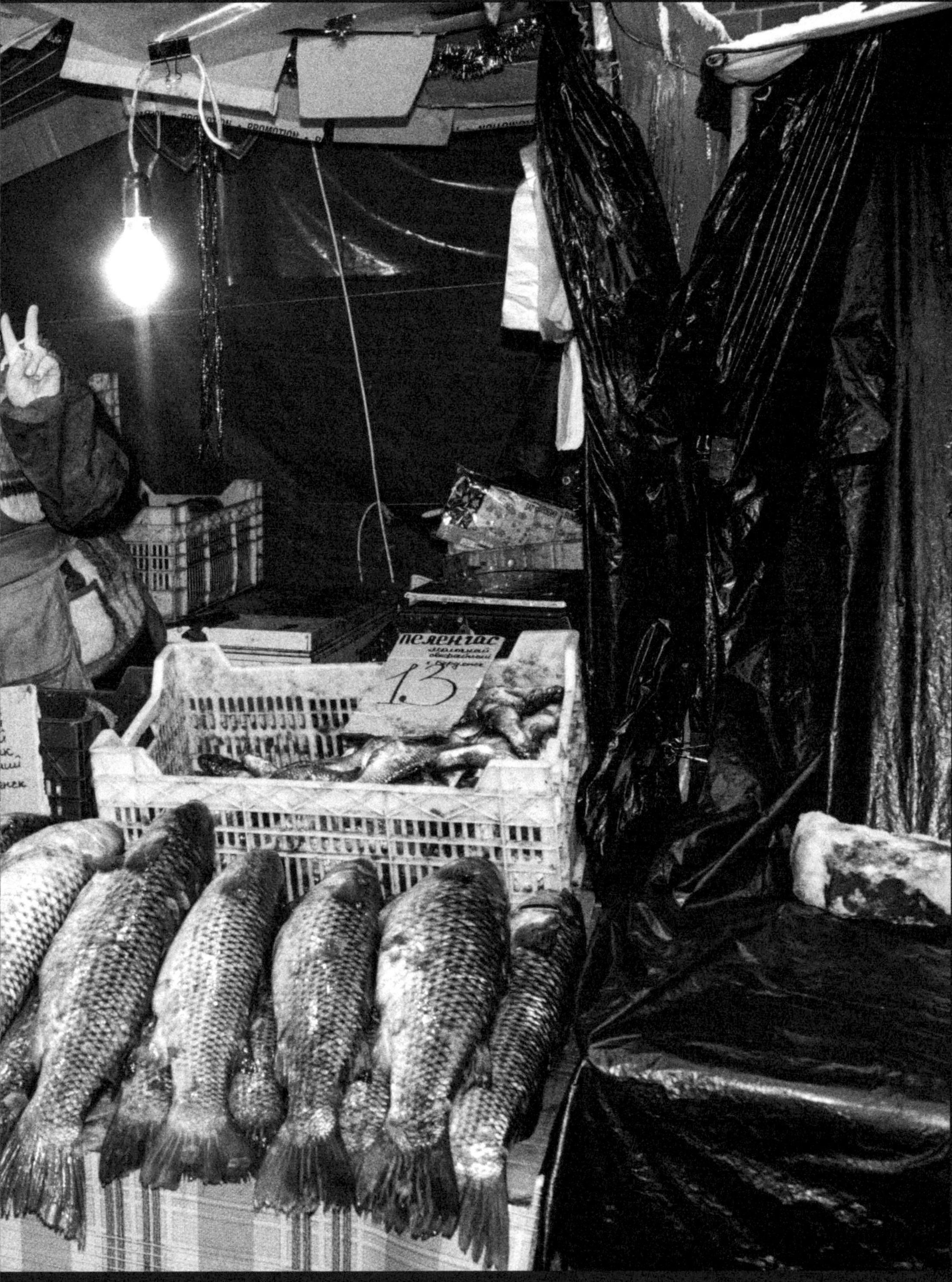
ПЕЛЕНГАС
1.13

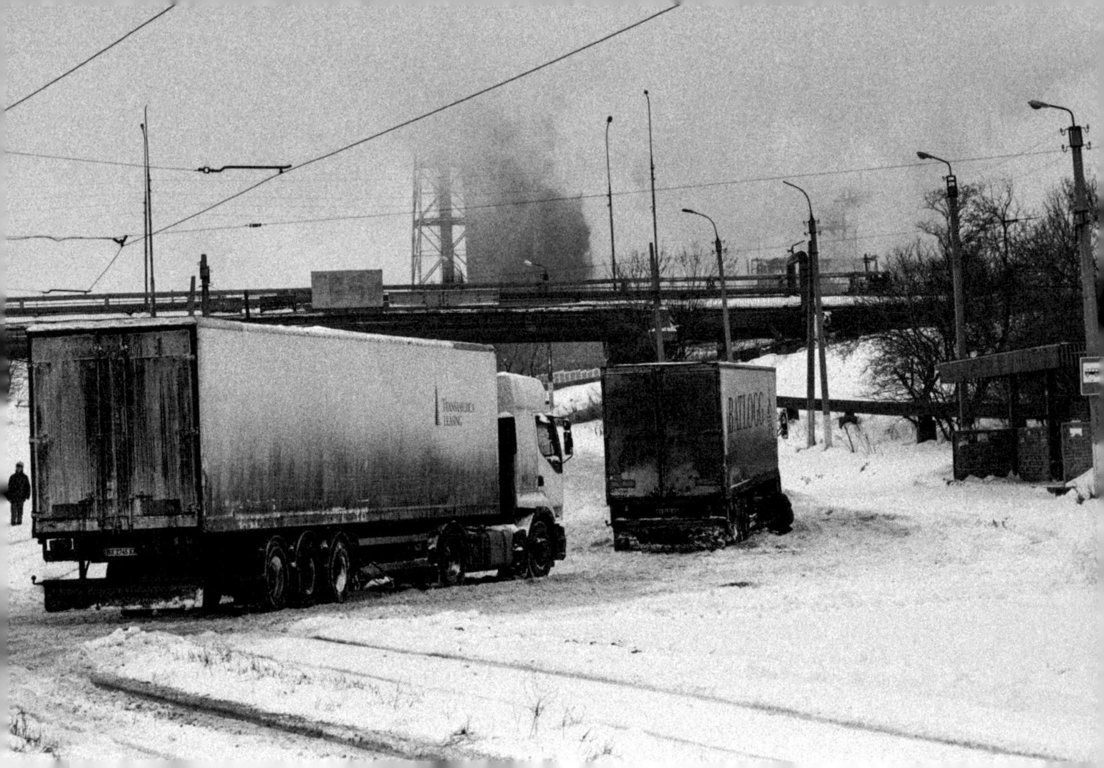
BATLOGG

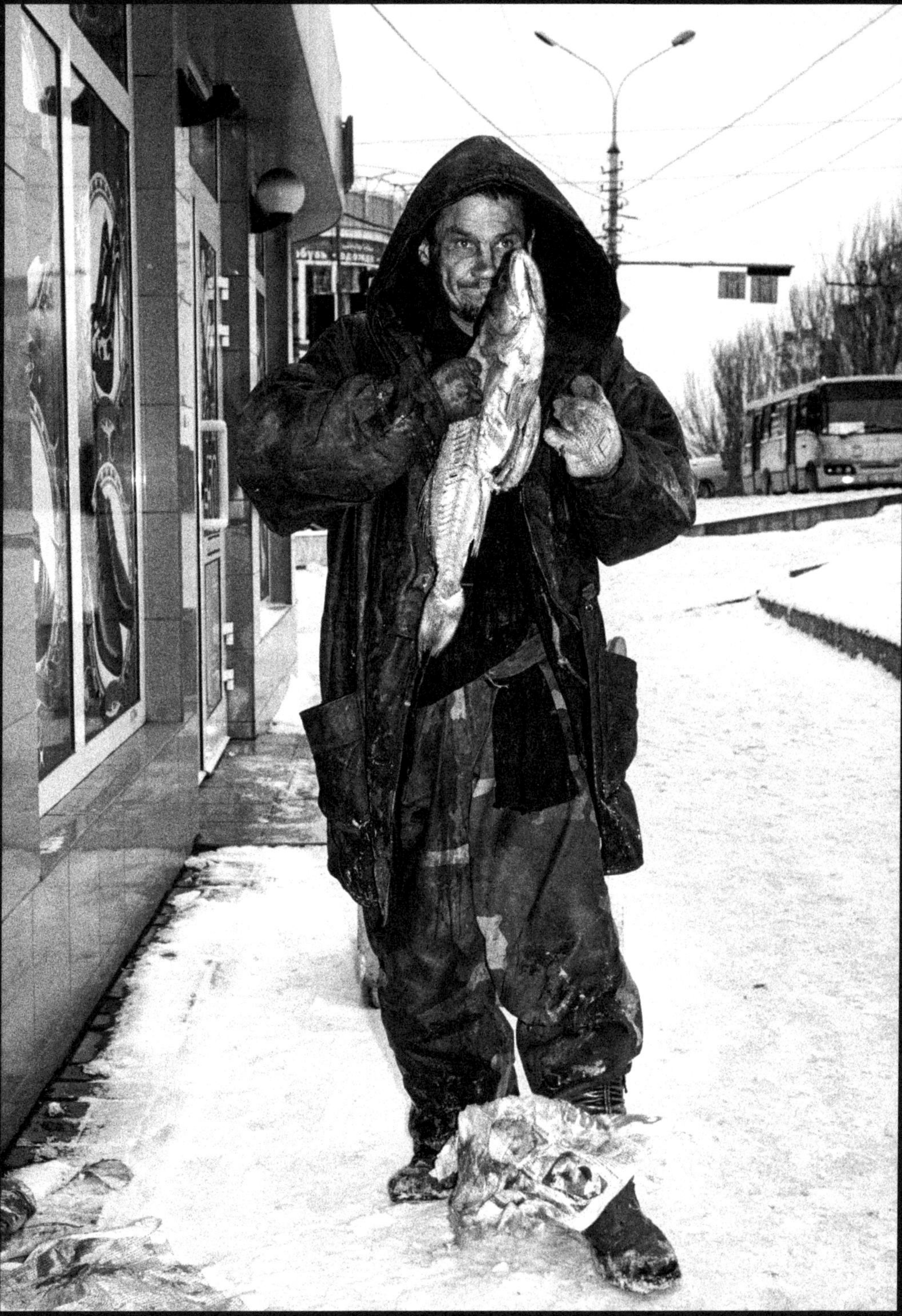

Маріуполь
Mariupol 2013

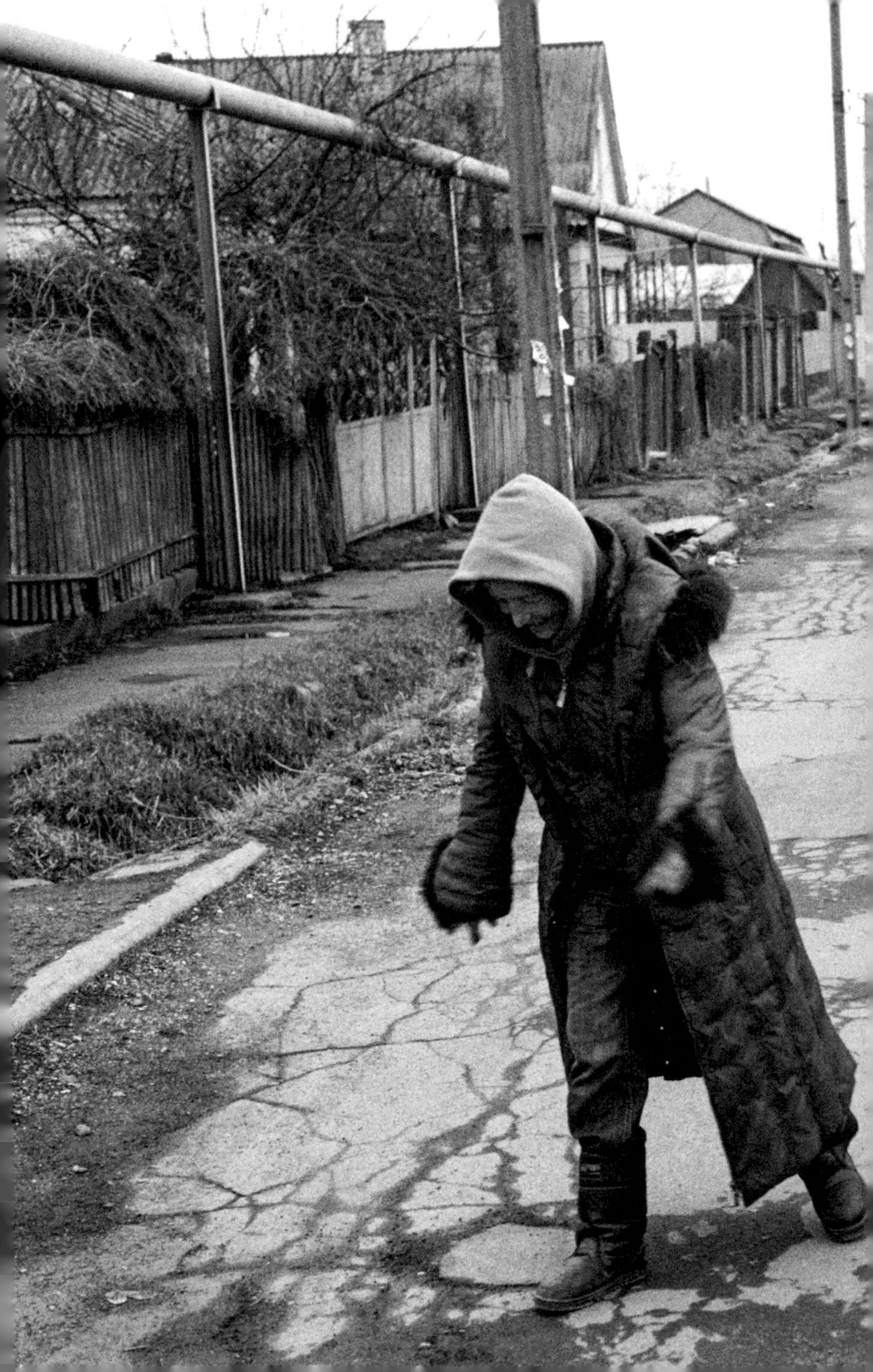

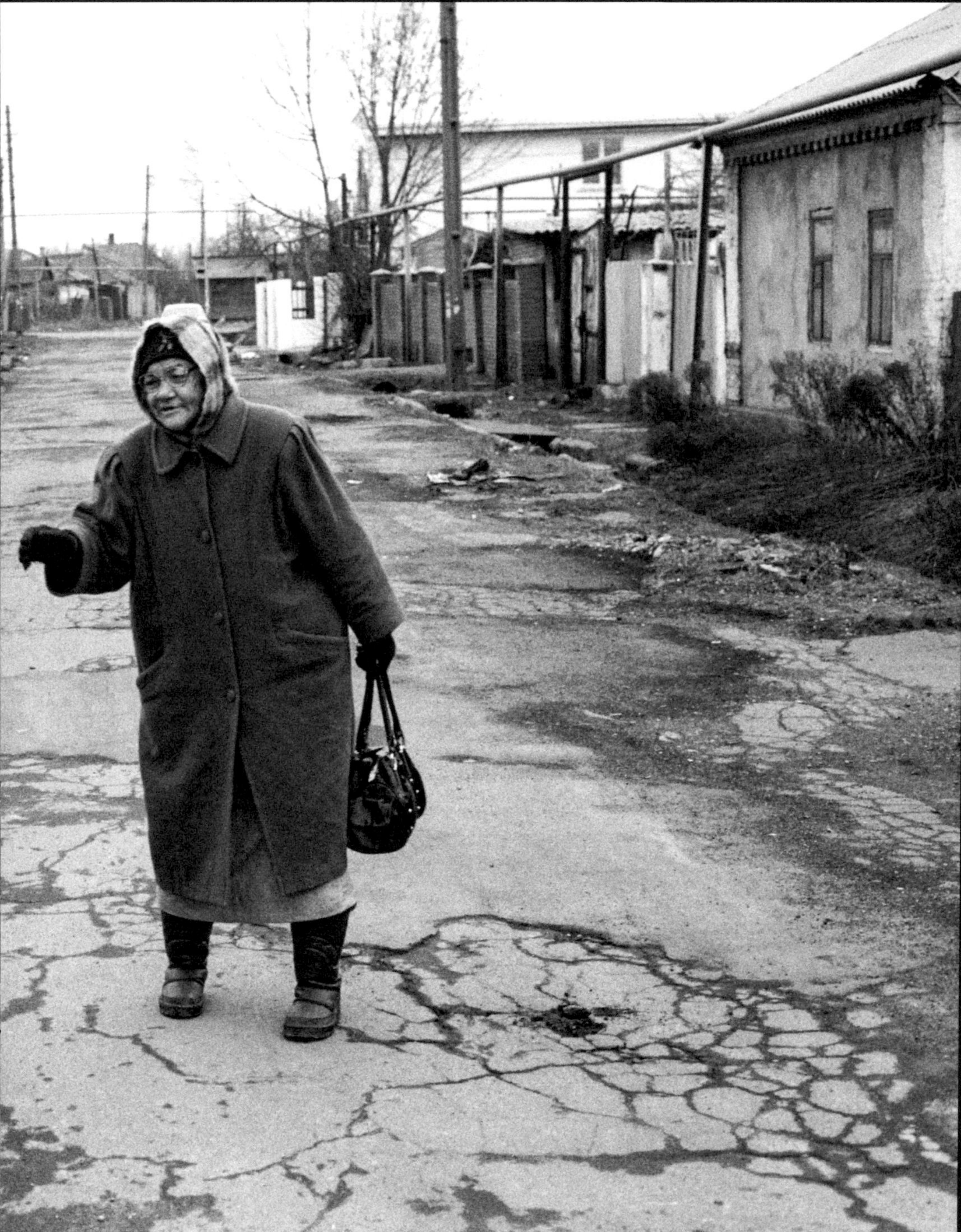

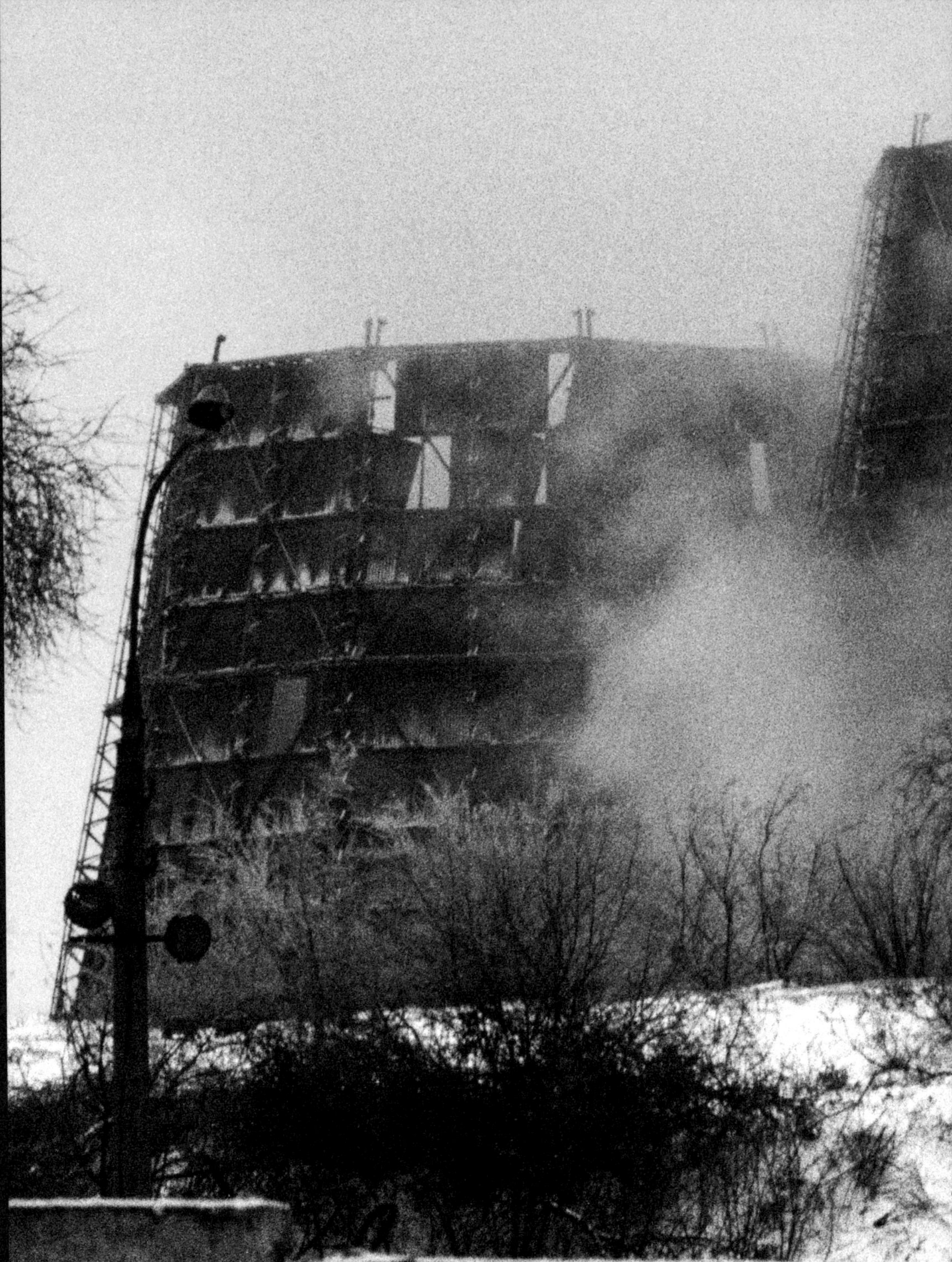

Маріуполь
Mariupol **2013**

In the deep winter twilight, on the way to the central market in Mariupol, we came across a strange wanderer. He was homeless and wrapped in a shapeless grey coat resembling a vestment, but with an open hood and collar. He moved toward us, clutching before his chest a bundle of dirty white cloth, its formless shape making it impossible to figure out what lay hidden within its folds. Coming even closer, the man did not notice anyone, including the photographer who had directed his lens toward the odd figure.
As soon as their eyes met, the homeless man responded with several seconds of silence, after which he erupted in the kind of foul cursing that normally precedes a physical attack. With fervent certainty he pointed at the photographer, who stood ground to the approaching man.

The Fish

Only several meters from him, he

Риба

У зимових півсутінках Маріуполя дорогою до центрального ринку нам трапився дивний перехожий. Це був безпритульний, закутаний у безрозмірне сіре пальто, схоже на шати, але з відкритою головою й шиєю. Він ішов нам назустріч, стискаючи біля грудей якийсь згорток у брудно-білій тканині, з форми якого годі було розгадати, що під нею ховається. Навіть підходячи ближче, він не помічав нікого, у тому числі фотографа, який уже спрямував свій об'єктив прямісінько на його фігуру.
Коли їхні погляди зустрілися, бездомний відреагував кількасекундним мовчанням, після якого вибухнув такою чорною лайкою, яка зазвичай передвіщає фізичний напад. Із палкою упевненістю він посунув на фотографа, але той не зрушив з місця. За кілька метрів він раптом заклякнув і затих.

suddenly froze and went silent. Very slowly, without lowering his gaze, the man began to unwrap his bundle. Strips of cloth fell away from it like petals from a large dirty flower. There was something foreboding in this gesture; the little man in his tattered grey coat seemed to revel alone to himself in the anticipation of his final act. This thing he was just about to disclose, this small object, was clearly intended for the photographer in response to the camera in his hands.
I presumed this item to be some kind of weapon, an ax or thick stick perhaps, with which this peculiar fellow might transform his foul words into deed.
The last of the fabric dropped to the ground. In the palms of the homeless man's hands there lay the body of a bright, thrashing silver fish. He proudly displayed the live animal before us, then cradled it close to his chest, slowly smiling to himself.

Дуже повільно, не зводячи погляду з фотографа, чоловік узявся розгортати свій клунок. Шматки тканини спадали з нього, мов пелюстки великої брудної квітки. Щось загрозливе було в цьому процесі розгортання; мужичок у сірому пальті, здавалося, сам перебував у грайливому передчутті фіналу свого жесту. Те, що мало ось-ось відкритися, призначалося фотографові, це мала бути відповідь фотокамері в його руках. Я подумала, що то якась зброя, можливо, сокира чи товста палиця, з якою дядько перейде від слів до діла.
Тканина впала на землю. В руках безпритульного була здорова сріблясга риб'яча туша. Він гордо виставив рибину і почав позувати, тримаючи її біля грудей та всміхаючись.

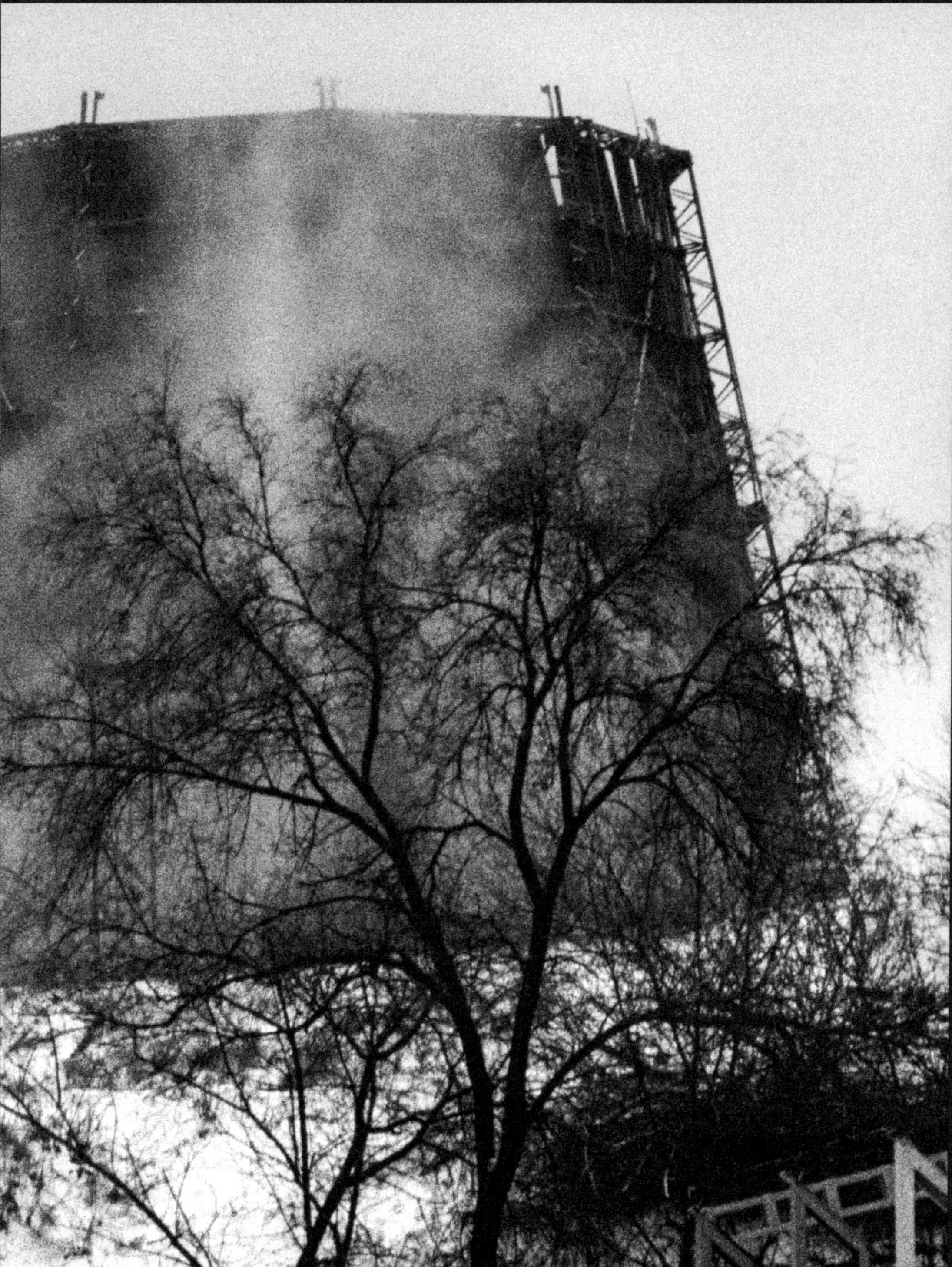

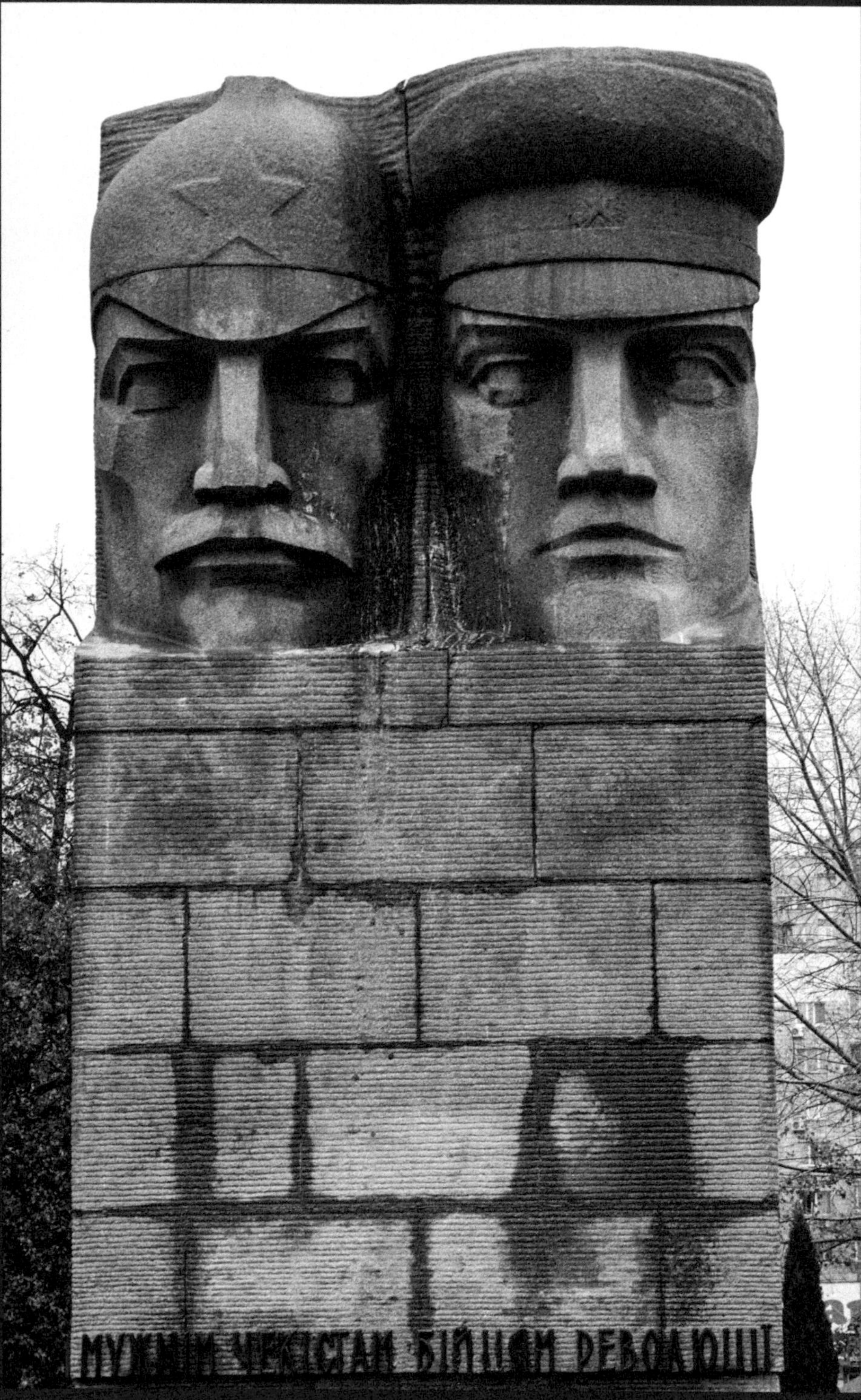

Київ
Kyiv 2012

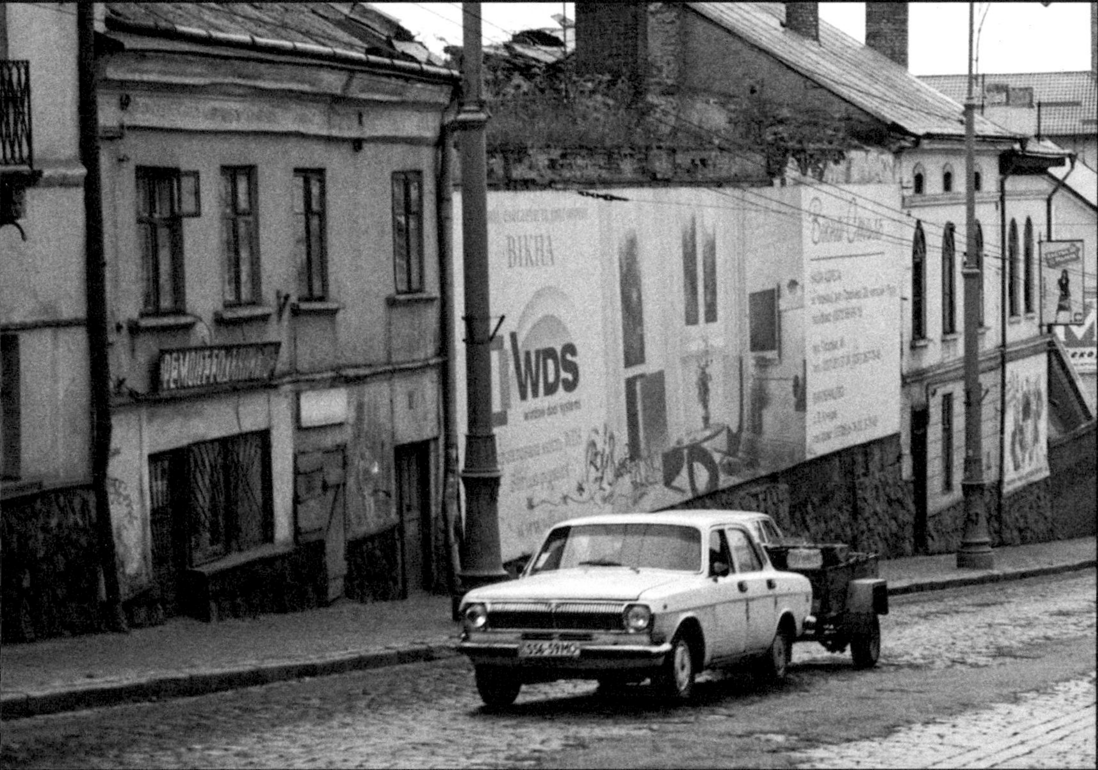
ВІКНА
WDS

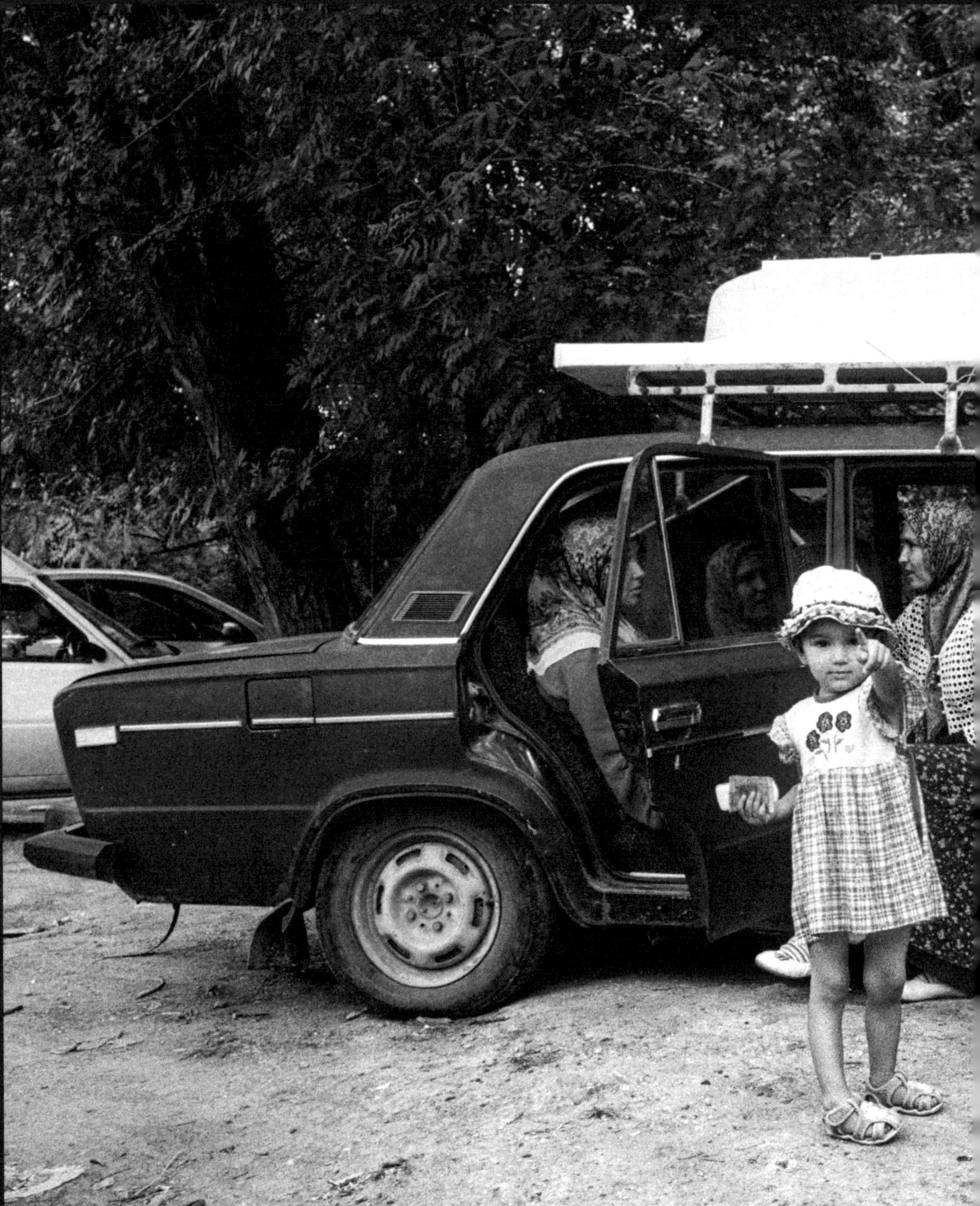

Сімферополь
Simferopol 2012

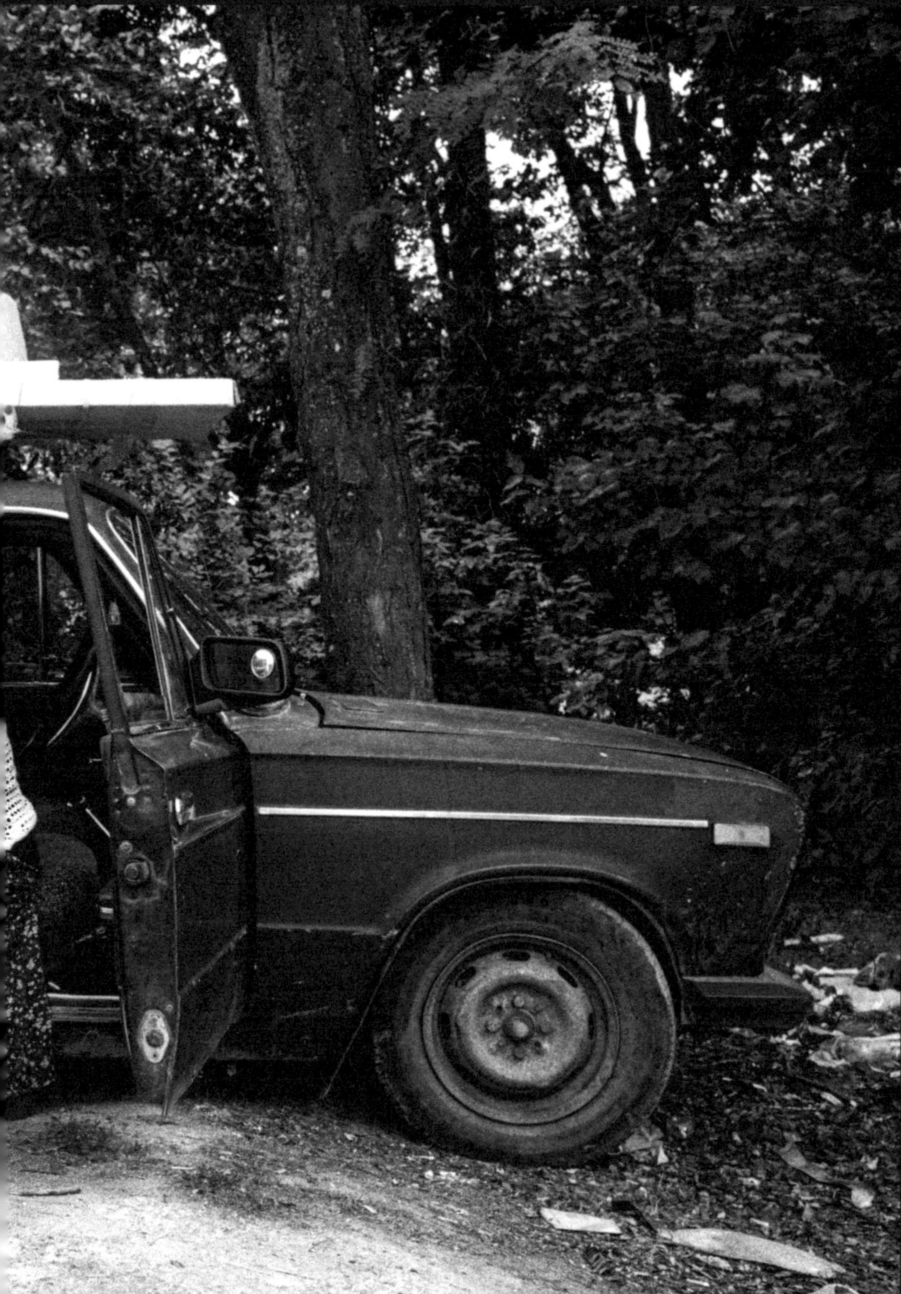

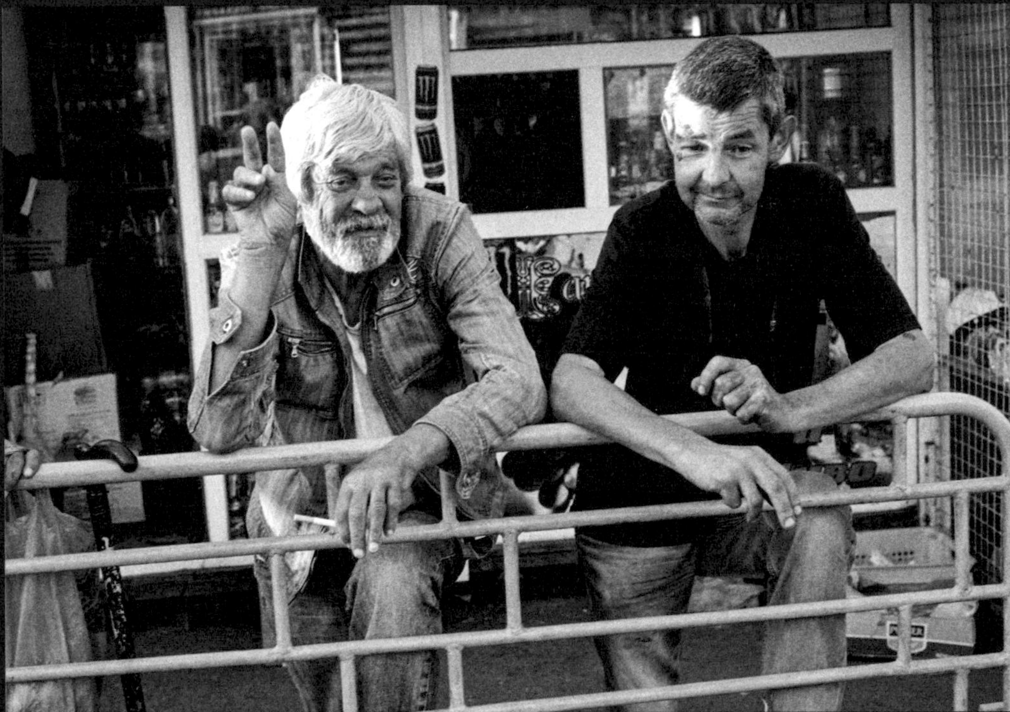

Одеса
Odessa 2013

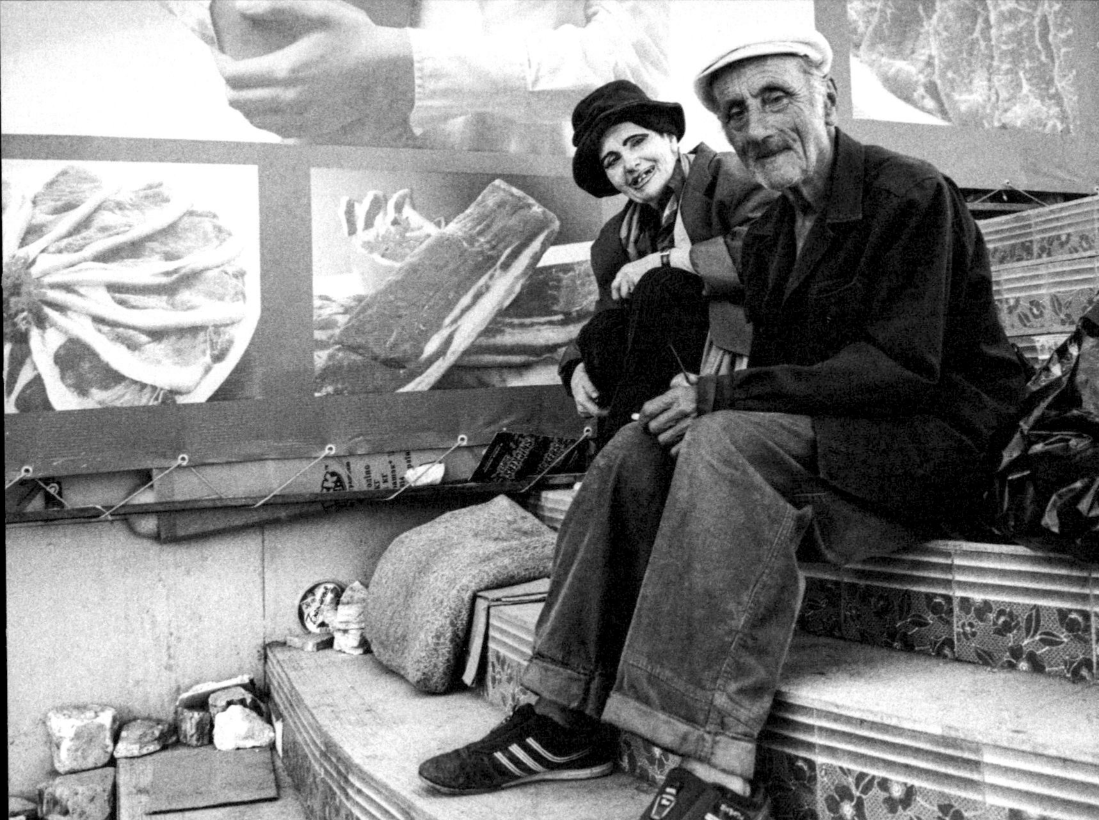

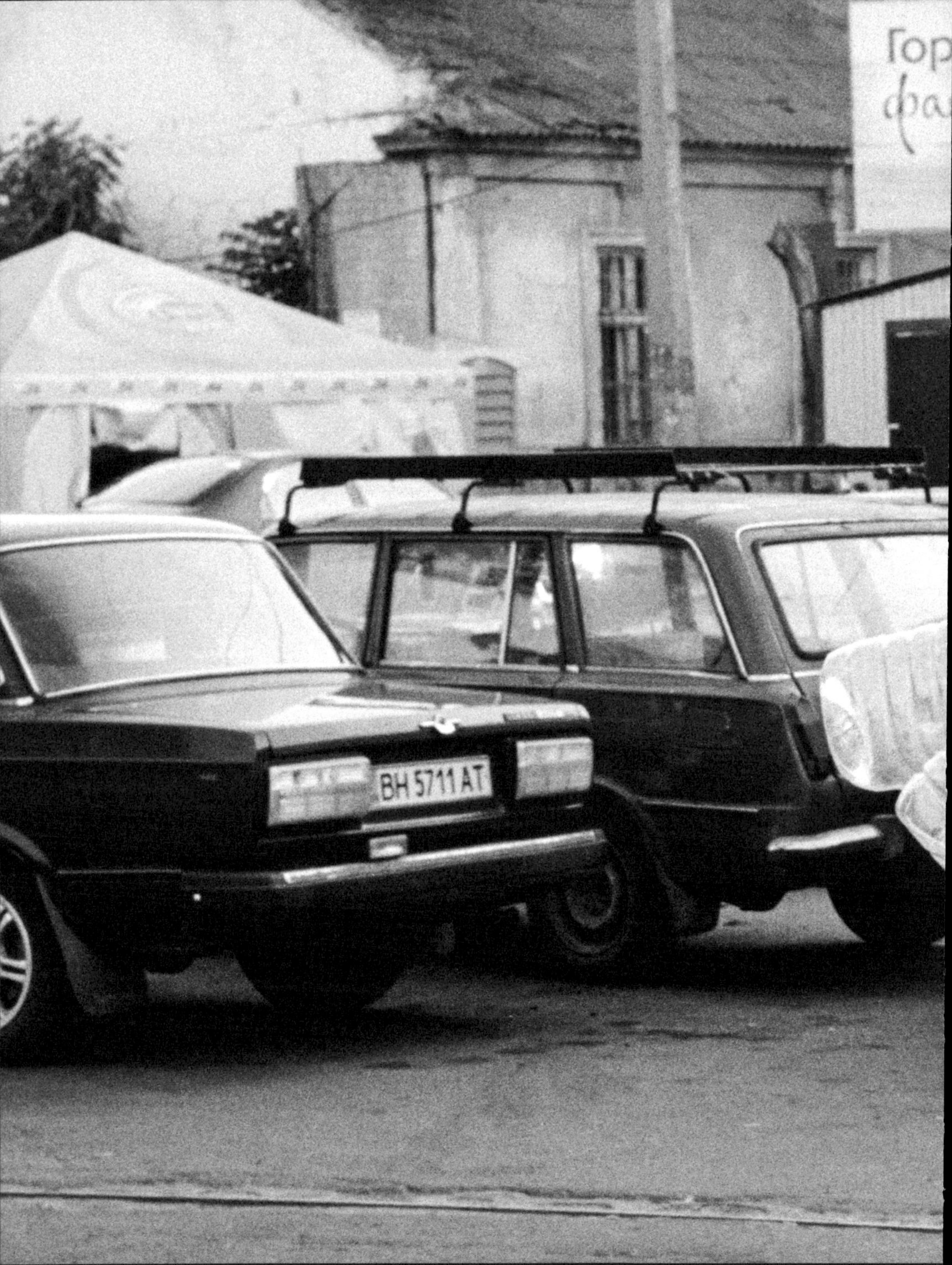

Одеса
Odessa 2013

They photographed her pregnant for the cover of an American magazine. This is not the first time she has told her story. Larysa is a small, worn down, forty-year-old woman. She is being treated for tuberculosis in a Poltava dispensary. In the corridor, she tells me about love and life. Her eyes shine, her bare shoulders are slightly lifted, her arms crossed. "After years of drugs, and despite tuberculosis, HIV, and pleurisy, God gave me another child," she begins. These days her son lives with his grandmother in Kremenchuk. His father is doing time, but gets out in a year—he's had to serve eleven years for murder.
They met in prison, and became friends through the letters they wrote back and forth. They had to send their messages to each other in secret since written correspondence between prisoners is officially forbidden. When they were split up and sent to different facilities they found a way to exchange letters through his mother, who came to pick her up from prison, after she'd served her full five years.
Upon her release Larysa was able to meet with her lover during visiting hours. Soon thereafter they got married. It's already been five years since then. After one long meeting she left and had "received" a son. The boy only knows his father from a photograph—he isn't allowed to see him because he has been quarantined to the cellblock reserved for those who have been diagnosed with tuberculosis. There is a hole in his lungs and he's built up a resistance to the medication. Larysa will treat her husband as soon as he regains his freedom.

Larysa

Лариса

Її вагітною фотографували для обкладинки американського журналу. Вона не вперше розповідає свою історію. Сорокарічна Лариса, маленька сухенька жіночка, лікується від туберкульозу в полтавському диспансері. У лікарняному коридорі вона розповідає мені про своє кохання і про своє життя. Ларисині очі горять, оголені плечі трохи підняті, зігнуті в ліктях руки складені на животі. «Після багатьох років наркотиків, попри туберкульоз, ВІЛ і плеврит, Бог дав мені ще одну дитину»,— починає жінка. Зараз її хлопчик живе у бабусі в Кременчуці, а тато сидить, вийде через рік. Відсидіти він має 11 років за вбивство.
Вона познайомилася з ним у тюрмі, це був її друг по листуванню. Послання одне одному вони передавали секретними способами, бо офіційно листуватися в'язням між собою заборонено. Потім вони роз'їхалися по різних таборах, обмінювалися листами через його маму. Мама зустріла її, коли Лариса вийшла, відсидівши 5 років.
Після звільнення вона поїхала знайомитися з коханим на коротке побачення, згодом вони розписалися, і ось уже п'ять років як одружені. Сина вона «привезла» з довгого побачення. Хлопчик знає свого батька тільки з фото. Дитині до тата не можна, бо він лежить у тубзоні, відділенні для хворих на туберкульоз. У нього дірка в легенях і стійкість до всіх ліків, які там є. Лариса лікуватиме чоловіка, коли він уже буде на волі.
Про свою хворобу, ВІЛ, вона дізналася 1997 року. Тоді її та інших наркозалежних зібрали й змусили здати кров. Через місяць її викликали у якийсь кабінет, там вона підписала зобов'язання нікого не заражати.

She found out that she had HIV in 1997. They ordered her and several other drug users to visit a clinic where they were forced to undergo a blood test. A month later they called her into a doctor's office, where she had to sign a contract stating that she would not under any circumstances transmit the virus to anyone else. For nearly a decade, Larysa hadn't realized that she'd had the infection—not until the clinical symptoms started showing up. Those ten years, she'd been sitting in prison for selling drugs. Later, she was placed on five years of probation for selling cheap heroin. She was accused of genocide, of destroying the nation through the sale of narcotics. Someone had purchased from her eleven times, then turned her in to the police. Why did this happen? The local chief of the narcotics division happened to like the computer of Larysa's eldest son. For two years she tried to sue him for fraudulent evidence against her, but the judge insisted that she had no business appealing for an acquittal. Instead, he said, she should thank him for her five-year sentence.

Currently Larysa lives in a tuberculosis treatment center, awaiting the reunion of her family. By trade she is actually an artist-illustrator and ranked first across all prison districts in Ukraine. A doctor summons Larysa into a private room. She nods goodbye and then disappears behind the door. The social worker approaches me and whispers: "Don't believe everything she says—she's just a prostitute."

Десять років Лариса не помічала, що в неї взагалі є якась хвороба, а потім з'явилися клінічні прояви. Лариса провела в ув'язненні у підсумку десять років, за збут наркотиків. Останній строк—п'ять років, умовно, за збут ширки. Її хотіли звинуватити в геноциді, знищенні нації шляхом продажу наркотиків. Одинадцять разів хтось купував у неї речовину, а потім віддавав міліції. Чому так сталося? Начальнику відділення боротьби з наркоторгівлею сподобався комп'ютер Ларисиного старшого сина. Два роки вона з ним судилася за фальшування доказів проти неї, зрештою суддя переконала її, що за п'ять років умовно вона взагалі має дякувати і не просити виправдання.

І тепер Лариса лежить у тубдиспансері та чекає на возз'єднання своєї сім'ї. А взагалі за фахом вона художниця-ілюстраторка. Займала перші місця серед усіх зон за художні роботи. Ларису кличе лікар, вона прощається і зникає за дверима кабінету. До мене підходить місцевий соціальний працівник і каже майже пошепки: «Не вірте всьому, що вона каже, вона проститутка».

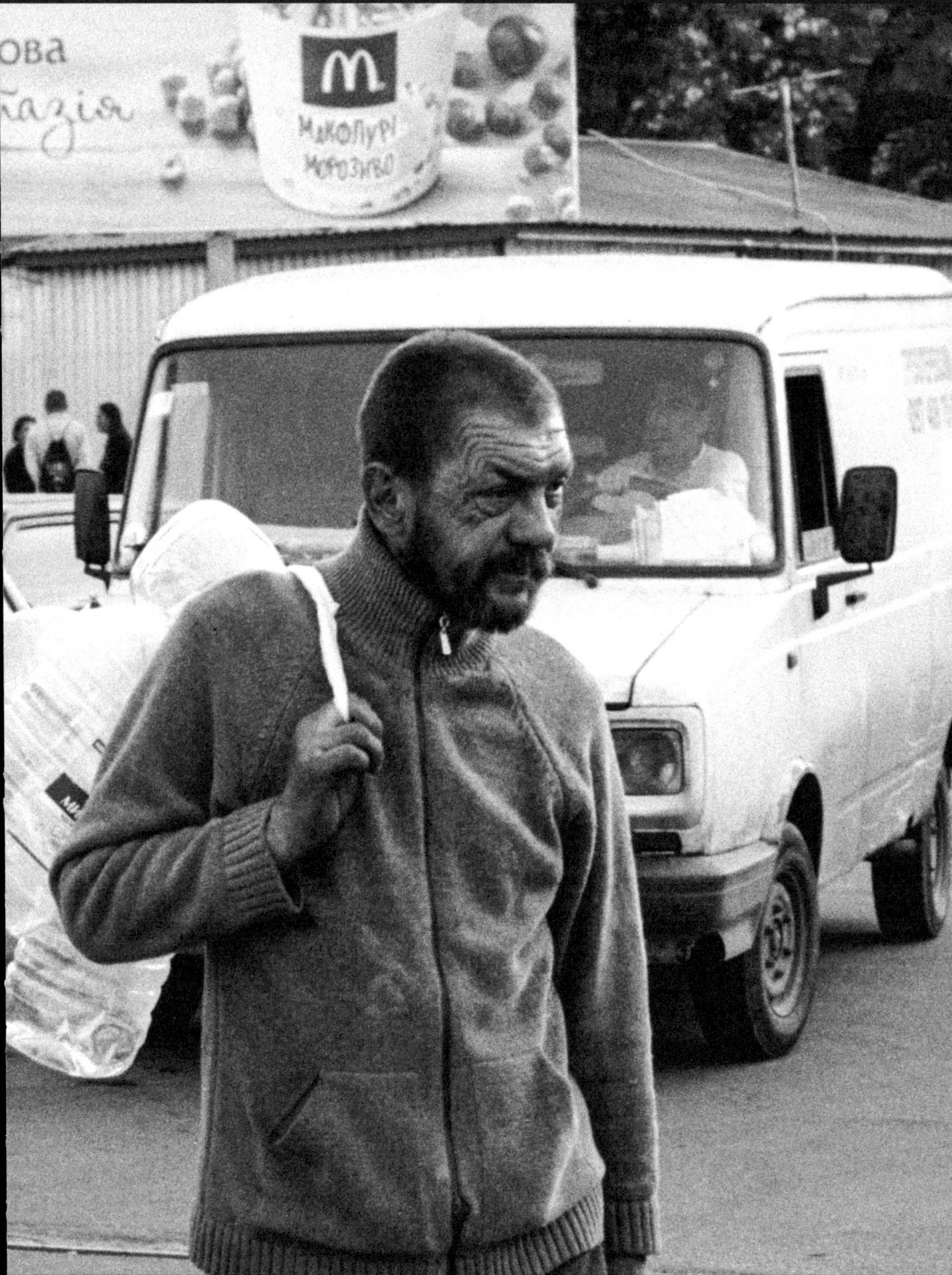
МакФлурі
Морозиво

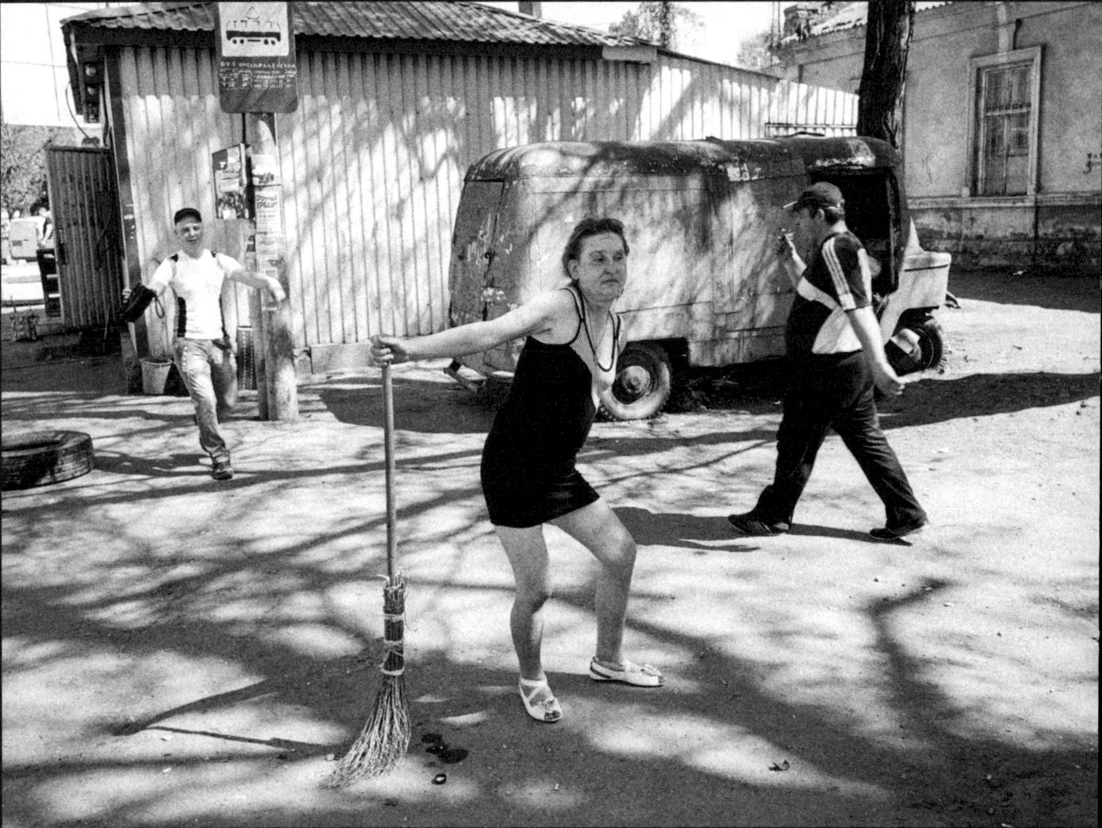

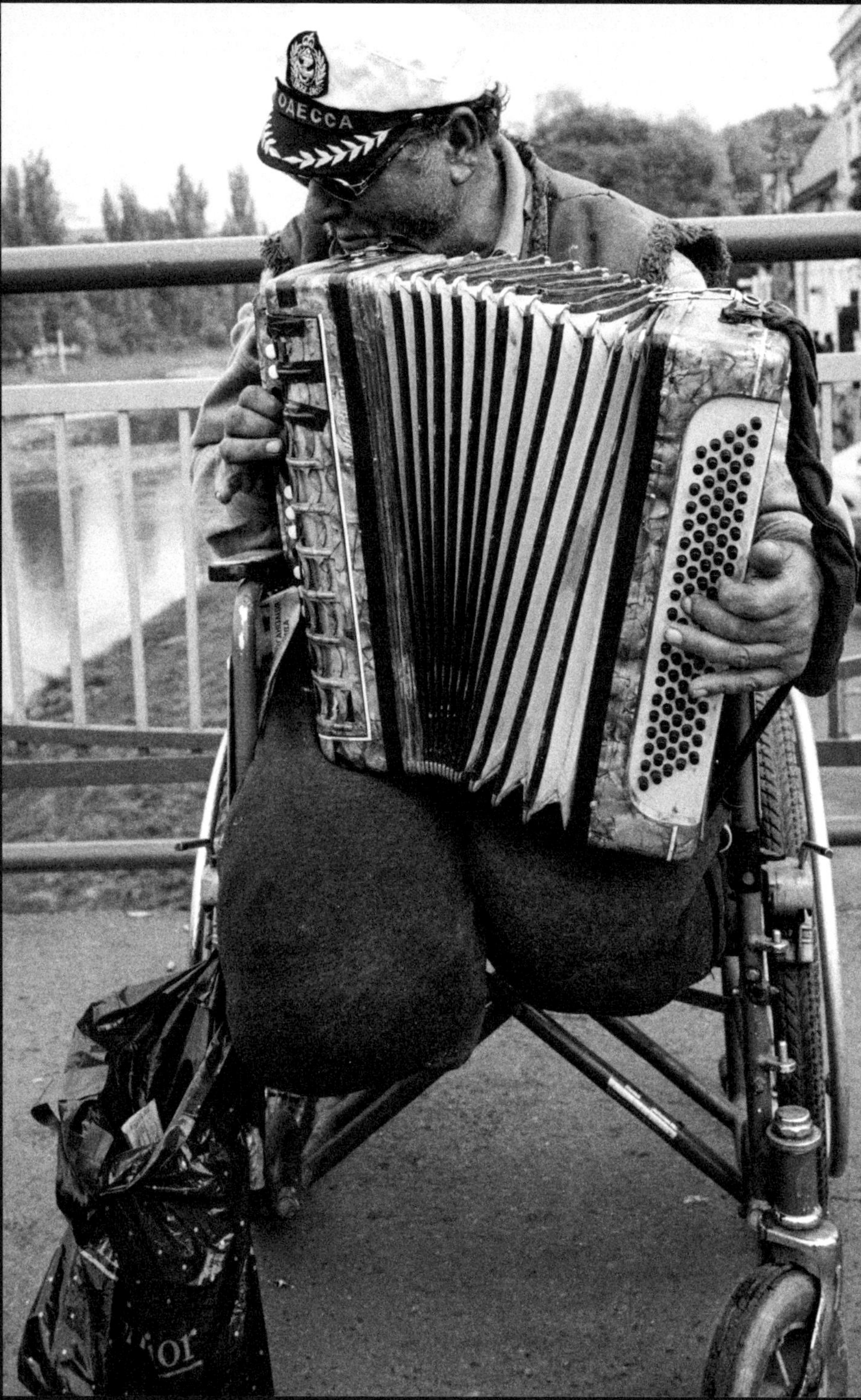

Ужгород
Uzhhorod **2012**

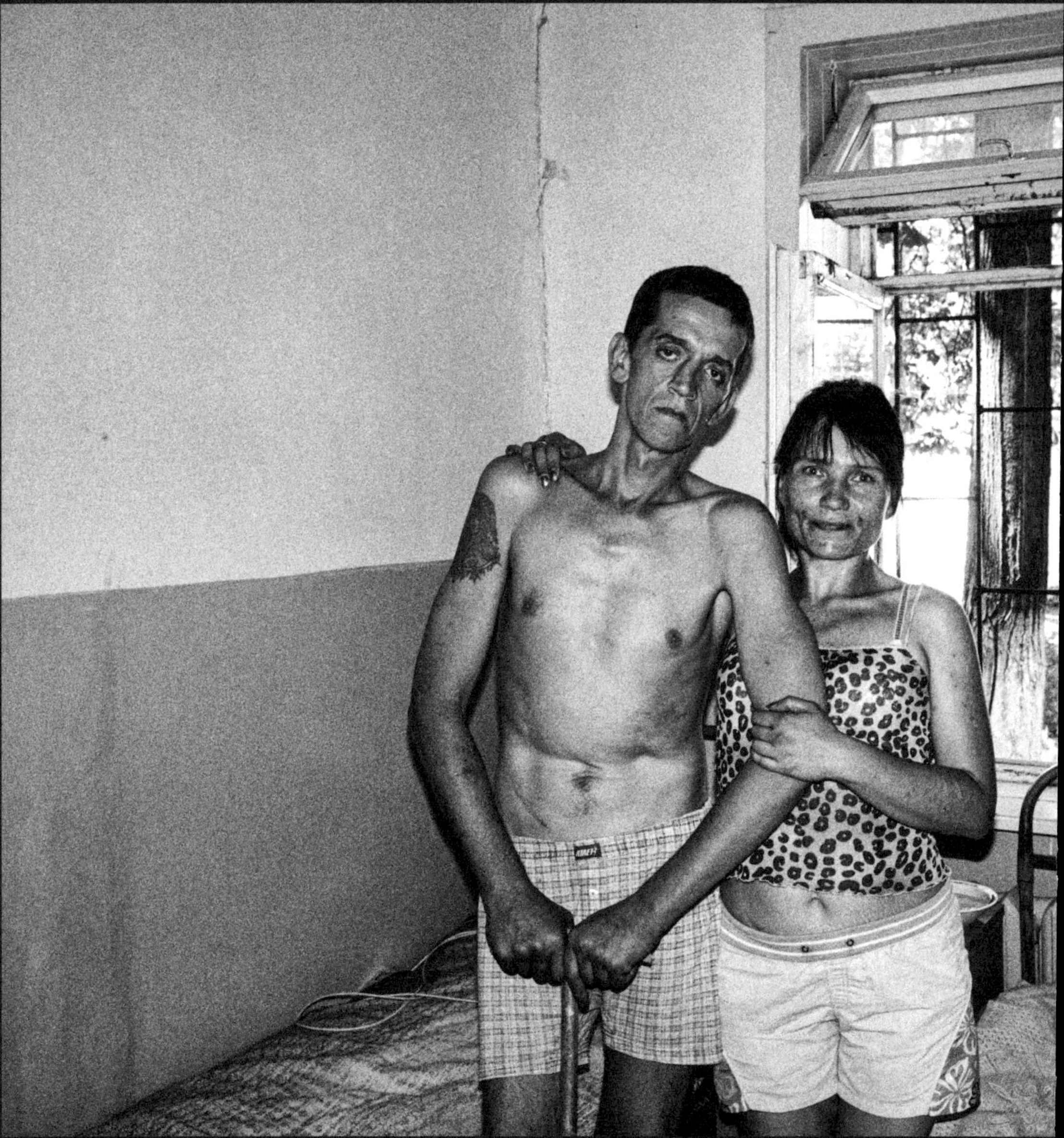

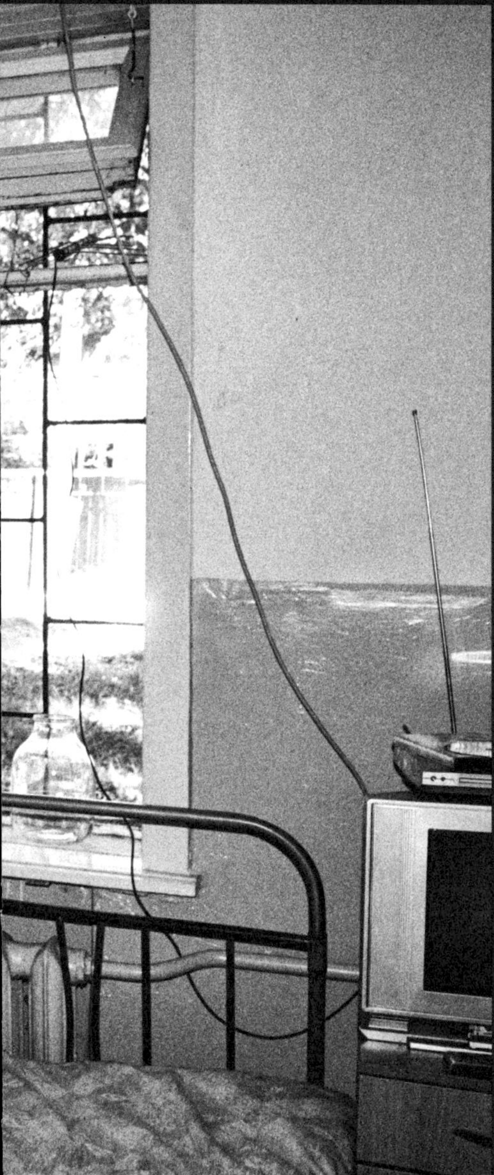

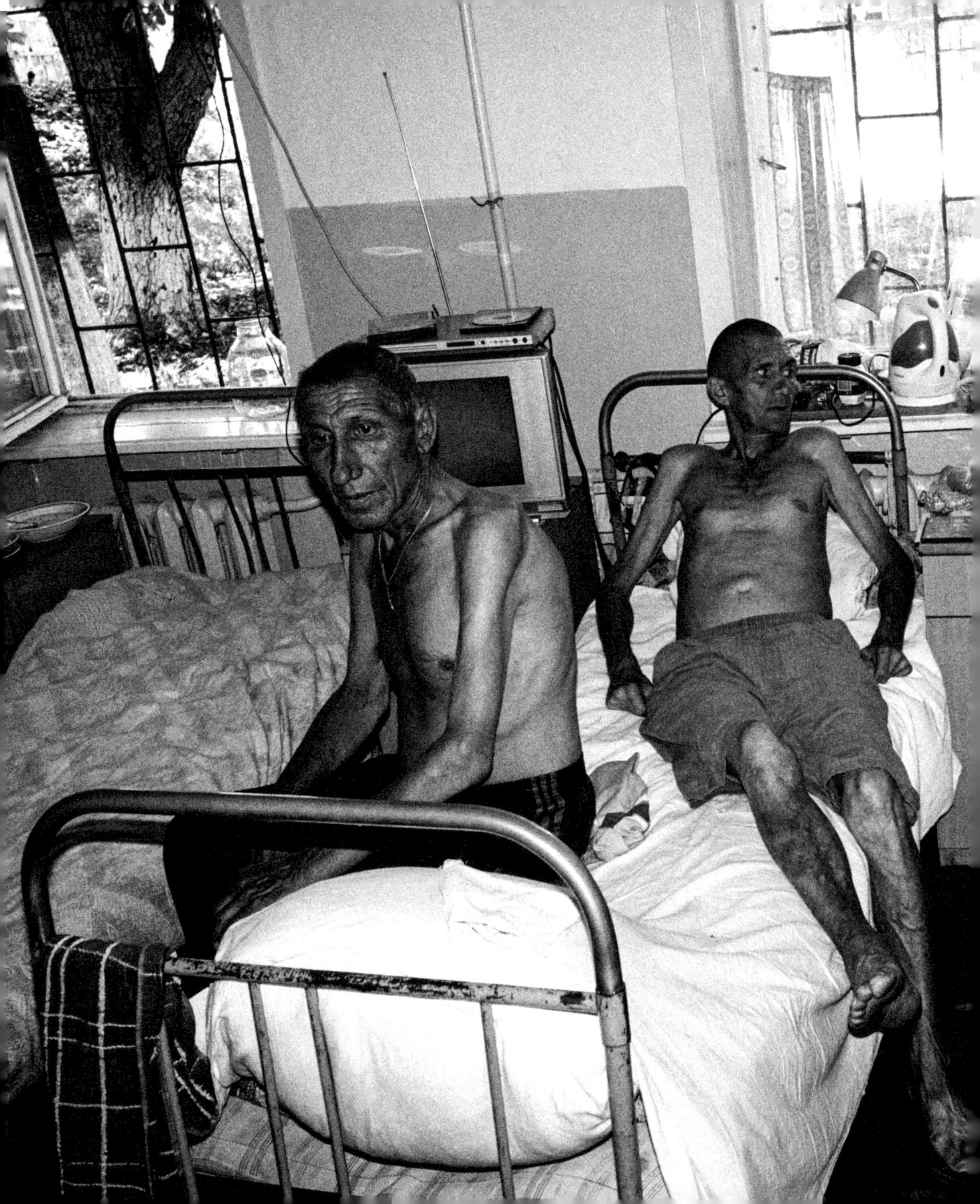

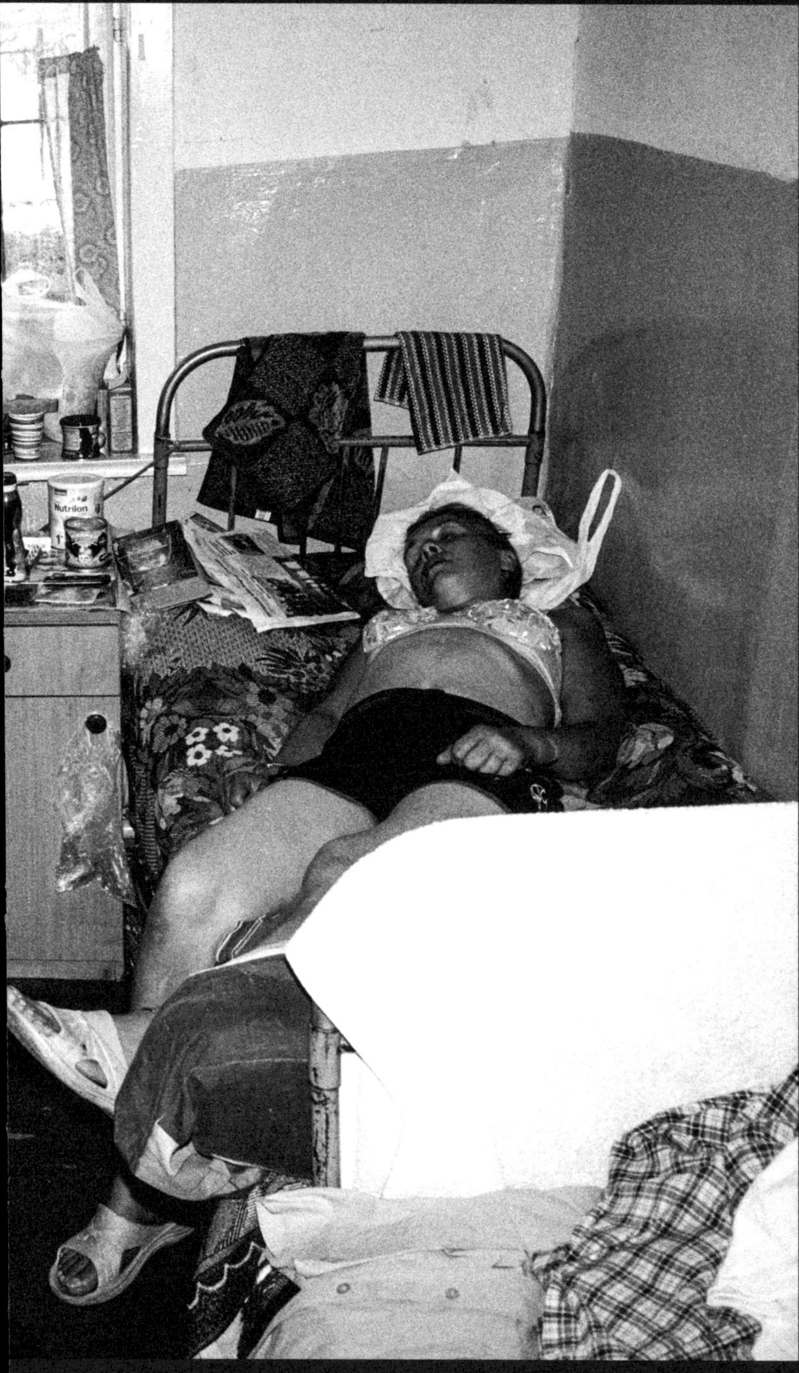
Nutrilon

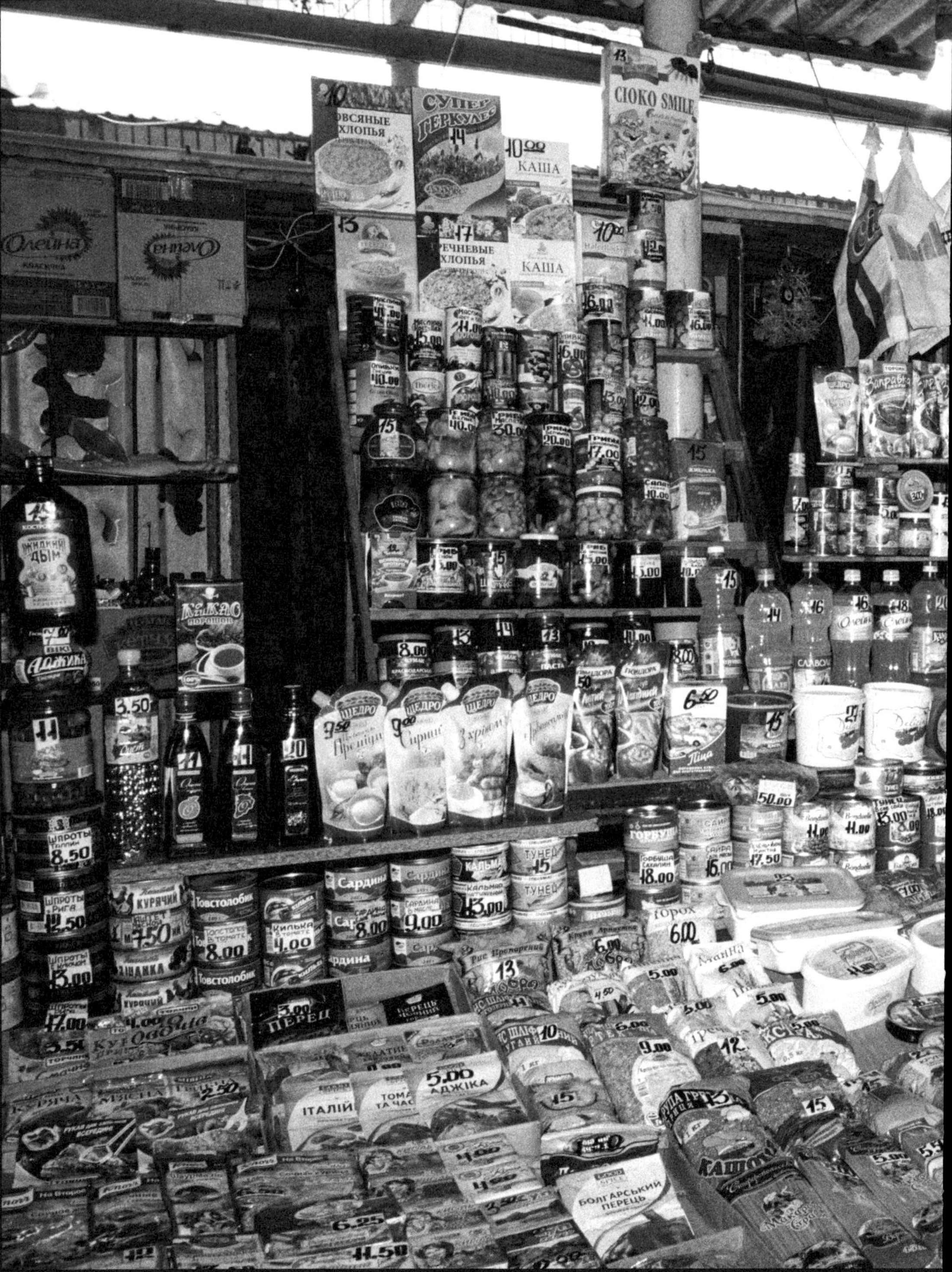

Донецьк
Donetsk 2013

Kharkiv's Freedom Square is one of the largest in Europe—we enter its massive, snow-covered width facing the spine of its monument to Lenin. The sculpture conveys openness: the figure's bearing, like a generous host, invites everyone onto the square with an outstretched hand. The square is empty and white, the wind howls. While we stood examining the statue another passerby appeared, a small elderly woman carrying a grey linen bag. She stops beneath the stone leader's feet, raises her head to face his, and says, "Well Volodiya, now look at what you've done! These days I can barely scrape by on my entire pension." Turning to face us she adds "This is our God, but he doesn't hear us anymore." Not waiting for an answer, she disappears as quickly as she had arrived. We move on, seeking out the nearest underground street crossing in order to warm up a little.

A Voice from Distant Worlds

The spaces of large cities throughout Ukraine bustle with an underground life of their own, of which the metro is just

Голос далеких світів

Харківська Площа свободи—одна з найбільших у Європі, ми входимо в її засніжену широту з-за спини пам'ятника Леніну. Скульптура демонструє відкритість, своєю поставою вона, мов щедрий господар, запрошує всіх на площу і простягає їм руку. На площі порожньо, біло, і гуляє вітер. Поки ми роздивляємося пам'ятник, з'являється перехожа—маленька бабуся із полотняною сірою торбинкою. Вона спиняється біля нас при підніжжі кам'яного вождя, піднімає до нього голову й каже: «Володька, ну и посмотри, что ты натворил. А я теперь выгребаю со своей пенсией.—Повернувши обличчя до нас, вона додає:—Это наш Бог, он нас больше не слышит». Не очікуючи відповіді, бабуся йде. А ми простуємо до найближчого підземного переходу, щоб трохи зігрітися.

Простору великих міст в Україні властиве дуже жваве підземне життя; метро—це лише невелика, механічна його частина. Торгові центри, торгові точки, кіоски,

a small, mechanical part. Shopping malls, retail outlets, kiosks, police on patrol, panhandlers, the homeless and the insane—all come together in the subterranean crossroads of the city, its life supported by the existences buried beneath. These underground passages are a meeting place for outsiders. Upon entering, I immediately run into a man who introduces himself to me as Georgiy. He's a tall guy with long chestnut hair who has the kind of long beard that, in combination with the coat, gives no sure sign of his age. Georgiy invites me to walk with him over to a little kiosk near us called "The Eyelash Stand" where, apart from mascara and eye shadow, a mild-mannered, middle-aged woman in her early forties is selling magazines. The bearded man convinces me to purchase the latest issue of a journal he says is about humanity and the universe, entitled *Unknown World,* of which Georgiy alleges he is the editor. As soon as I open the magazine and begin reading, Georgiy starts telling me more about himself, drawing in my notebook. He traces a cross and several numbers

поодинокі міліціонери, жебраки, безхатьки та міські божевільні зібралися в підземеллі міста-мільйонника, щоб підтримувати його наземне існування. Підземний перехід—місце зустрічі аутсайдерів. Опинившись тут, я одразу знайомлюся з чоловіком, який назвався Георгієм. Високий пан із довгим каштановим волоссям і такою ж довгою бородою у темно-сірому пальті, без ознак віку. Георгій запрошує разом з ним підійти до «кіоску з віями», де, окрім туші для вій та тіней, лагідна повненька жіночка середнього віку продає журнали. Бородань настійливо пропонує мені придбати останнє число журналу про людину і всесвіт «Невідомий світ», в якому він начебто є головним редактором. Одразу ж як журнал потрапив мені до рук, Георгій заходився розповідати про себе і креслити щось у моєму записнику. Він малює хрест і числа з багатьма нулями поруч, якісь беззмістовні формули та знаки, квадратні сантиметри і каже, що намагався повернути дітей з Беслана, чим прославився на все російське телебачення. За мить

followed by a bunch of zeros, some meaningless formulas, and square centimeters. His attempt to resurrect the children of Beslan was reported on supposedly every Russian TV station. A moment later Georgiy moves on to someone else, leaving me to browse the odd journal.
I glance at its contents. "A Voice from Distant Worlds" headlines the first article, which is about where we come from and where we're headed. Its subject matter is surreal. Jesus appears as a cosmonaut who arrives to explain the importance of esoteric practices, bioenergetic exercises, and tantric techniques, based on Jungian theory and the principles of quantum mechanics. Russian orthodoxy, psychology of success, Soviet cosmic utopianism, Post-Soviet mysticism—all of these topics crowd its pages almost as if this seemingly inconsequential magazine were a cultural catalogue documenting contemporary everyday life, a life in which magic is more real than politics, and advocates for interplanetary relations determine more than local public services. Parasomnia, the revolt of the machines,

Георгій переключається на когось іншого й залишає мене наодинці з журналом.
Я заглядаю всередину. «Голос далеких світів»—перша стаття про те, звідки ми прийшли і куди рухаємося. Сюжет сюрреалістичний: Ісус нібито космонавт, який, спираючись на юнгіанство та квантову механіку, розповідає про важливість езотеричних практик, біоенергетичних вправ і тантричних технік. Російське православ'я, психологія успіху, радянський космічний утопізм і пострадянський містицизм—на сторінках цього, здавалося б, маргінального часопису задокументований культурний вимір сучасного повсякдення, коли магія реальніша за політику, а міжпланетне лобі вирішує більше, ніж місцева комунальна служба. Парасомнія, повстання машин, прорив у розробці стовбурових клітин—це не назви голлівудських фільмів, а заголовки розділу новин «Невідомого світу». Попри свою фантасмагоричність, таке видання здається цілком логічним для всіх тих, у кого не

breakthrough in stem cell technology—these are not the names of Hollywood films, but section headers that categorize the latest news from *Unknown World.* In spite of its own phantasmagoria, the publication itself appears quite logical among those who feel there is no hope left. Perhaps those who live and work in these underground passages have been living already for a long time in some state of social parasomnia, keeping the invisible and crazy world that they've created away from the outside.
Georgiy continues to send mischievous glances at each passerby, while standing ceremoniously on a flight of steps. The snowy ground and white sky sharpen his silhouette. He tells me that, if I so desire, I may become his apprentice in witchcraft.

залишається надії. Може, жителі чи працівники цієї підземки давно живуть у суспільній парасомнії та любовно бережуть створений ними невідомий і божевільний світ.
Георгій загадково поглядає на перехожих, стоячи на сходах підземки. Засніжена земля і біле небо роблять його постать ще яскравішою, він пропонує мені, якщо є бажання, стати його ученицею в чаклунстві.

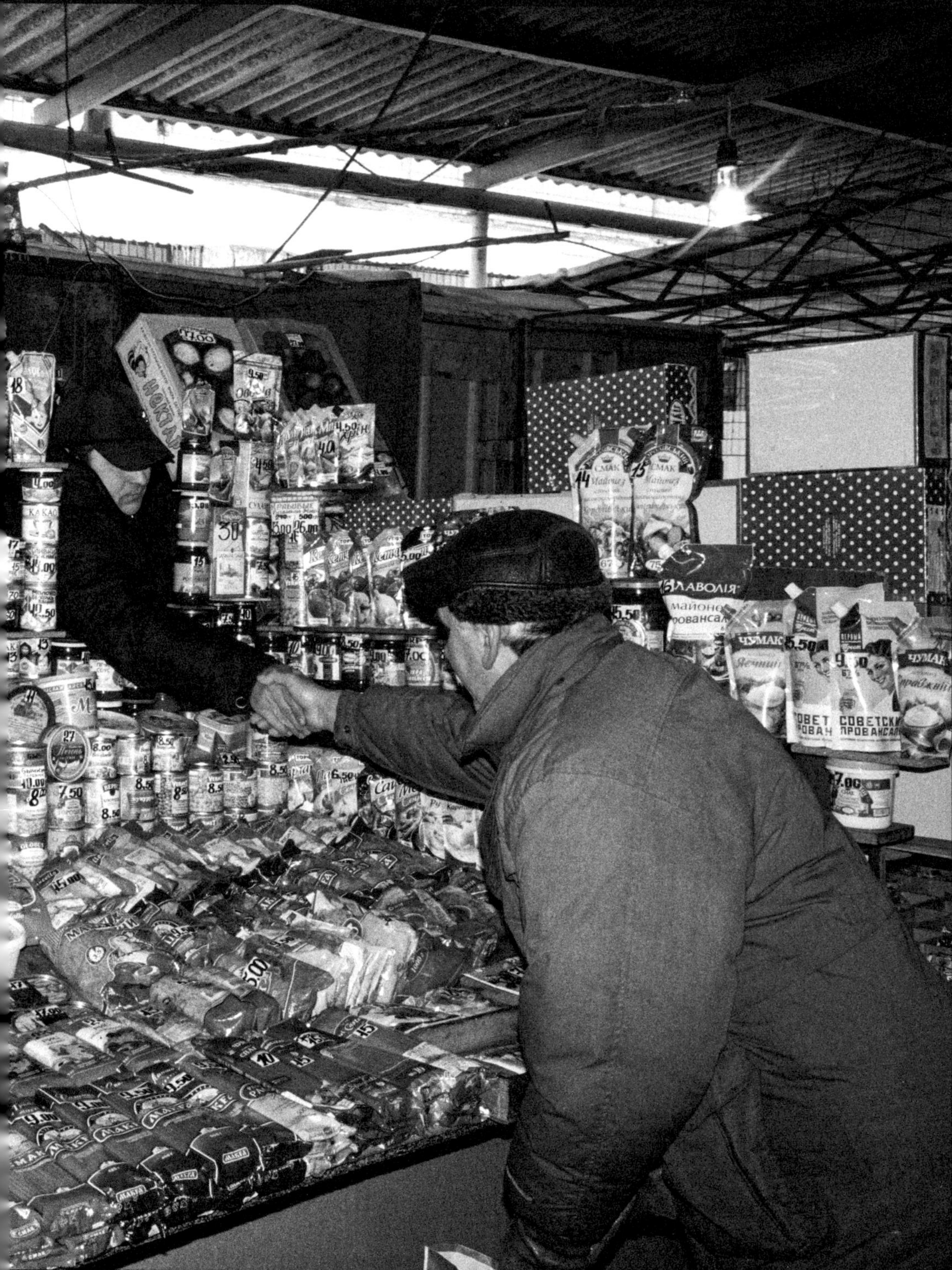
СМАК
ЛАВОЛІЯ
ЧУМАК

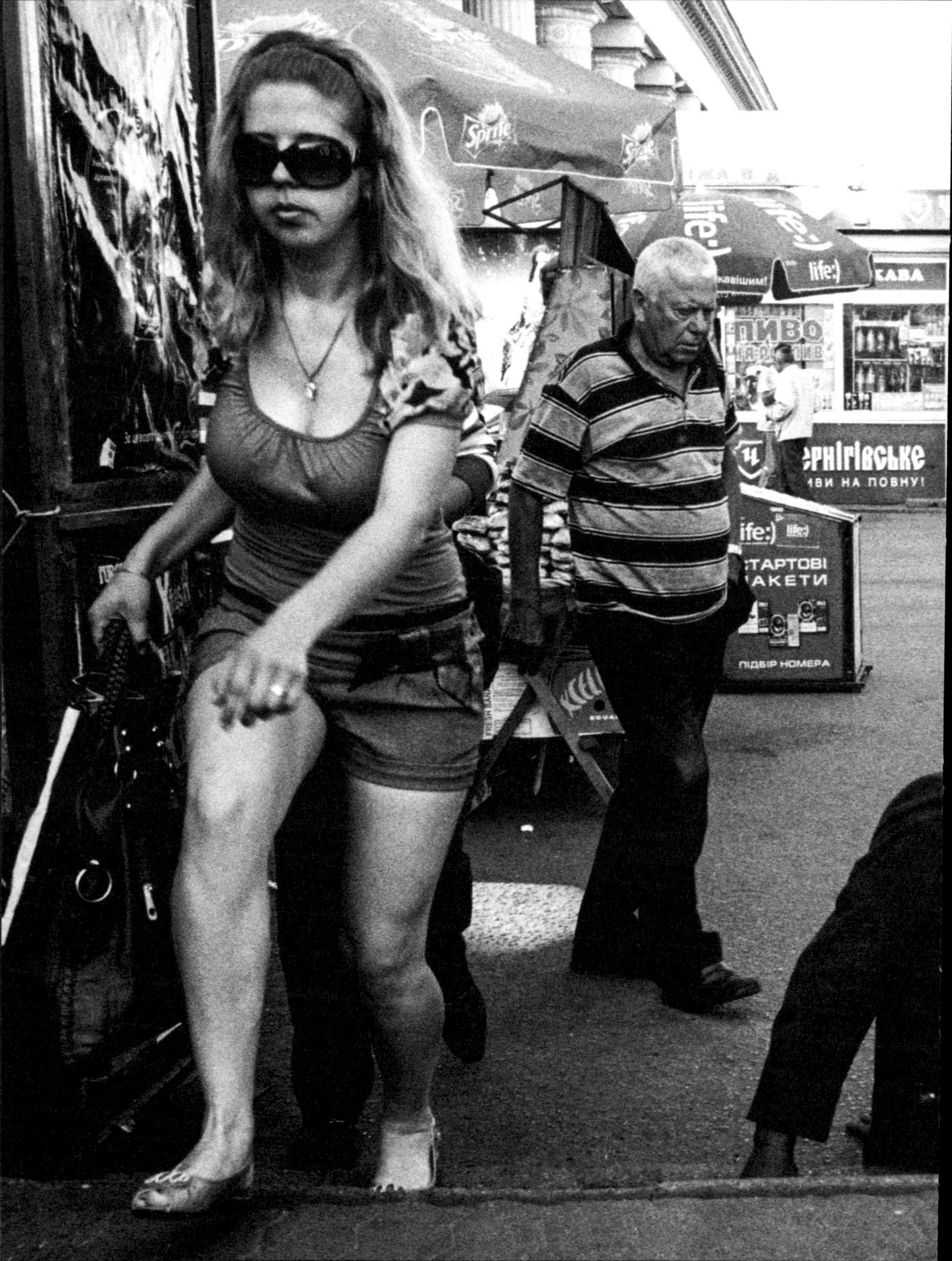
Sprite
life:)
ПИВО
КАВА
СТАРТОВІ
ПІДБІР НОМЕРА

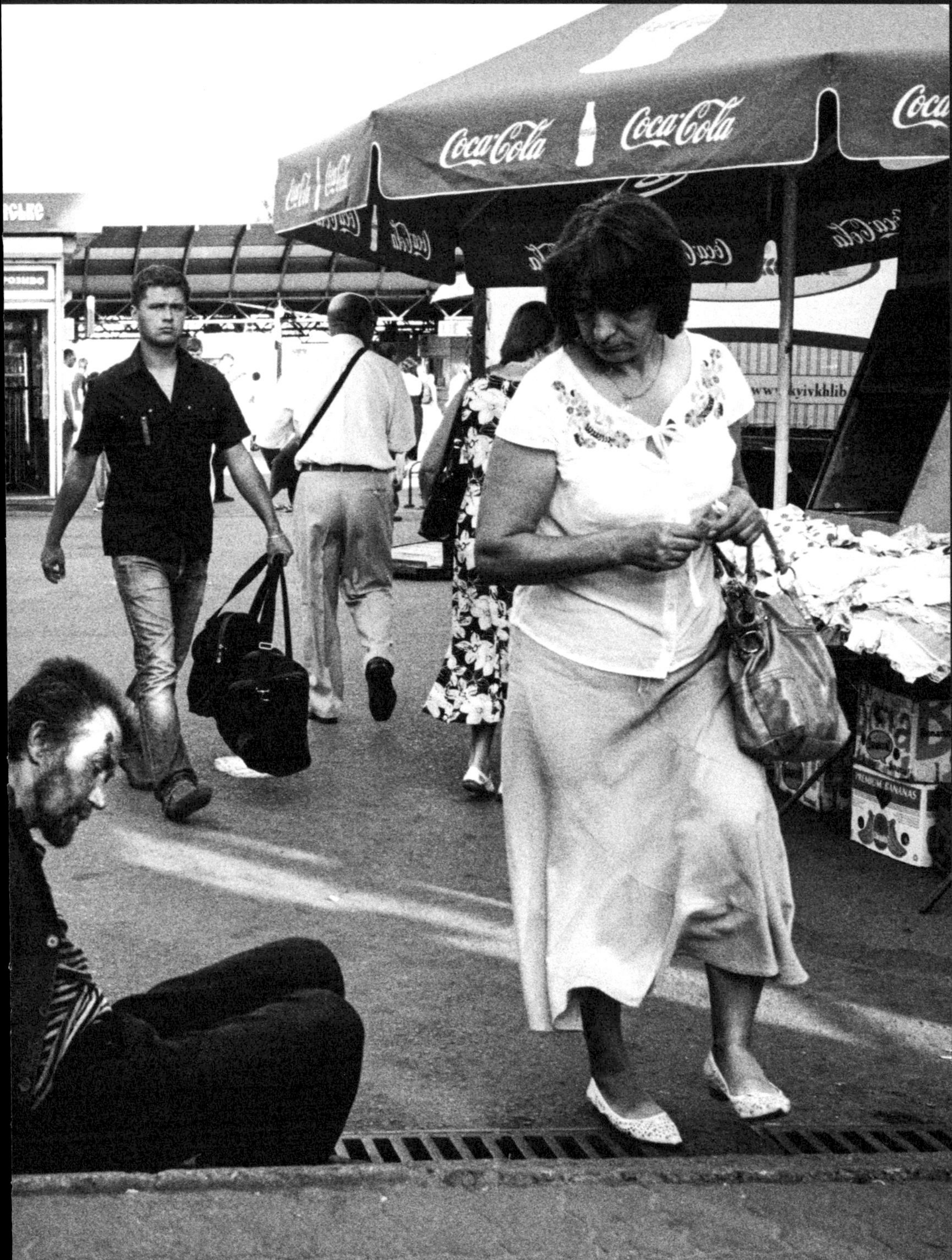
Coca-Cola
Coca-Cola
PREMIUM BANANAS

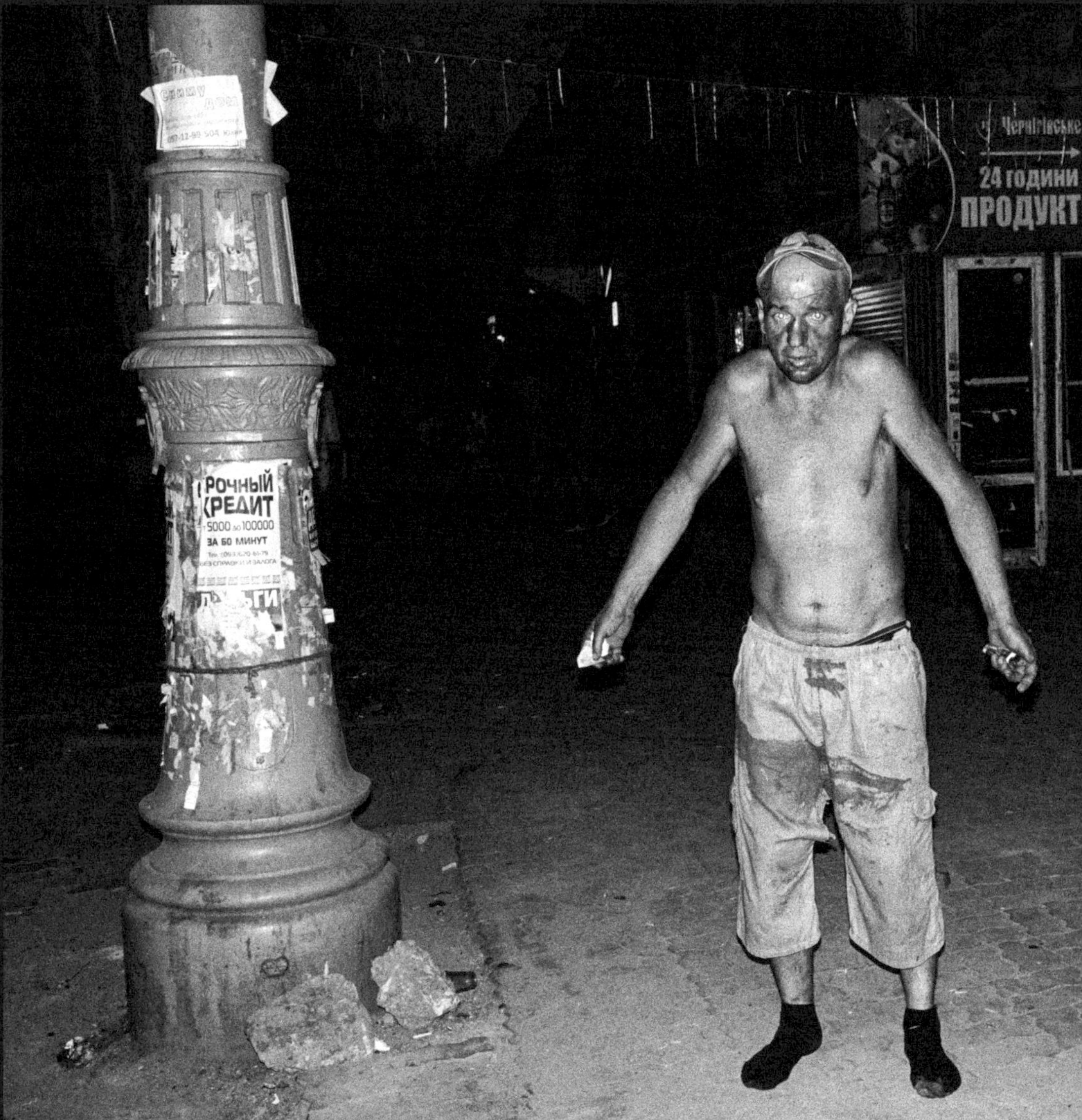

Одеса
Odessa **2013**

life:)
СИНДИКАТ+
ЛОМБАРД

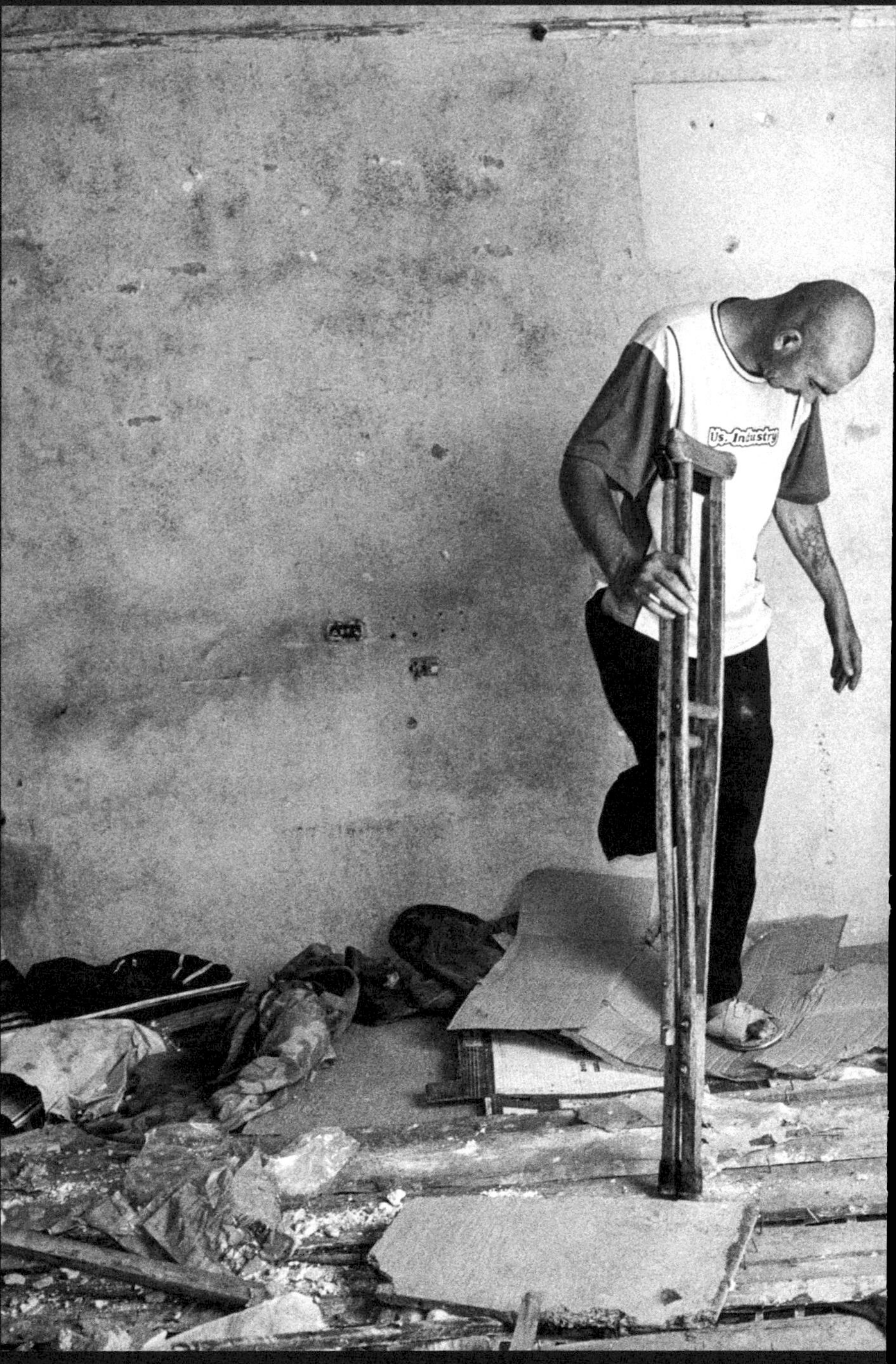

Одеса
Odessa **2013**

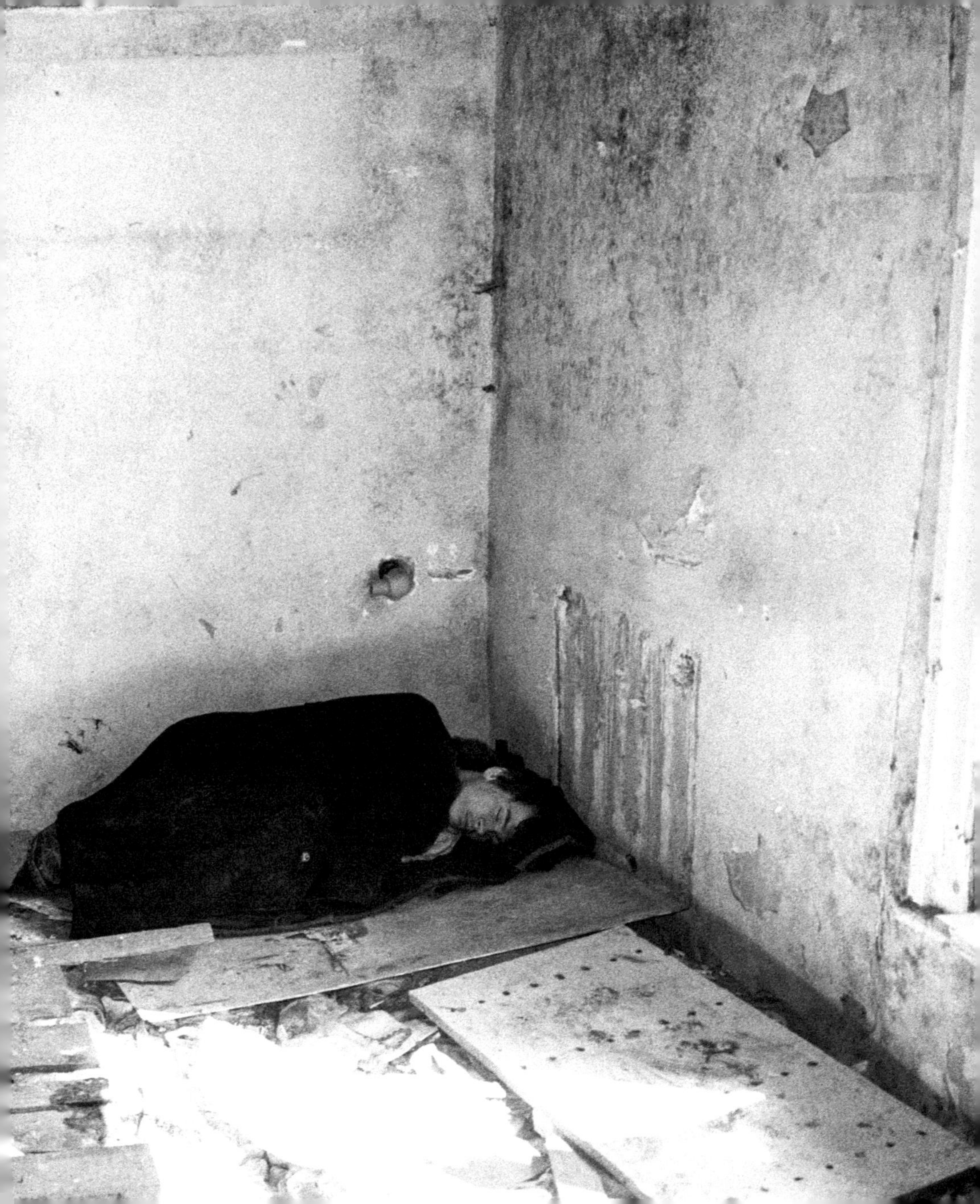

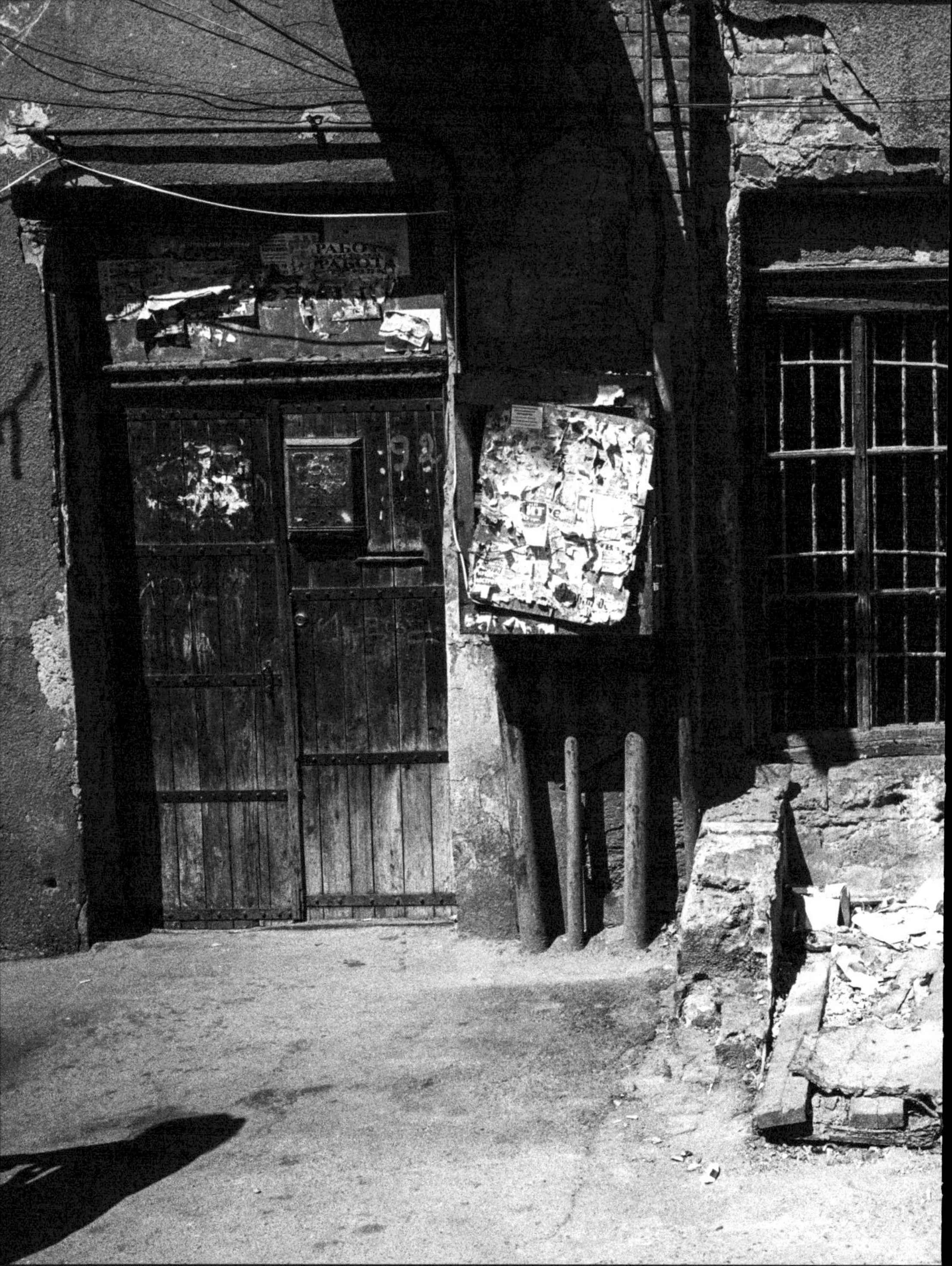

Одеса
Odessa 2013

He sits down and slowly lifts one hem of his trousers to reveal his left leg, which has been corroded by a large ulcer. "Trophic ulcer," he carefully pronounces its medical name, "it won't heal." We are not allowed to photograph the man's face—only his leg. The gaping wound is like an abyss that transfixes your gaze, sucking you into its private conversation, until only it can address your questions.
He has already lived with his wound for four years. Little by little the leg starts to malfunction. These days he is trying to find the money to amputate another dead toe. The man's situation became much worse after his last arrest. They took him to police headquarters where they then beat him until he confessed to trafficking drugs, pounding his heels with thick clubs until they were crushed.
Sign for your guilt and then also sign for someone else's.
After several blows to the feet with a hammer they can extract any false confession they want. Through these tactics, the police are able to improve their investigative statistics and criminal records. Yuri, an elder with many years in and out

To Care for Your Own Wounds

Любити свою рану

Він сидить і поволі підкочує одну штанину, щоби продемонструвати роз'їдену виразкою ногу. «Трофічна виразка,—промовляє він її ім'я,—вона ніколи не загоюється». Лице чоловіка фотографувати не можна, тільки ногу. Рана на ній, немов прірва, що затягує погляд, і здається, ніби це вона розмовляє з тобою, і саме їй адресовано твої запитання.
Виразка з ним уже чотири роки. Нога поступово відмовляє. Зараз він шукає гроші, щоб відрізати черговий відмерлий палець. Ситуація ще більше ускладнилася після останнього затримання міліцією. Його привезли до відділку, вибивали зізнання у розповсюдженні наркотиків—кийками били по п'ятах, поки їх не розтрощили.
Пиши своє й бери чуже—ударами молотком по стопах викарбовуються фальшовані зізнання, завдяки яким міліція покращує статистику розкриття злочинів. Юрій, старший чоловік із багаторічним наркотичним стажем і досвідом ув'язнення, сидить у вітальні в оточенні букетів зі штучних квітів, які його дочка виготовляє і продає як весільні декорації. Він сам вріс у диван, виставивши посеред квітчастого

of prison throughout his career in narcotics, now sits in front of us in a living room surrounded by bouquets of artificial petals. His daughter makes these to sell as wedding decorations. He has rooted himself on the sofa, propping his leg up amid the flashy plastic, like a grave stone in a bed of flowers. Yuri speaks not only for himself, but also for an entire generation of drug addicts. A generation that has experienced torture and seizure of their property by the police.
The rise of methadone therapy in Ukraine has changed the allocation of resources in the sphere of narcotics and their prevention. Replacement therapy is considered a business rival by both law enforcement and drug traffickers. The physical and financial depletion of the addicted generates capital for this illicit bond. By contrast, the legal drugs release the destitute addicts from the grip of the illegal underworld. The police lose power over the addicted, and accordingly, everything that they would otherwise be able to take from them.
Whenever addicts fall into custody of the police, they are forced to sign a criminal confession and pay for their freedom, sometimes having to sign over their property.

пластику ногу, немов пам'ятник на свіжій могилі. Юрій говорить не лише від себе, але від покоління наркозалежних, які пережили тортури й мародерство з боку міліції.
З появою метадонової терапії в Україні змінився розподіл ресурсів у сфері наркотиків та боротьби з ними. Замісна терапія—конкурент для наркобізнесу та міліції. Фізичне та фінансове виснаження наркоманів є капіталом цієї злочинної спайки. Легальні наркотики виводять залежних людей з нелегального поля, і міліція втрачає владу над ними і, відповідно, все те, що раніше могла в них забирати.
Коли вразлива людина потрапляє їм до рук, вони змушують підписувати зізнання у злочині або вимагають хабар чи переписати на себе майно. Вони вистежують самітників, яких немає кому захистити, вдираються у квартиру в масках, змушують підписати потрібні їм документи, а потім мовчати про це. Не хочеш сидіти, віддавай квартиру, а вони натомість дадуть у тимчасове користування якусь халупу. Якщо не маєш до кого звернутися, то за кілька років перспектива потрапити до в'язниці з'являється знову і цього разу вона навіть бажана—у в'язниці краще, каже Юрій, якщо нема куди йти,

Police routinely harasses outsiders or anyone without the guaranteed protection of the state. They invade their apartments in masks, and force the besieged into signing documents that promise silence. If you don't want to sit in prison, you have to hand your apartment over to the police who in return give you some shack to live in. If you don't have anyone to turn to for help, after a few years the only option left is prison and soon even this begins to appear desirable. It's a lot better in prison, Yuri continues.
If you have nowhere to go, it's so much better than freedom. Imagine this—you finally get out of jail, only to find out that the officer who arrested you has been living in your apartment."
"Nothing in life goes unpunished," Yuri concludes, "one cop who punished me, lost his legs in return." He lowers his eyes toward his shin again: "I really have no idea what else to put in me—injections, antibiotics—it's all the same empty pit. Narcotics are the real hole. Earlier on my leg was a lot worse, but now I treat it every single day. You have to care for your own wounds."
Yuri's tragic fate, and the fate of hundreds and thousands like him, is sewn like black thread throughout the entire social fabric of Ukraine. On nearly every important occasion, the majority

це ліпше, аніж на свободі. Ось така історія: виходиш із тюрми, а у твоїй квартирі живе міліціонер, який тебе арештовував.
«У житті нічого не лишається безкарним,—підсумовує Юрій, —один мент покарав мене—тепер теж без ніг.—Він знову впивається поглядом у свою ногу:—Вже й не знаю, що прикладати, уколи, антибіотики, а все одно ці ями. Наркотики—це яма. Раніше нога була зовсім страшна, я займаюся нею щодня, треба любити свою рану».
Трагічна доля Юрія, сотень і тисяч таких, як він, чорними нитками вшивається у ціле суспільне полотно. Багато свідомих та активних громадян і громадянок України вдягають на свята вишиванки. Мало хто з них знає, що частину вишиванок, як і традиційних рушників, котрі в нас продаються, виготовляють ув'язнені жінки. Гаптовані полотна, мов цензуровані листи з неволі, ховають у собі невисловлене.
Система з обмеженим доступом—так називають тюрми соціальні працівники, які підтримують ув'язнених до і після виходу. За понад двадцять років незалежності ця система ніяк не реформувалася. Її закритість гарантує безправність

of the nation's conscientious, upright citizens mark their pride by wearing traditionally embroidered garments. What few of them know is that much of this embroidery, or the traditional towels sold in Ukraine, are largely the handiwork of incarcerated women. This stitched linen, like censored letters in captivity, contains many silenced voices within its folds.

A system with limited access—this is how the social workers supporting inmates before and after their sentence refer to prison in Ukraine. Despite twenty years of national independence, this system has not been reformed. Its impenetrable bureaucracy deprives the rights of whomever the system chooses to devour. These thousands of oppressed citizens were the first silent victims of the repressive machinery that spun out of control last winter by going far beyond its usual limits. The arbitrariness and scale of the repression that initiated the protests of winter 2013–2014 in Ukraine can only be described as mere froth on the brim of a pot of water, which is just now boiling over.

тих, кого вона поглинає і перемелює. Тисячі найбільш пригноблених і непотрібних стали першими мовчазними жертвами репресивної машини, котра минулої зими набрала обертів, вийшовши далеко за свої звичні межі. Свавілля та масштабність репресій, які супроводжували зимові протести в Україні 2013–2014 років,—це лише виплеснутий на поверхню окріп із градусом багаторічного кипіння.

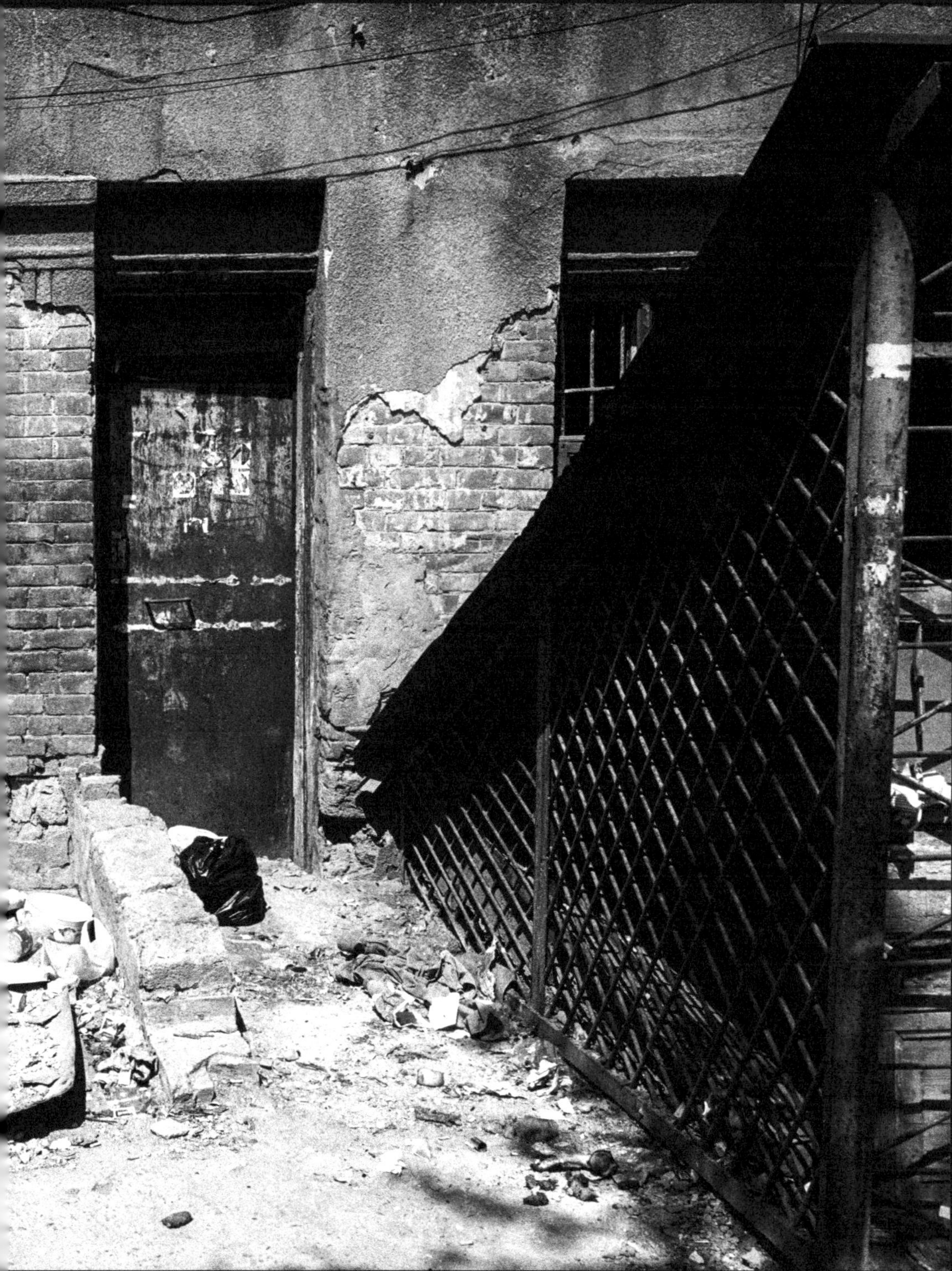

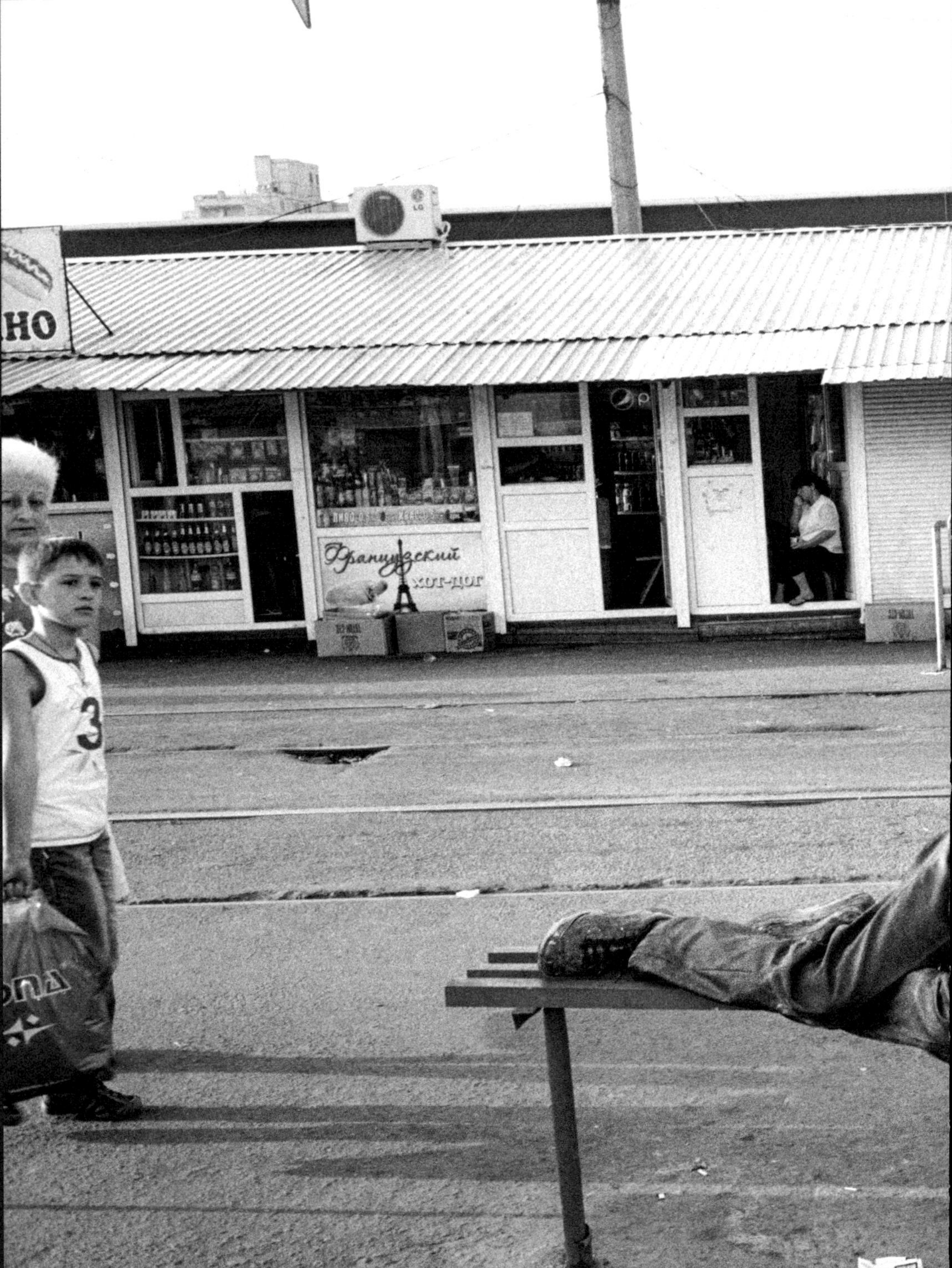

Одеса
Odessa 2013

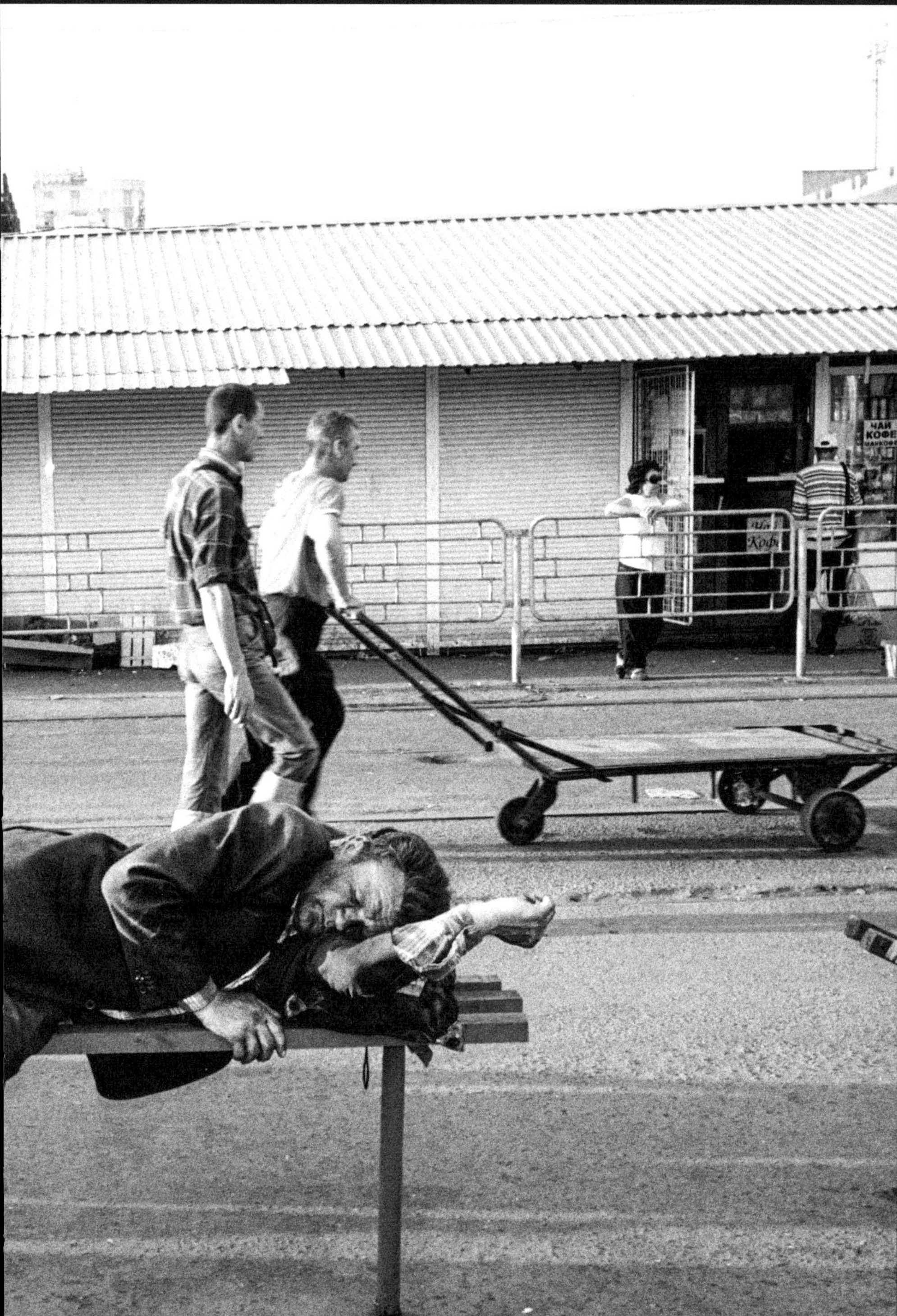
ЧАИ
КОФЕ

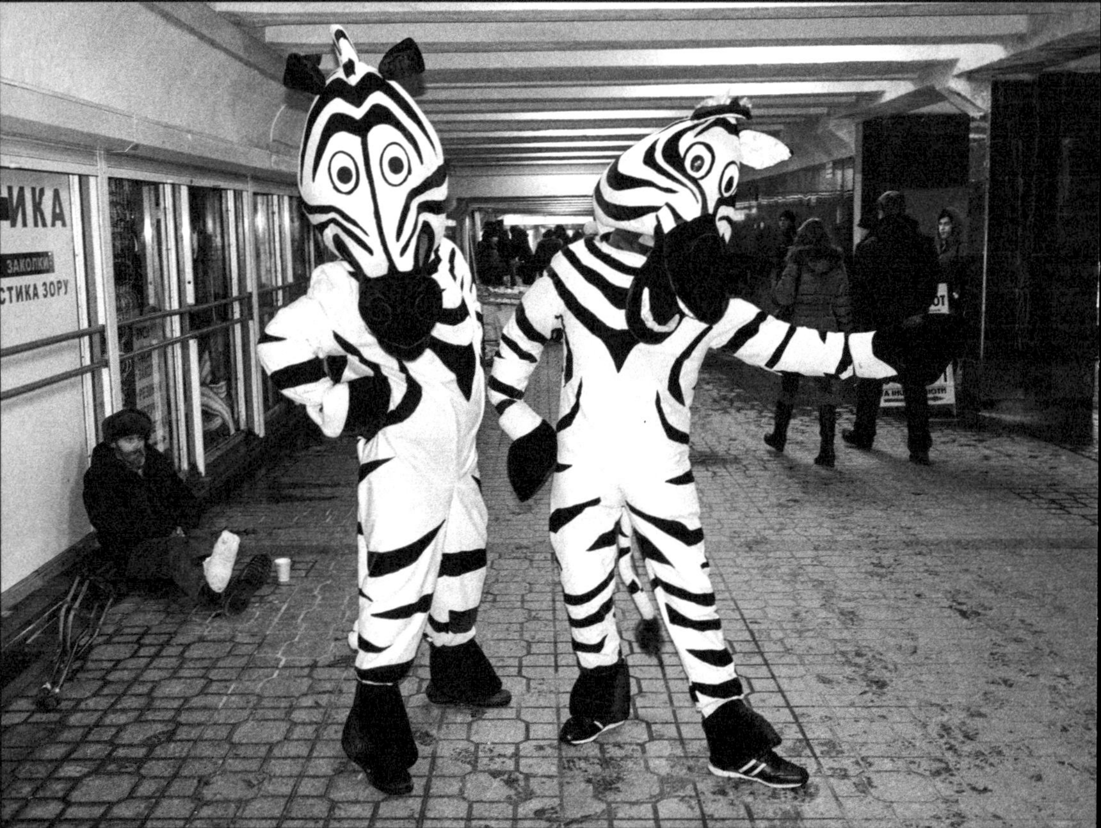
ИКА
ЗАКОЛКИ
СТИКА ЗОРУ

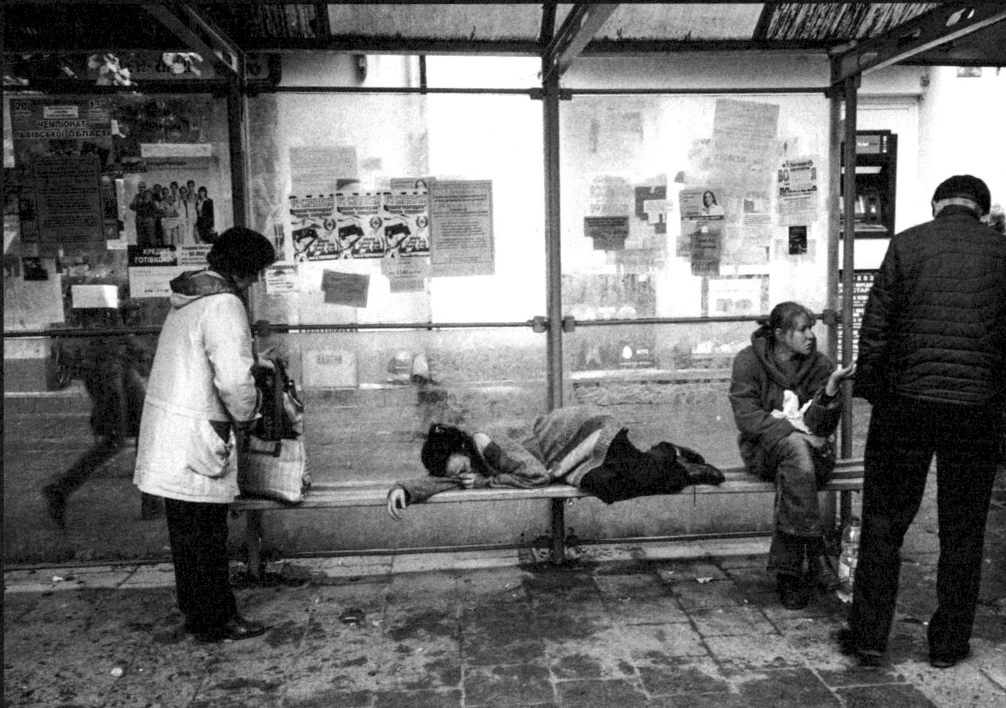
ЧЕМПІОНАТ
ЛЬВІВСЬКОЇ ОБЛАСТІ

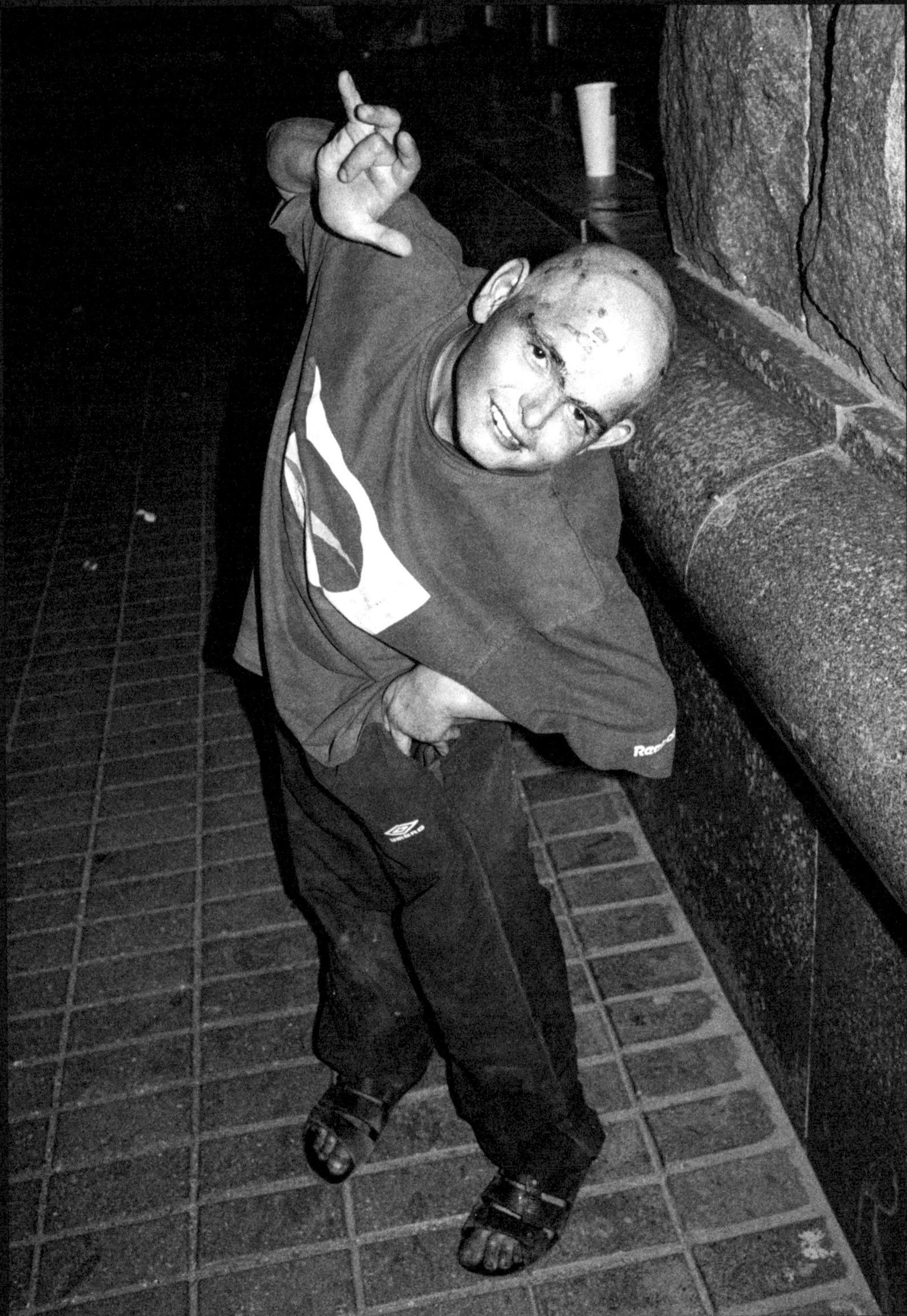

Київ
Kyiv **2011**

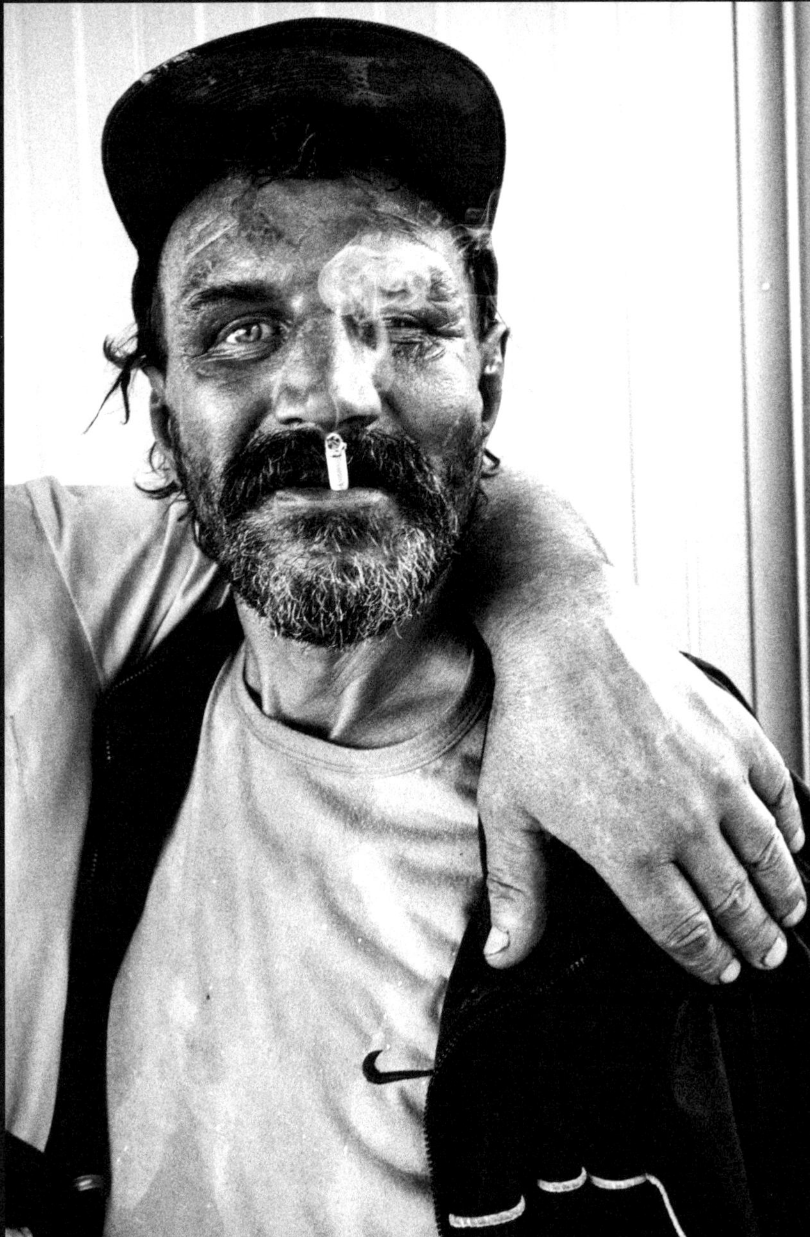

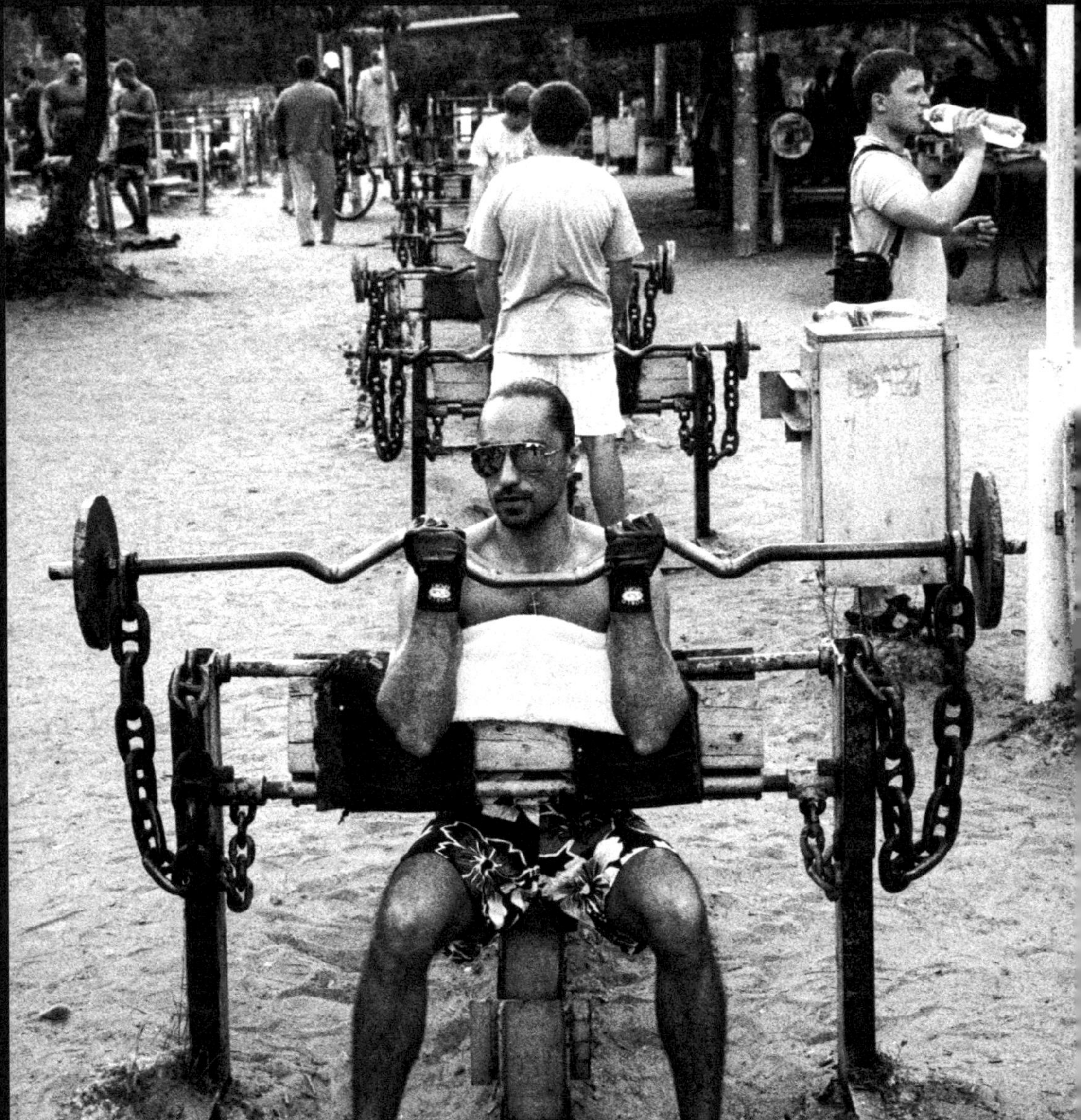

Київ
Kyiv 2011

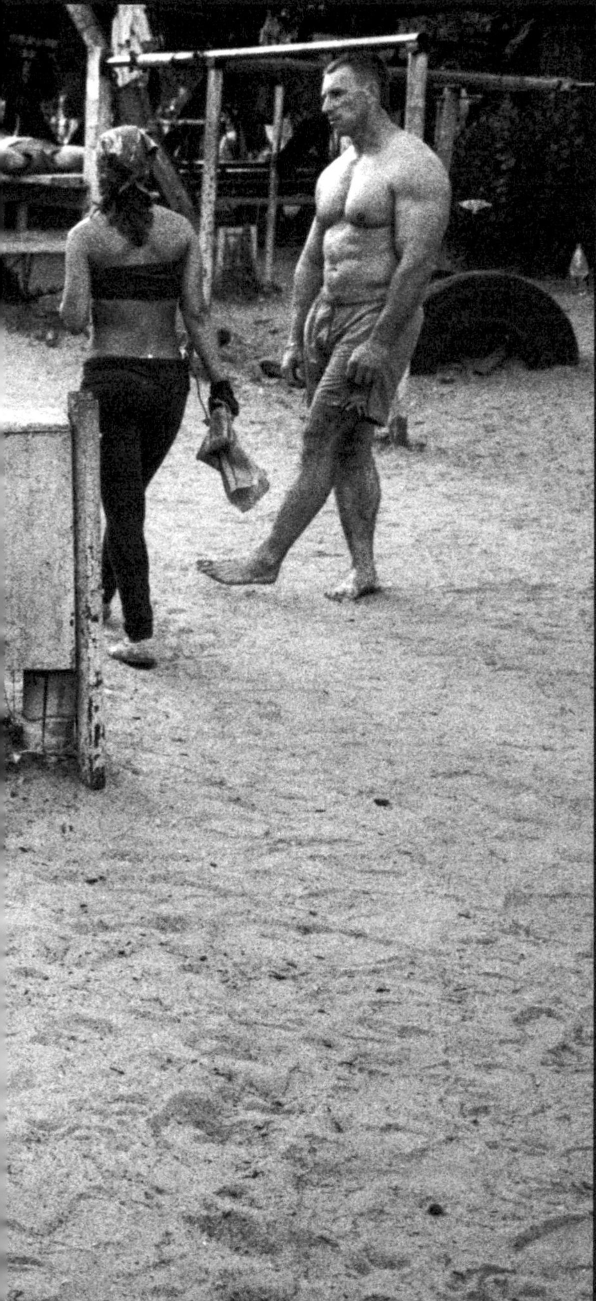

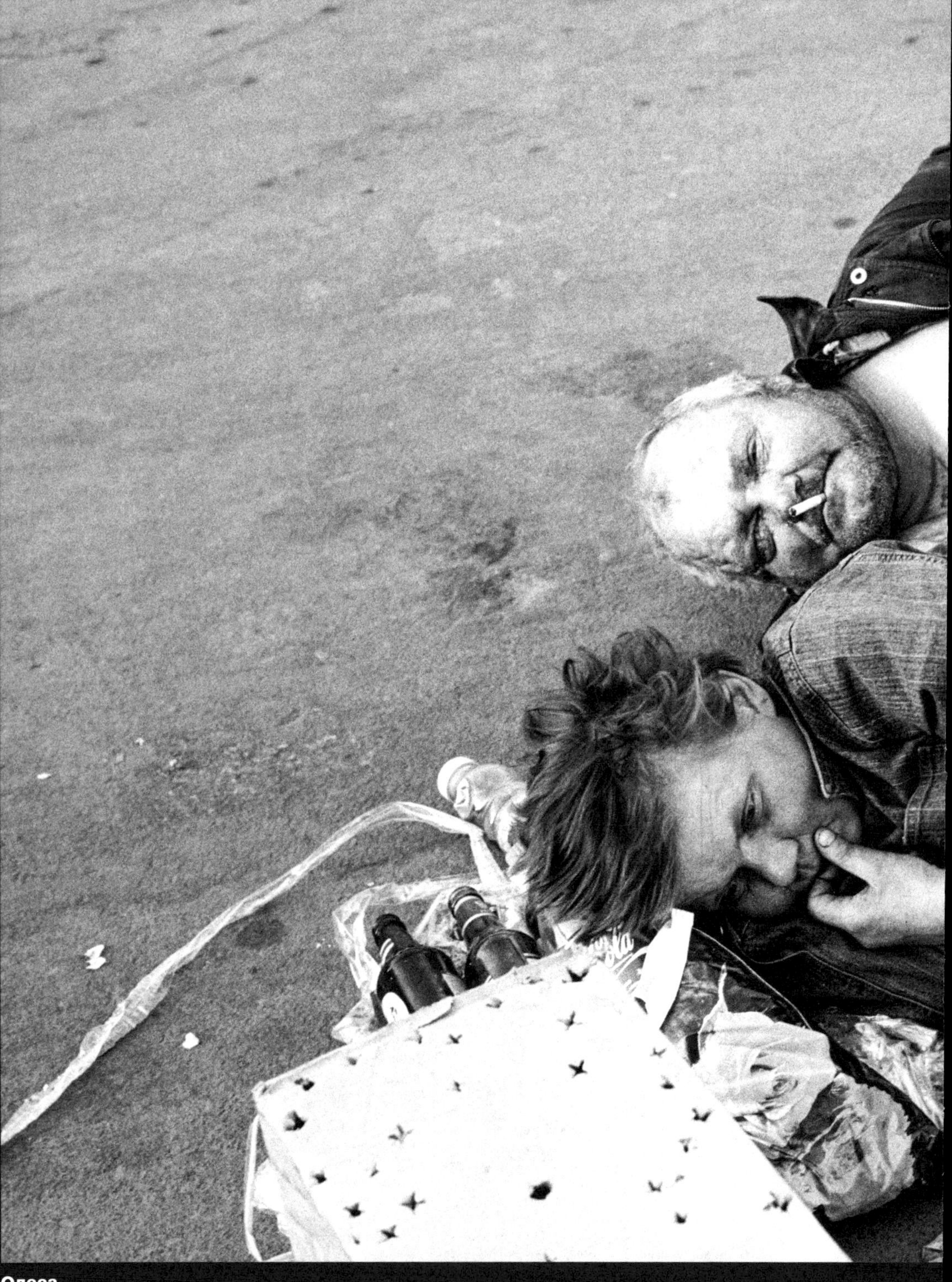

Одеса
Odessa 2013

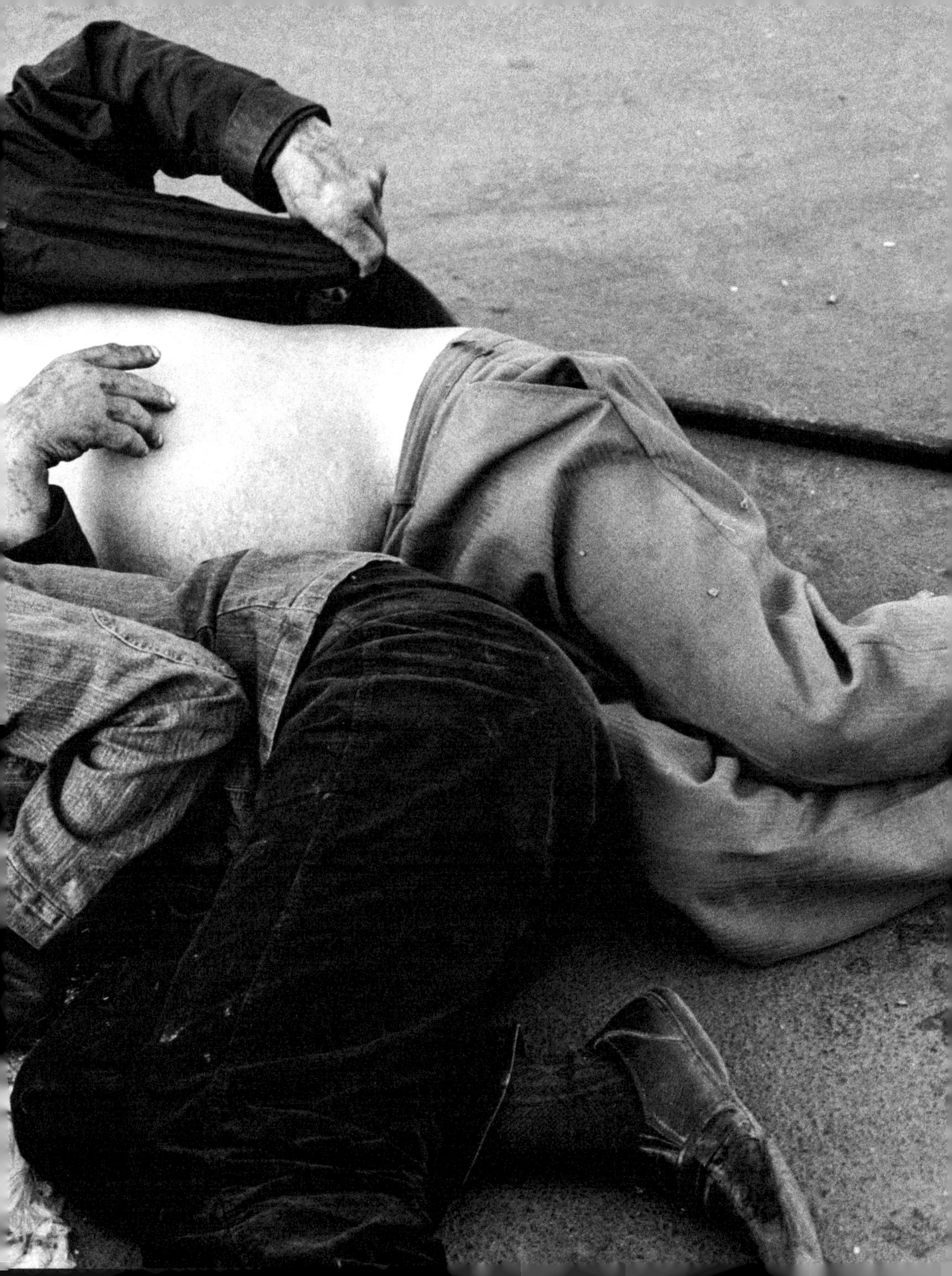

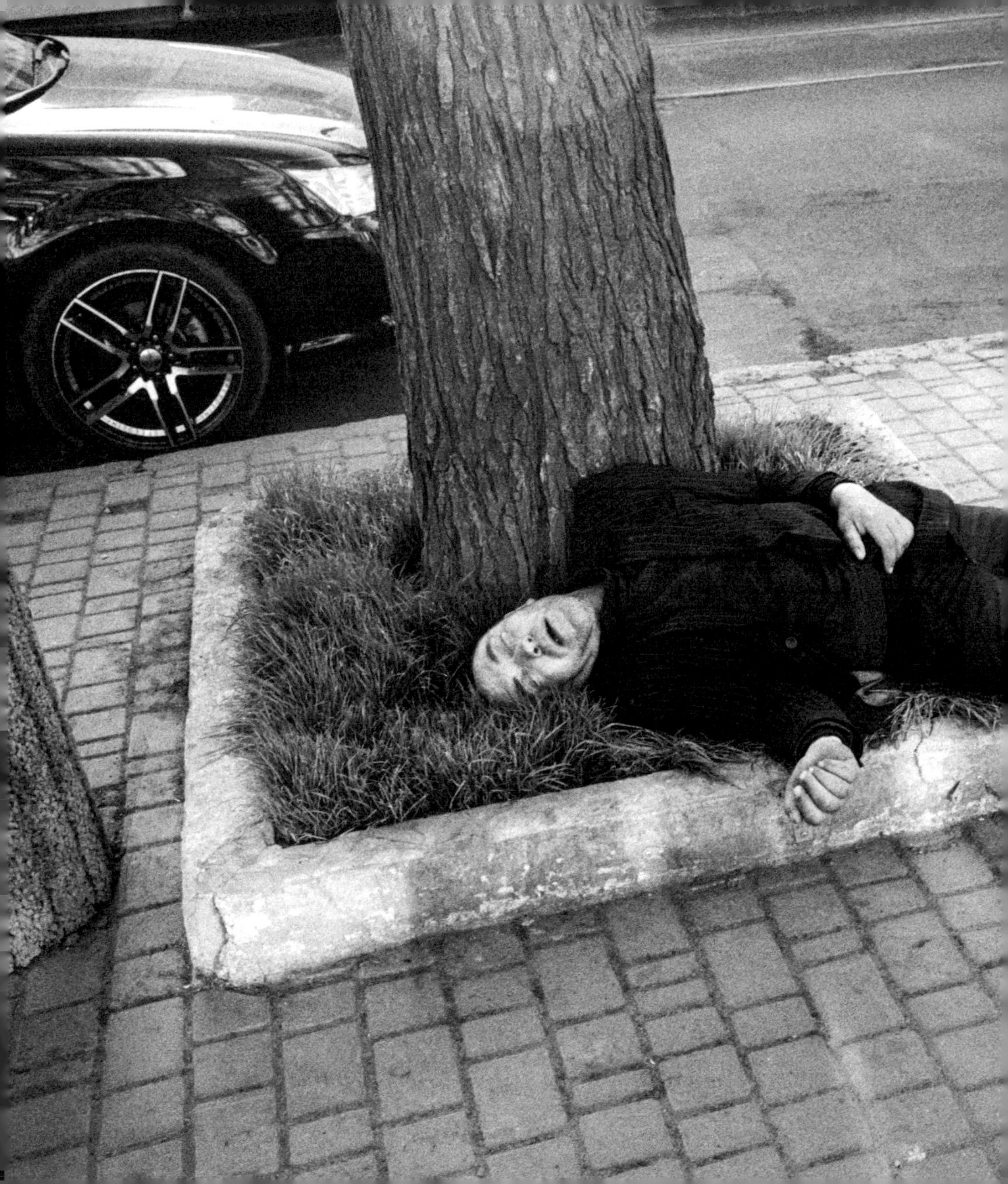

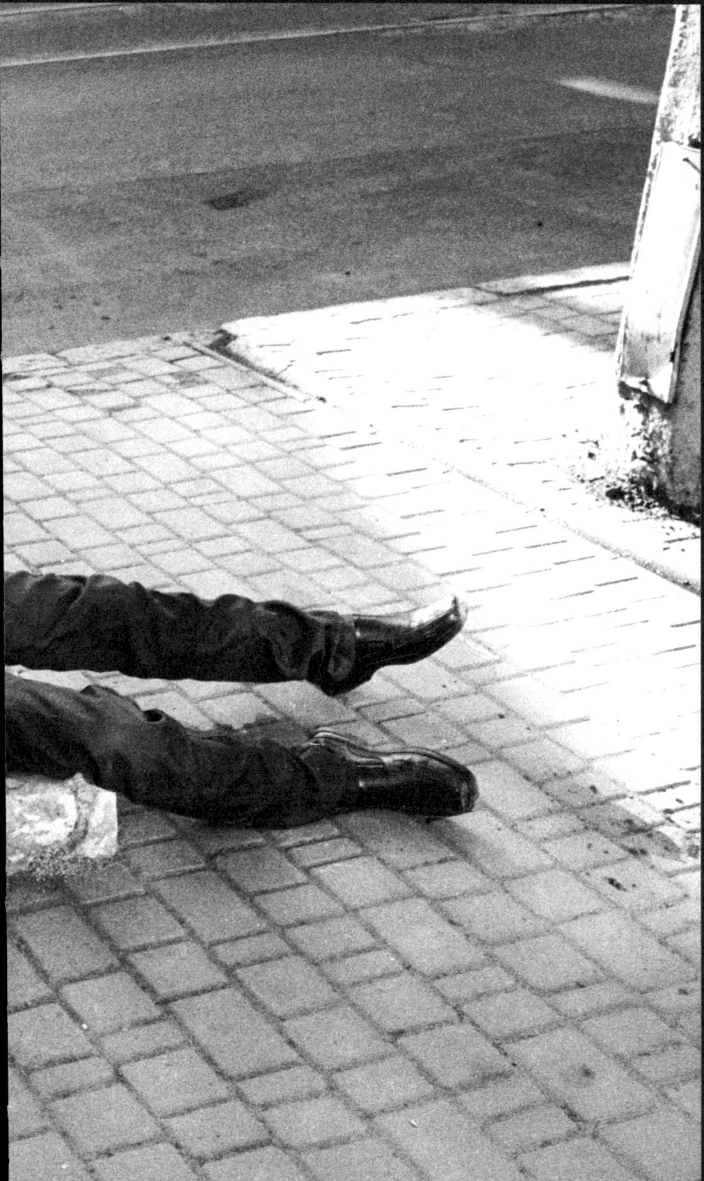

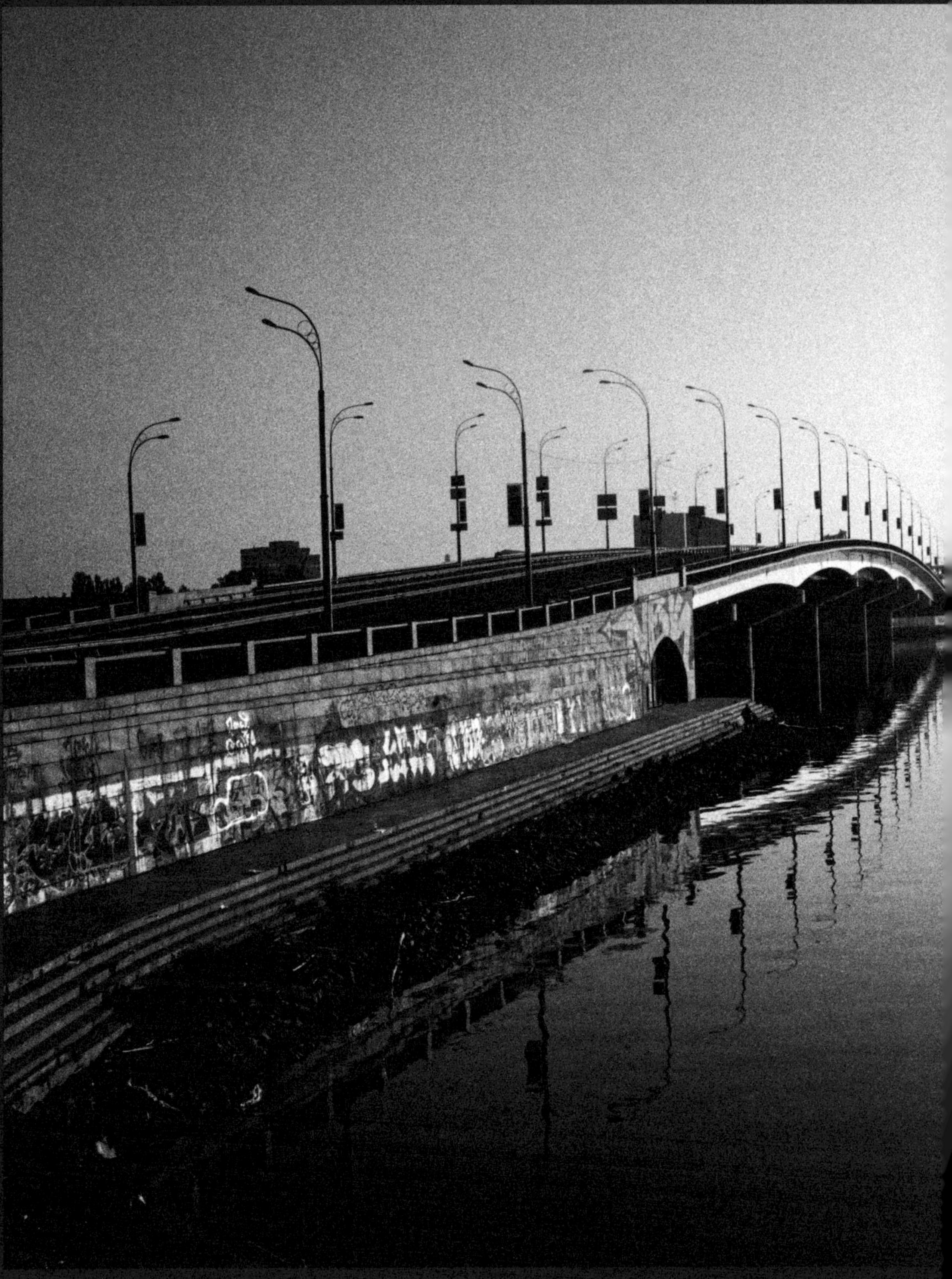

Київ
Kyiv 2012

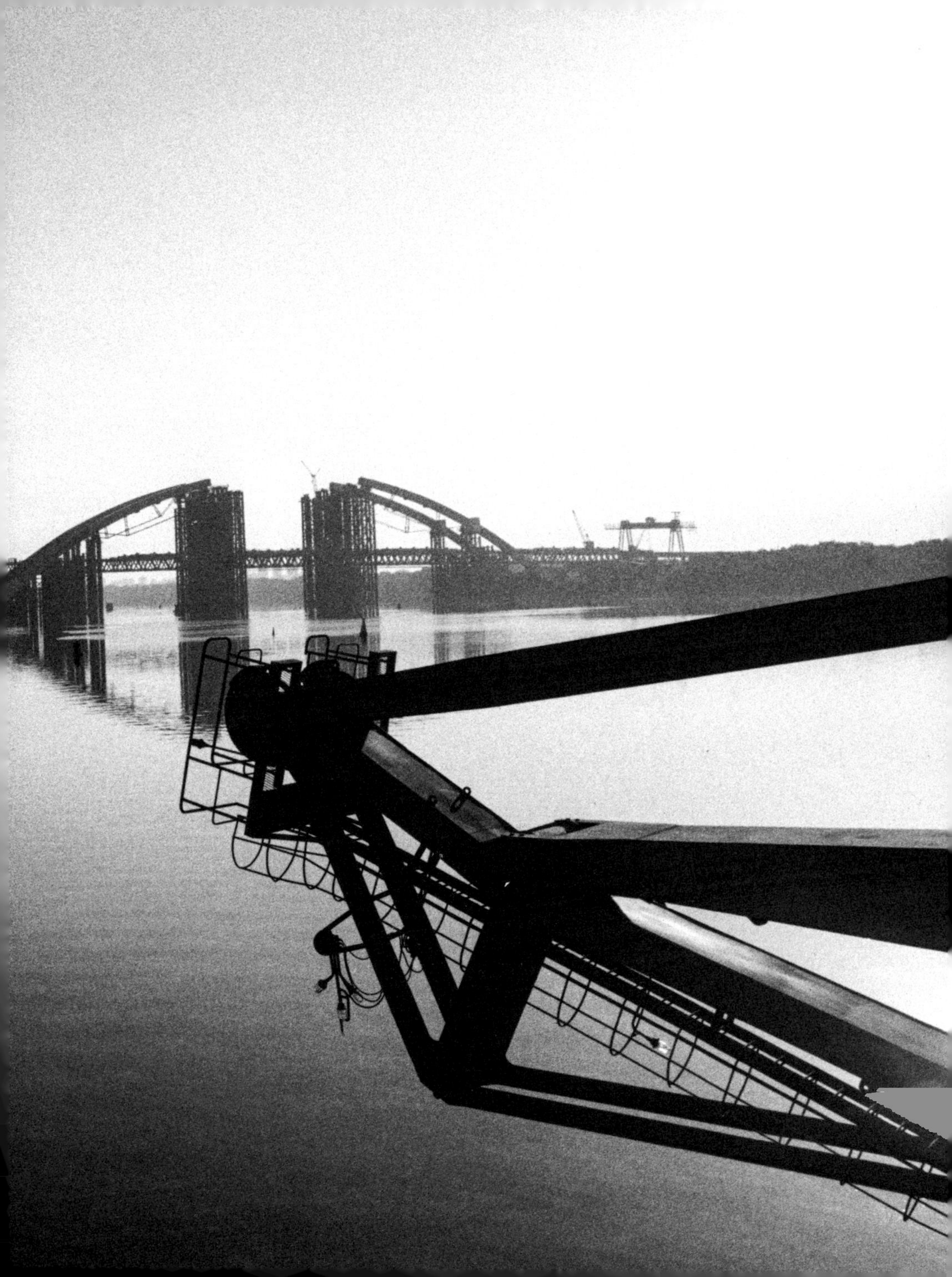

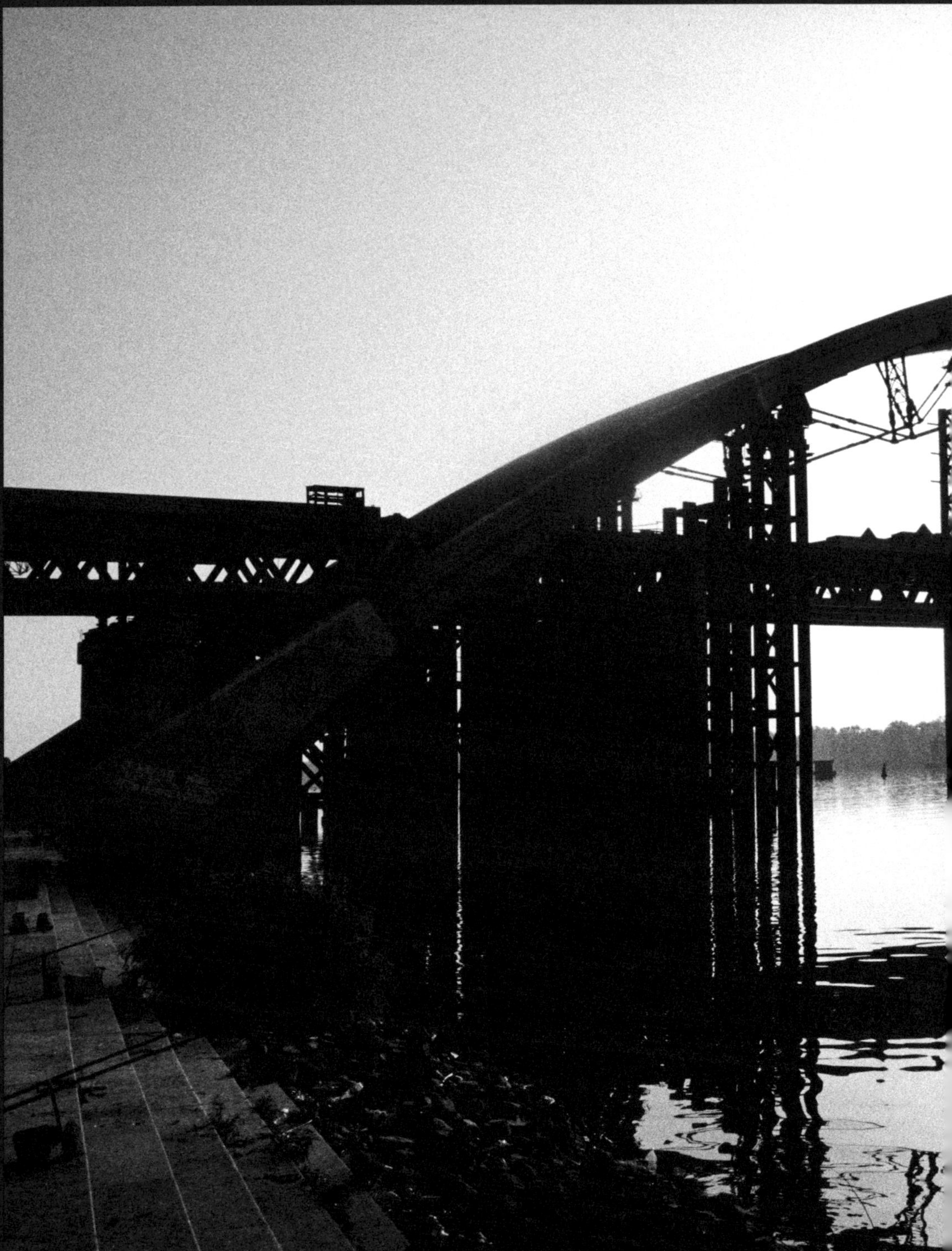

Київ
Kyiv **2012**

We spent most of our time in Odessa within a community of the invisible. Their marginal social status is defined in dimly lit offices of the authorities. Unable to register any place of residence, they cannot acquire a job or exercise any of their rights, and without such means of existence, they have no chance in finding a place to live. So the institutions gather those in who have been excluded from the legal system and offer them work without any contract or guarantee—serfdom disguised as opportunity.

Mykola is thirty, and is regarded as the leader of a small group of homeless teenagers. While serving time in prison he began to correspond with a girl, and after he regained his freedom, Mykola traveled to Odessa to be with her. Mykola doesn't want to return to his hometown of Izmayil because he doesn't want to fall back into the criminal underworld there.

Odessa's Invisible Citizens

Одеські невидимки

Багато часу в Одесі ми провели в товаристві невидимок. Їхній статус описаний у тіньових кабінетах комунальних служб. Без реєстрації за місцем проживання вони не можуть влаштуватися на роботу чи скористатися своїми правами, без засобів до існування вони не в змозі знайти собі житло. Установи підбирають тих, кого виключають із легального поля, і дають їм можливість полегшеного кріпацтва—трудитися без прав і гарантій.

Миколі 30 років, він вважається старійшиною невеличкої групи бездомних підлітків. Перебуваючи в ув'язненні, він почав листуватися з дівчиною, до якої після звільнення приїхав до Одеси. Він не хоче повертатися в рідне місто Ізмаїл, щоби знову не опинитися у кримінальному середовищі.

Small and stocky Mykola along with three fellow homeless kids found shelter in a basement. They were allowed to stay here in exchange for sweeping the sidewalks and yards in the surrounding area. They receive some financial compensation for their work, which of course amounts to far less than the legal minimum wage. Their entire lives are contained within their basement inhabitance, which consists of one giant room informally divided into a kitchen and an area for sleeping. Curtains close over absent windows while patterned carpets hang next to them, covering over the concrete panel walls. A charcoal-colored puppy leaps along the edges of the bed; alongside sit several oversized stuffed animals. There are no toilets or bathroom—no water at all, yet in the bedroom there is a television and DVD player. Mykola boasts that every single thing he owns has been purchased with honest hard-earned

Низенький збитий брюнет Микола і троє молодших бездомних оселилися у підвалі, за це вони мають замітати прилеглі вулиці й двори. За свою роботу вони отримують зарплату, яка, звичайно, нижча за офіційну. Їхнє житло в підвальному приміщенні—це одна велика кімната, умовно розділена на кухню і спальню. Штори закривають відсутні вікна, з ними по сусідству на бетонних панелях висять килими. На ліжку, по краях якого розсілися великі м'які іграшки, стрибає чорне цуценя. Ванни і туалету немає. Води також. Зате у спальні стоїть телевізор та DVD-програвач—Микола пишається, що усе придбане за чесно зароблені гроші та зроблене своїми руками.
Здається, що це просто діти, які облаштували собі таємне сховище, щодня тікаючи з дому, вони діляться одне з одним секретами і смакують

cash, or simply built from scratch with his own two hands.
So it goes, these are but children who have managed to carve out a hidden world for themselves. They share their secrets with one another, daily running away from home, trying to savor a bit of adulthood. Though even in childhood they could never depend on anyone's care, not even their own parents'. These castaway street sweepers will go on living here so long as there is no one in Odessa who might happen to illegally privatize this basement.
Several of the homeless, including some with small children, have already found themselves out on the streets. The basement in which they had lived was deemed too suitable for the poor and thus soon turned into private property. Roman, the social worker who had introduced us to Mykola, explained that afterward, those who had been kicked out survived the snow for two weeks under a nearby archway.

доросле життя. Але безправне дитинство моїх героїв не підтримане жодною опікою чи батьківством. Неприкаяні двірники житимуть тут, поки не знайдеться якийсь платоспроможний одесит, що забажає незаконно приватизувати цей підвал.
Деякі безпритульні з малими дітьми вже опинялися буквально на вулиці, коли підвал, в якому вони жили, здався комусь надто елітним для бідняків і тому перейшов у приватну власність. Роман, соціальний працівник, що познайомив нас із Миколою, розповідає, що ті люди два тижні прожили під аркою на морозі.
Деякі двірники за багаторічну роботу отримують від громади житло. Але нашим тіньовим двірникам ніколи не дочекатися від міста такої милості. Навіть більше, продовжує Роман, одна мама

Some of the seasoned maintenance workers who have been sweeping the streets for several years receive communal housing, though our workers who labor in the shadows know better than to expect the city to fawn such kindness on them. There was this one lady with a kid, Roman tells us, and even though she had worked as a janitor for ten years, after she died, they kicked her son out on the streets to go live with the other kids in the basement.
Tucked away throughout Odessa's courtyards are the sleeping places of the homeless: thick overground heating pipes or mattresses along a fence with maybe a handful of personal belongings instead of a pillow. We look everywhere around us at the empty "beds," while Roman tells us about their absent owners.
He says he knows the man who lives on top of the pipes. Apparently, his sister kicked him out of their apartment: in the summer he just sleeps here in the open air,

пропрацювала двірничкою десять років, а по її смерті сина вигнали жити на вулицю, у підвал.
По одеських дворах розкидано спальні місця бездомних—просто матраци під парканом із купкою пожитків замість подушки або на товстих наземних трубах. Скрізь ми бачимо порожні «ліжка», а їхні господарі відсутні, за них говорить Роман.
Він знає того чоловіка, який живе на трубах: сестра вигнала його з дому, тож улітку він просто ночує тут, а з настанням холодів накривається целофаном.
Жваве і строкате місто Одеса у самому серці, по підвалах, ринках, парках та вокзалах ховає своїх маленьких безпритульних дочок і синів. Одеська архітектура живиться не лише історичною забудовою, пластиковою комерцією малих форм, але й руїнами. У вщент зруйнованих будинках

though when the cold season comes he wraps himself up in cellophane to stay warm.
The lively, colorful city of Odessa hides away its outcast sons and daughters within the chambers of its heart: in basements, outdoor markets, parks, and train stations. Odessa's built environment not only exists in its historic buildings and its small, commercial structures, but also in ruins. Deep inside these hollowed out buildings people continue to live out their lives. Apparently an ambitious construction project is planned for the site of the basement. Not having any other alternative, they have learned to do without water, to bathe and prepare meals bucket-by-bucket. They throw the trash under the porch in front of them, or in the space where there used to be a porch, because now all that lies there is the destroyed façade. Guards kicked us out of another ruin we visited, growling at us like the guard dogs of the new

(вочевидь, на цій ділянці заплановано черговий амбітний будівельний проект) продовжують доживати люди — їм не пропонують жодної альтернативи, вони вже навчилися обходитися без водопостачання, готувати й прати у принесеній у відрі воді. А сміття вони викидають прямо в себе під ґанком, тобто де мав бути ґанок і де тепер лежить розрощений будинковий фасад. З іншої руїни нас виганяють охоронці, які, мов пси, гарчать на тих, хто задивляється на майно нового грошовитого хазяїна.
Своїх опікуваних Роман називає дітьми ночі. Для білого дня вони невидимки, зрештою, як і сам Роман, котрий, як виявилося, є апатридом. Держава, в якій він народився, Радянський Союз, припинила своє існування, коли він був іще дитиною. Він не зміг підтвердити громадянство Росії, йому

rich quickly snapping at any passerby that looks at the property of their owners for too long.
Roman calls the kids that he cares for "wards of the night." They are invisible in broad daylight. In many ways, these wards are just like Roman who, as it turns out, is also stateless because the Soviet Union in which he was born, ceased to exist when he was still a child. After things changed he couldn't confirm his Russian nationality. The authorities wouldn't give him Ukrainian citizenship either. As a social activist and trusted ally to Odessan street children, Roman has, predictably, been denied a Ukrainian passport. He now lives in his place of employment, an NGO called "The Way Home." The way home for him, like the rest of invisible Odessa, is a road that buries everyone in obscurity beneath the corridors of state institutions. At some point, when its façade rots through, the whole structure will cave into emptiness.

не дають громадянство України. Громадський активіст та друг усіх дітей одеських вулиць Роман, вочевидь, не заслужив мати український паспорт. Роман живе там само, де і працює, — в громадській організації «Дорога додому». Дорога додому для нього та інших одеських невидимок проривається затемна, прямо під коридорами державних установ, і колись уся ця потворна будова провалиться в породжену нею ж пустоту.

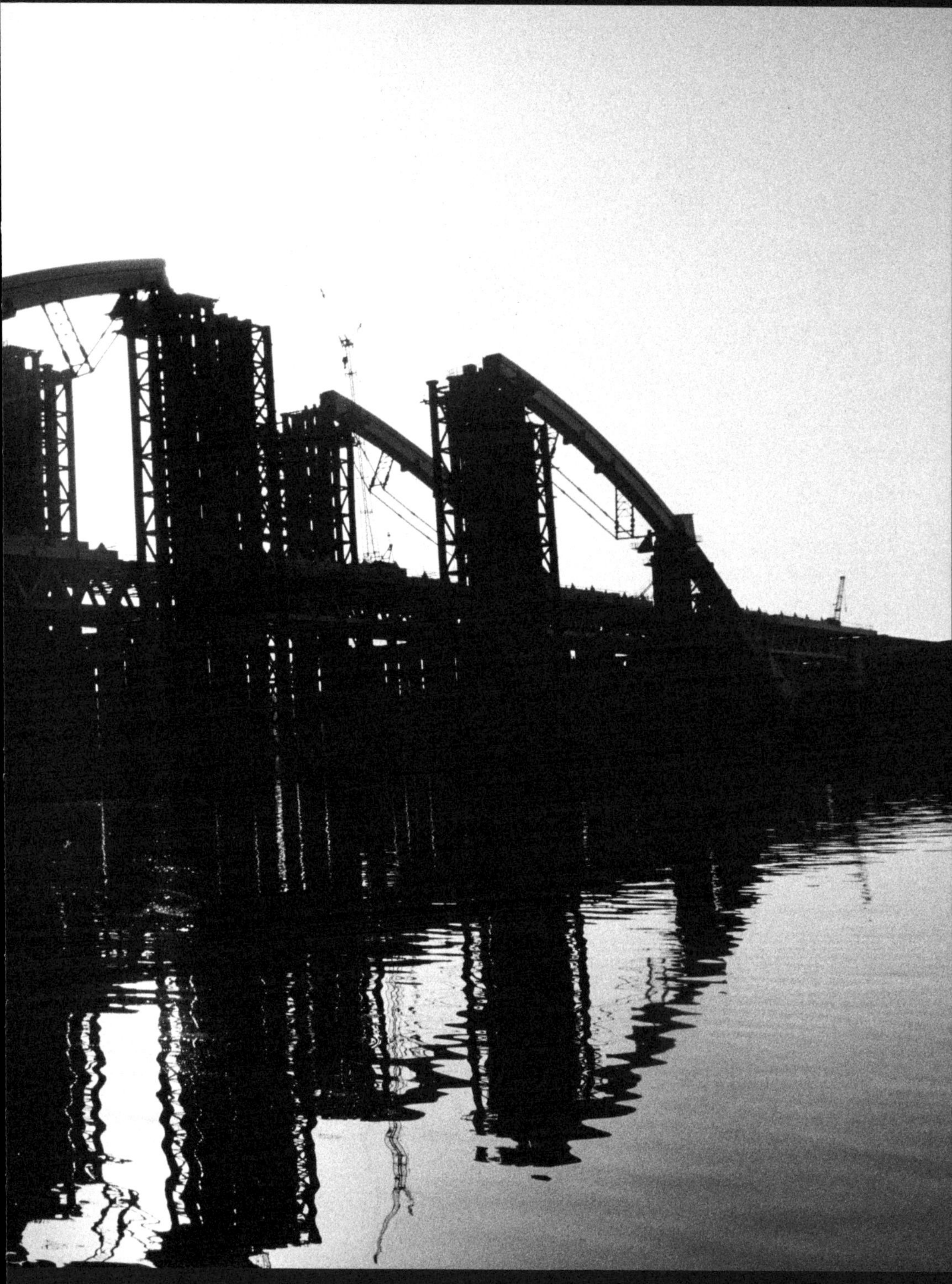

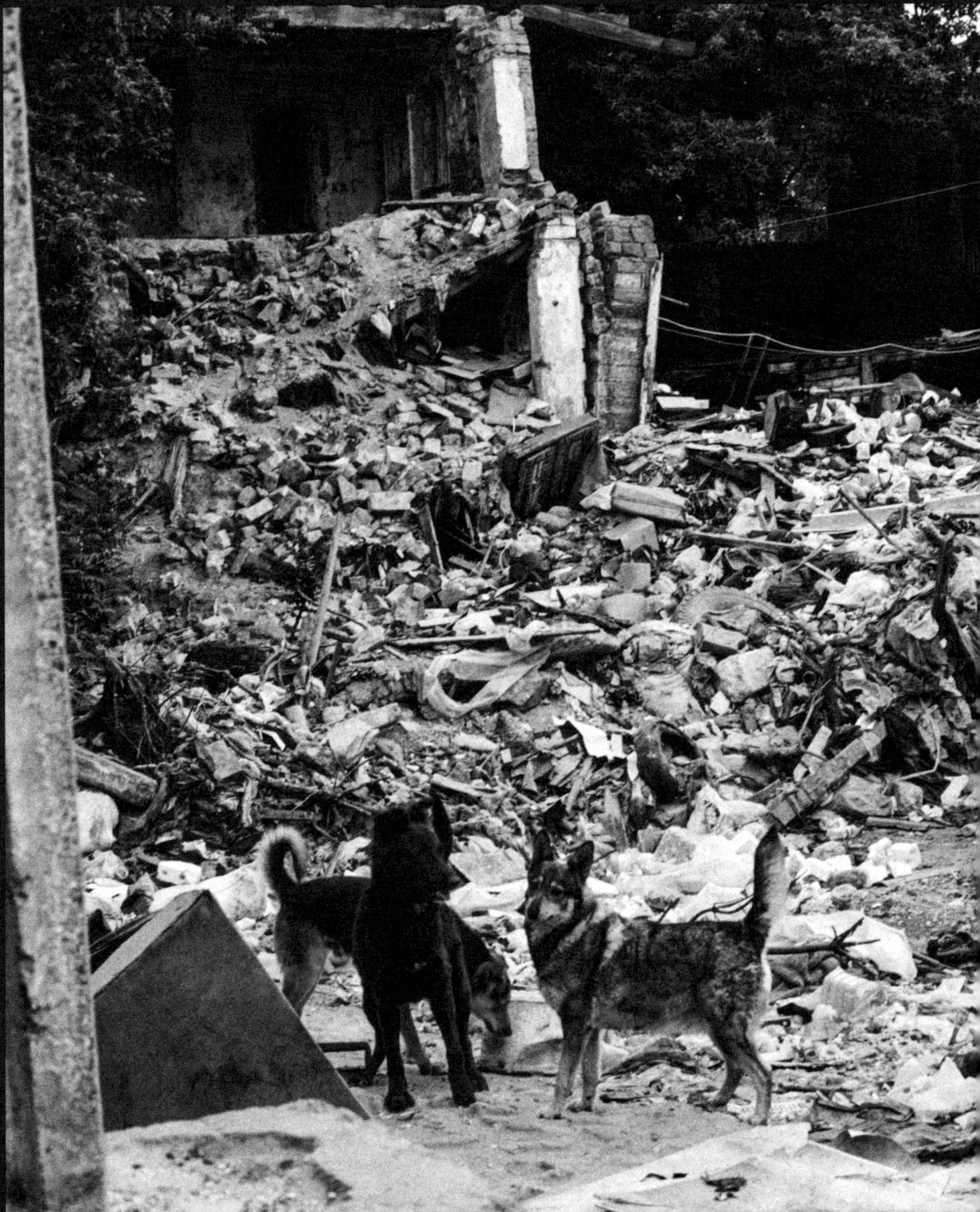

Одеса
Odessa 2012

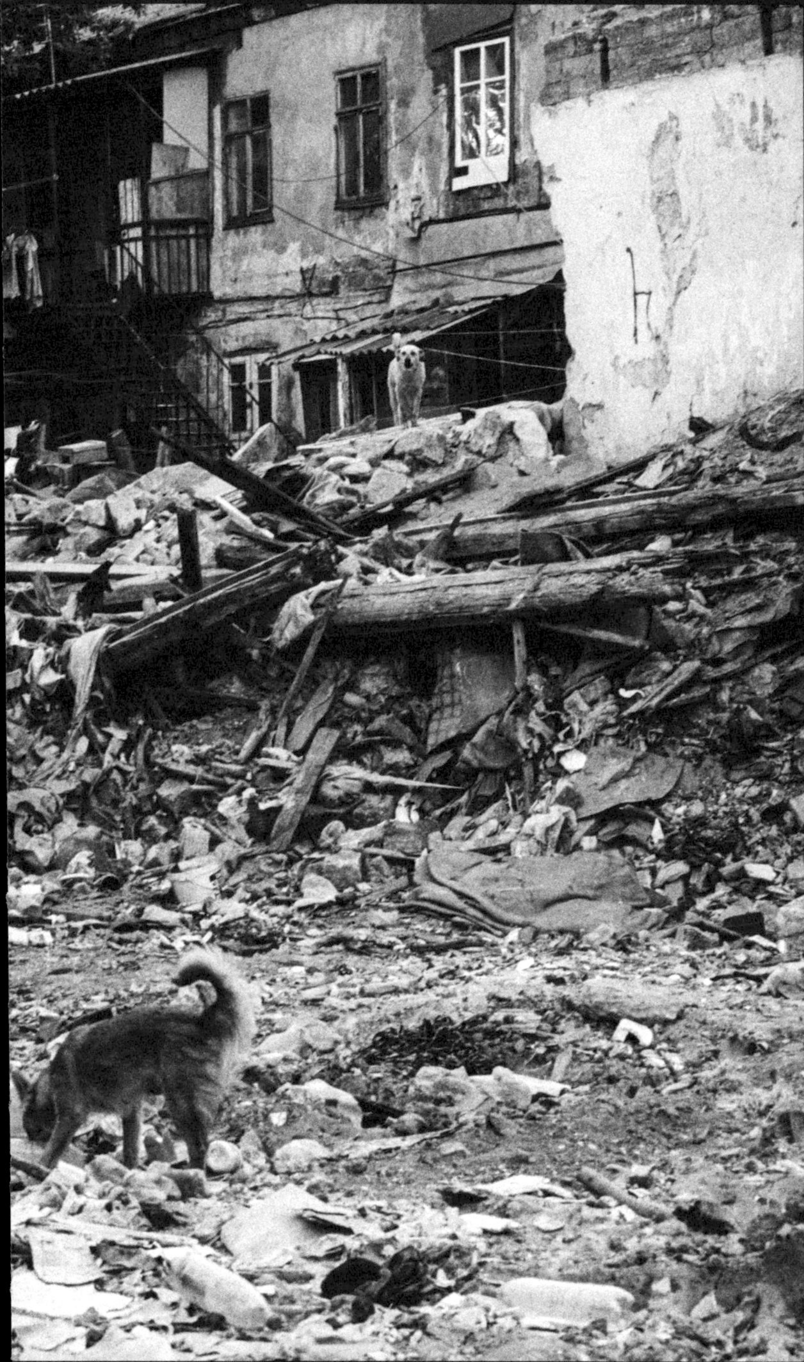

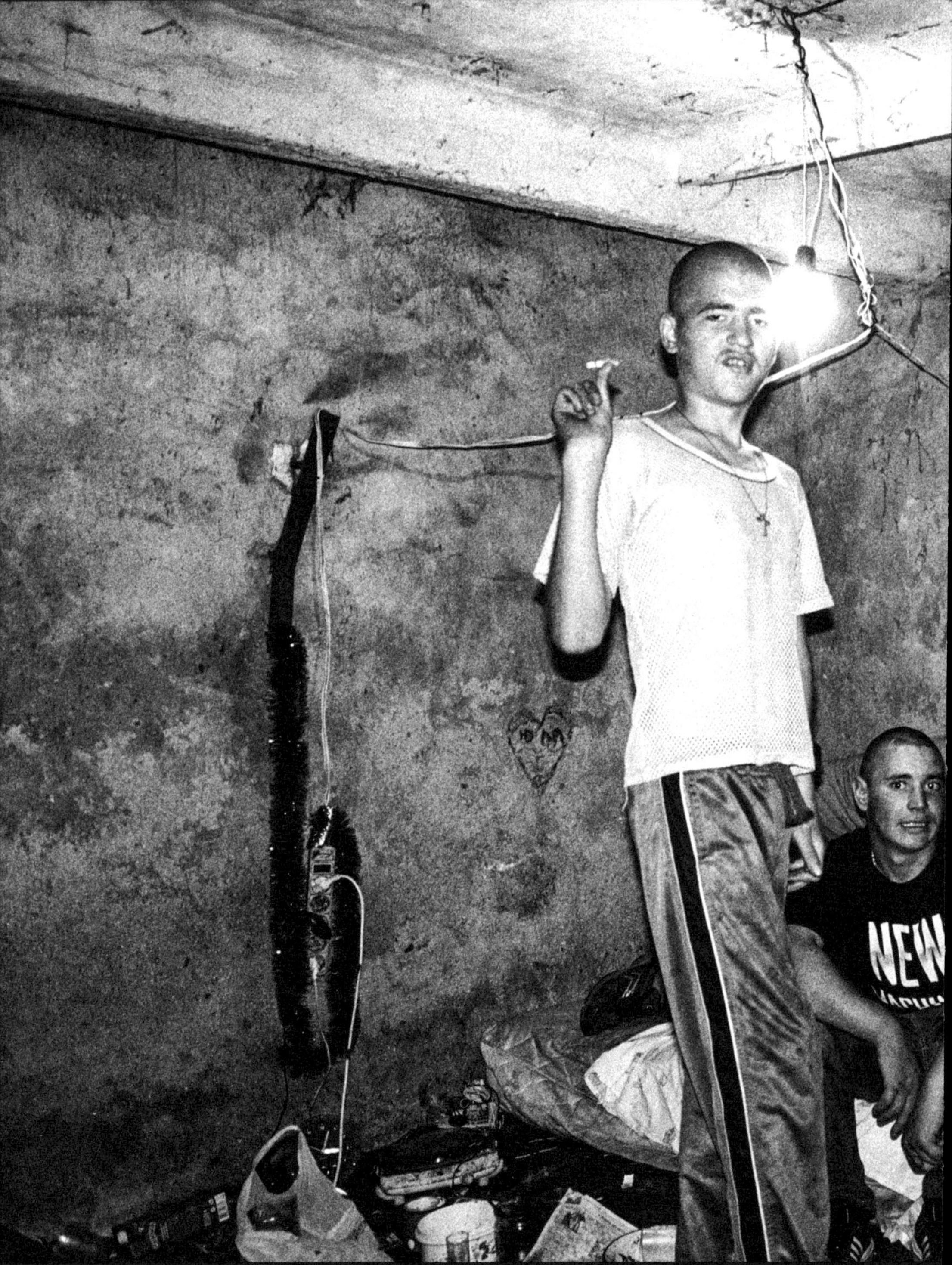

Одеса
Odessa 2013

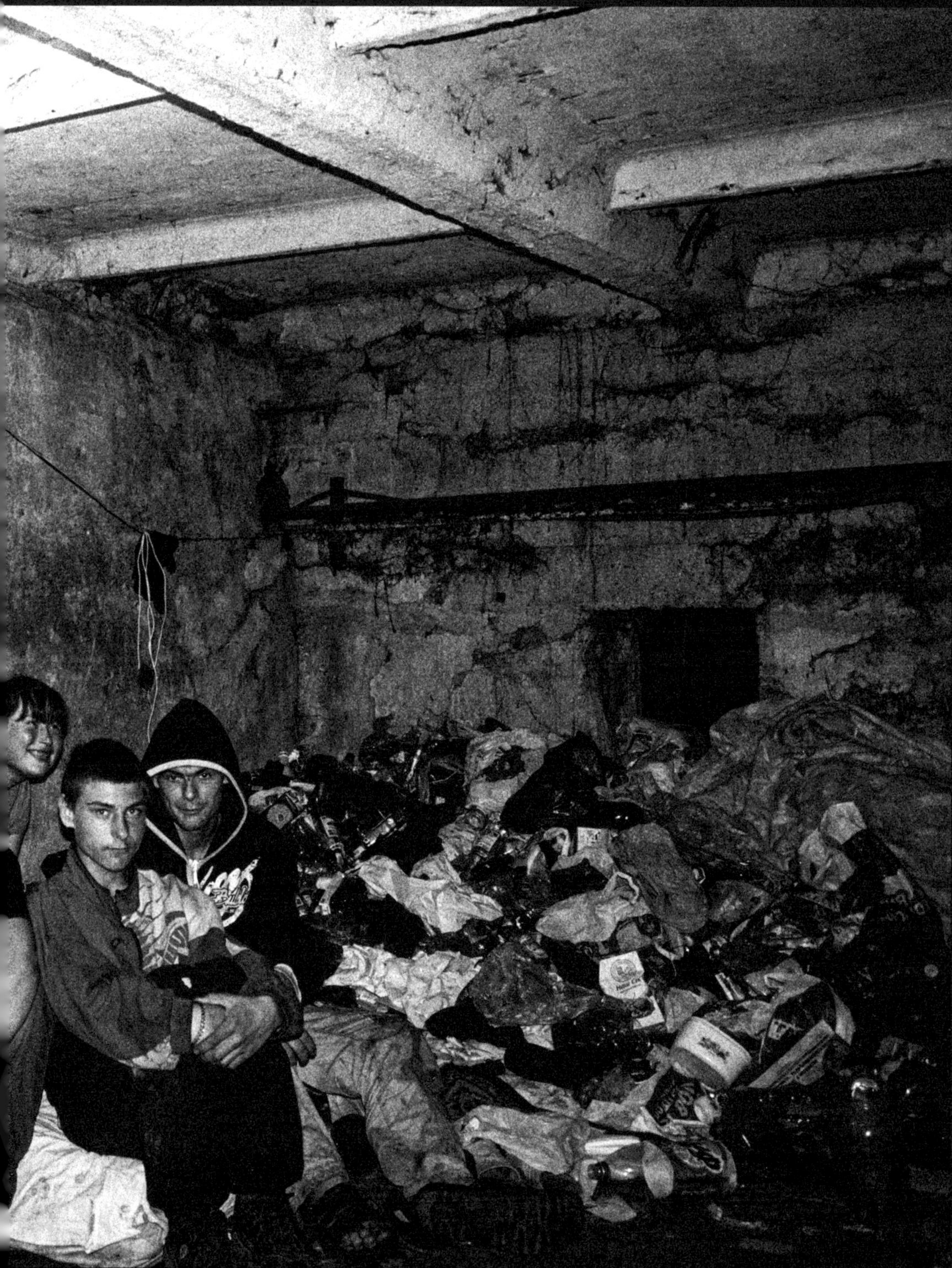

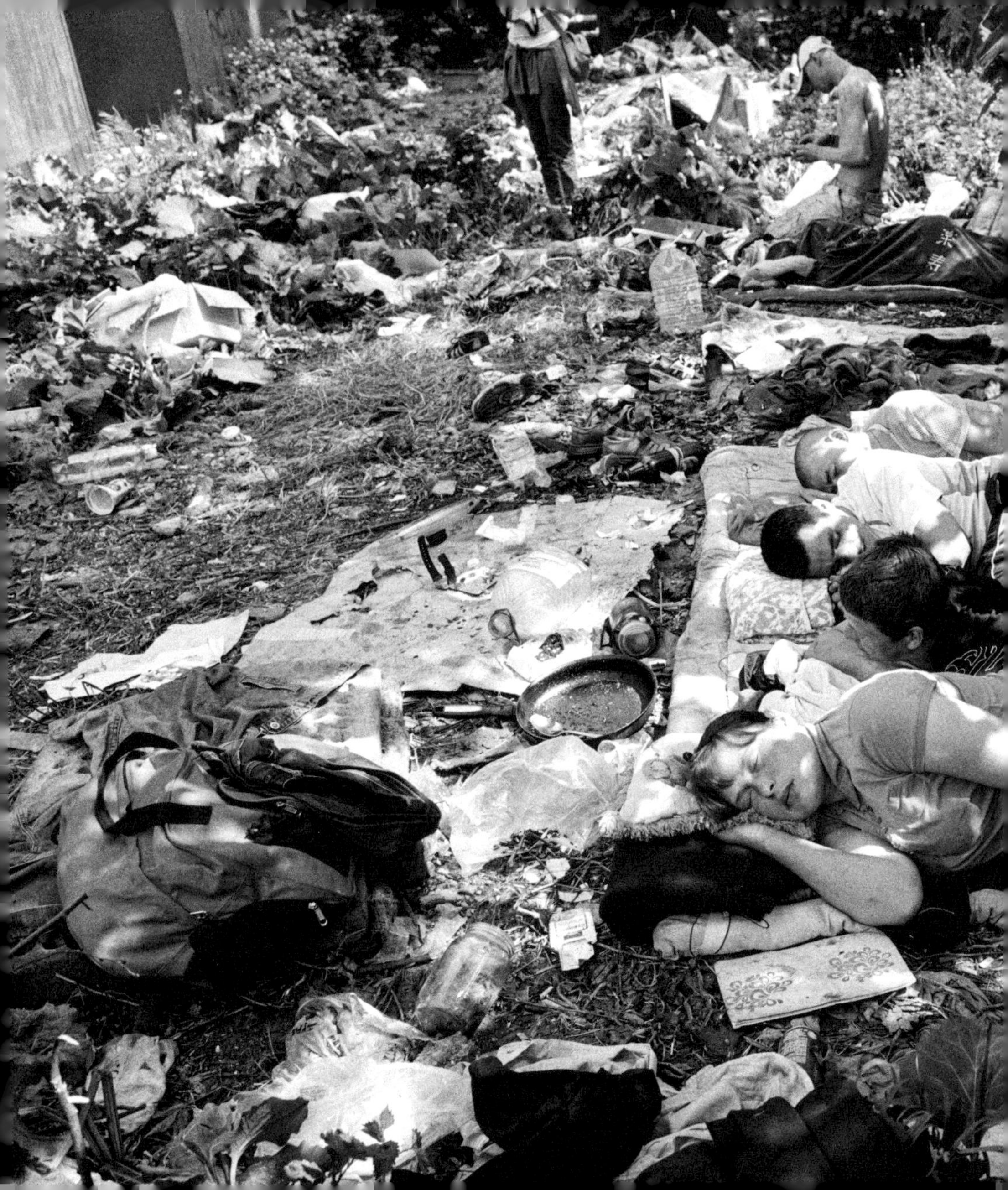

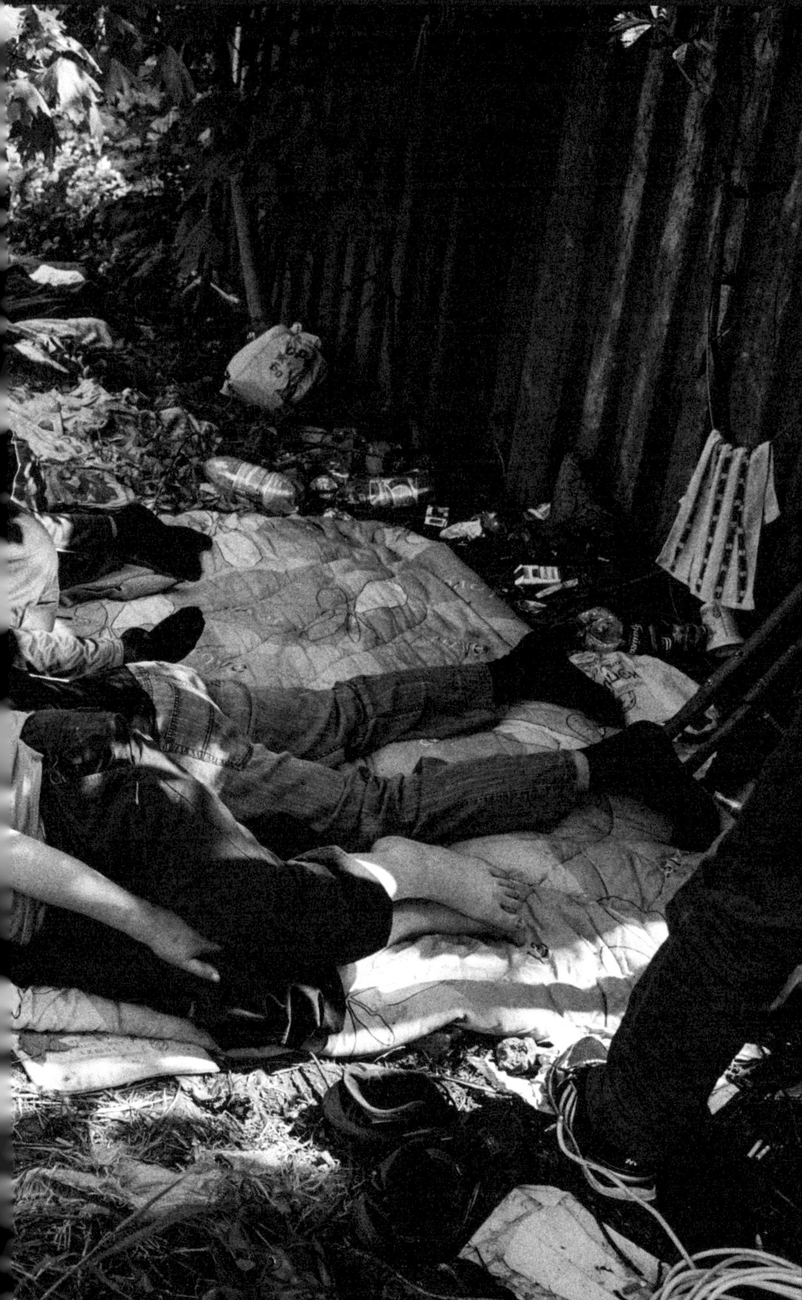

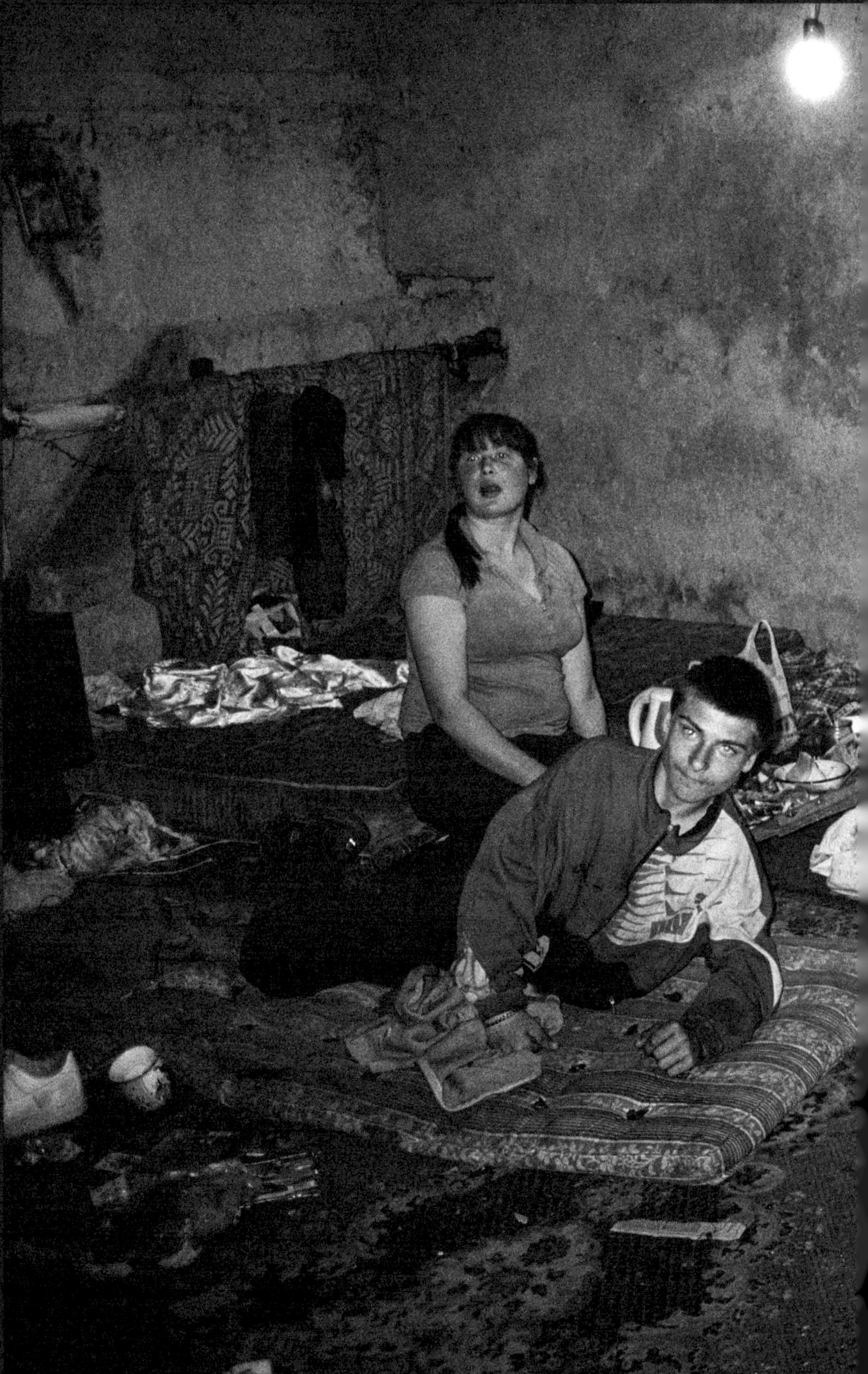

Одеса
Odessa 2013

"Honorable Viktor Fedorovych, May God Bless You!" With these words the orphans of the Banchesky shelter waved a greeting from the television screens to their benefactor, then president of Ukraine, Viktor Yanukovych. This chorus performed in rote unison, transmitted through the airwaves, holds the key to understanding the aesthetic of charity and power in our country. The place from which these words were transmitted, the legendary—even mystical—shelter in Bancheny, a village in the Chernivtsi region, tells by its history, its life and its position in the media the striking reality of poverty: all-encompassing, tragic, and impenetrable.

It all started with an exorcism. The locals often talk about a church official, Mikhailo Zhar. These days venerated as the Respectable Bishop Longin the Great, or simply Father, who has acquired his fame thanks to his keen mastery in the arts of purification. Zhar's regular church services were filled with extraordinary force, at least once or twice a month he would cast out evil spirits from his followers. The larger-than-life image and apparent popularity of him have already traveled well beyond

Orphaned in Paradise

Сирітство в раю

«Віктор Федорович, спаси вас Господь!» — цими словами сироти Банченського притулку вітали з телеекранів свого благодійника, тоді ще дійсного президента України Віктора Януковича. Речення, завчене й хором проголошене у далекі ефіри, слугує ключем для розуміння естетики благодійництва та влади у нашій країні. Адже місце, з якого пролунали ці слова, легендарний, навіть фантастичний притулок села Банчени у Чернівецькій області, його історія, побут і медійна слава з пронизливою реалістичністю розповідають нам про бідність, всеохопну, трагічну й безпросвітну.

Усе починалося з вигнання диявола. Місцеві люди розповідають, що до Михайла Жара, якого сьогодні величають єпископом Лонгіним, владикою або просто батюшкою, слава прийшла завдяки практиці екзорцизму. Його церковні служби відзначалися неабиякою силою, раз чи двічі на місяць він виганяв із людей злих духів. Популярність священика та його імідж святої людини сягнули далеко за межі Чернівецької області. А потім зіграла свою роль політика. Сьогодні батюшка представляє Московський патріархат у Західній Україні,

the borders of Chernivtsi. But then again politics had a hand in this. This priest is currently serving as the representative of the Moscow Patriarchate in Western Ukraine, charged with strengthening the so-called outpost of the Moscow faith. In return for his work he receives support from the Party of Regions, in particular from its leader Viktor Yanukovych—a detail that nearly everyone knows from rumors.

Like any preoccupied father who works constantly and is never home, we were unable to meet the revered Mikhailo in person, who, in addition, has already been officially lauded by the state with the title, the "Hero of Ukraine." The biography of the priest came up in all of our conversations with the locals, which produced in sum a very eloquent portrait of Mikhailo.

Relatively young, nearly forty eight years old, survived several heart attacks and suffers from diabetes. And yet, everything in Bancheny depends on him alone—the entire monastery and surrounding buildings, and often the purchase of medicine for the orphans. A man with no education, he has fanatically devoted himself to his idea of religion and to the 380 children in his charge. A Romanian nationalist, serving the Russian church. A strong

побудувавши так званий форпост московської віри. За це—про що, звісно, відомо знову ж таки здебільшого з чуток—він отримував підтримку від Партії регіонів, зокрема від самого її очільника Віктора Януковича.

Ніби заклопотаного батька, який завжди на роботі й ніколи не вдома, ми не зустрічаємо особисто владику Михайла—до речі, вже титулованого героя України. Але всеприсутність його біографії в кожній бесіді з місцевими скупо, але промовисто живописше його портрет. Відносно молодий, близько сорока восьми років, пережив кілька інфарктів, має цукровий діабет. Однак тут все тримається на ньому: монастирський комплекс і будинки, навіть ліки дітям він часто закуповує особисто. Людина без освіти, але фанатично віддана дітям і релігії, опікун 380 дітей. Румунський націоналіст, який вірно служить російській церкві. Експансивна людина, авантюрист. Має дар божий—працює на всіх рівнях свідомості та підсвідомості.

Сімнадцять років тому тутешні пагорби стояли порожні. Нині сюди ведуть ідеальної рівності дороги, відремонтовані до візиту Московського патріарха Кирила. Зусиллями батюшки

personality, an adventurer. He's received the gift of God and works on all levels of the conscious and the subconscious.
Seventeen years ago the surrounding hills were nothing but empty. Now there are perfectly paved roads here, renovated for Moscow Patriarch Kirill's visit. Due to Father Mikhailo there soon arose a men's monastery, a church decorated with dozens of kilograms of pure gold, and an orphanage composed of several colorful buildings. In Bancheny, a chain of mercy binds children that have been rejected by orphanages, often times because of severe disability or because they are infected with HIV.
Before we met the children we were invited for dinner. We gathered around an overflowing table, which resembled despite the Lenten season a Wishing Table from a fairy tale. We kept refusing to accept the food, overflowing servings being offered to us, everything on the table remaining filled to the brim. It all only seemed to intensify the otherwise pervasive scarcity and desperate desire for fulfilment. The nuns hosting us kept repeating that it had all been given to them by God.
With the blessing of the Holy Trinity—God, the Father, and our President—children with down syndrome now jump on red velvet

тут виріс чоловічий монастир, церква, оздоблена десятками кілограмів золота, та кілька різнокольорових великих будинків—корпусів притулку. Ланцюгом банченського милосердя пов'язані діти, відкинуті іншими притулками країни, через надто складну інвалідність або ВІЛ.
Перш ніж зустрітися з дітьми, нас запросили до столу, який, попри піст, здавалося, вкритий скатеркою-самобранкою—скільки б ми не пригощалися, він не порожнів і від того лише посилював німу присутність щемкої нестачі та відчайдушне бажання насититися. Черниці, що супроводжували нас, щоразу повторювали, що все це дав їм Бог.
З благословення святої трійці—Бога, батька і президента—діти з синдромом Дауна стрибають на оксамитових червоних кріслах із золоченими ніжками, хлопчаки з порушеннями розвитку мозку гуляють зеленими галявинами в товаристві садових гномів, маленькі інфіковані ВІЛ дівчатка пустують у манежі, наповненому маленькими м'ячиками, занурюючись та виринаючи з нього, мов риби. Тут є і справжній великий басейн, відкритий якраз на Хрещення Господнє. Діти з інвалідністю можуть лишатися в сиротинці до смерті. Тут із ними

chairs with gilded legs, little boys with brain disorders can meander through lush green lawns in the company of garden gnomes, and young girls with HIV can frolic in a ball pond, emerging and plunging like fish. There is a proper swimming pool here, opened on the Baptism of Jesus. The physically disabled children can live their whole lives here in the orphanage. Here, a staff of physiotherapists, psychologists, special needs educators and other tutors, speech therapists, nannies from the village and the nuns work with the children. Others have the ability to leave and go onto live normal lives, some go to college or medical school, others learn a trade or a craft, for example embroidering gold, or work under the auspices of the church.

After Yanukovych fled Ukraine, his palatial estate Mezhyhirya was opened to the public. The savage imagination of the most powerful person in Ukraine then unfurled before our very eyes. The imagination of his own exclusivity allowed him to construct this earthly paradise, glittering with his whims and consumer fetishes. Yes, *savage* but the blind automation of a machine, manufacturing wish after wish, materializing countless luxuries and treasures as if it were a fairy tale. The particular type of fuel that this

працюють лікарі-реабілітологи, психологи, масажисти, вчителі індивідуального навчання, селянки-няньки, матушки, вихователі й логопеди. Інші ж отримують путівку у велике життя — вступають до університету чи медичного училища, навчаються золотошиття чи залишаються в духовницькій сфері.

Після втечі Януковича з України для відвідування відкрився його величезний розкішний маєток Межигір'я — і перед нашими очима постала дикість уявлення першої людини в Україні про власну обраність, яка передбачає розбудову земного раю з усіма сьогосвітніми споживацькими фетишами. Так, ідеться саме про *дикість,* але у сенсі стихійної розгнузданості, безупинної роботи машини бажання, що, немов у казці, матеріалізовувала незліченні предмети розкоші й скарби. Паливом для цієї машини були, мабуть, усі біблійні смертні гріхи. Вочевидь, тому одним із почуттів, що супроводжує споглядання дарованих Януковичу рідкісних книг чи, наприклад, мініатюр зі слонової кістки, є зніяковіння, ба навіть сором. І досі відкрите питання про те, що ж далі робити в цьому маєтку. Однією з публічно висловлених

machine required was most likely a combination of all deadly sins. Possibly this catalyzes, while contemplating his antiquarian book library, or collectible miniatures carved from ivory, the awkwardness or even a deeply felt sense of shame. The future of the estate is still an open question. One idea raised by the public was to transform the property into an orphanage. Yet this plan evaporated as quickly as the thick fog that covers the hills in Chernivtsi, where the President had consecrated Bancheny himself as an outpost of his own kindness, bestowing upon the place libations, offerings in return for the blessings of a fortunate destiny. In other words, the orphanage of the future already exists. And while it may not be on quite the same scale of grandeur as Mezhyhirya, it is astoundingly lavish.
A visit to the orphanage resembles an Orthodox hallucination: multicolored sugar houses, little girls stitching patterns onto golden vestments, lonely crippled boys lie curled up on luxury furniture, and a dish of red caviar sandwiches in the hands of a young nun. It is no surprise that this place and its founder have become the subject of many articles, reports, and films in orthodox cinema. Looking back on this total decoration now

ідей було перетворити Межигір'я на дитячий притулок. Випари цієї думки – це зникаючий густий туман над чернівецькими зеленими пагорбами, де вже давно блаженствує Банченський форпост президентської доброти – місце його жертвоприношення за всі дарунки долі. Отож притулок майбутнього вже існує, і розкіш у ньому, хоч і близько не зрівнянна з межигірською, все ж вражає.
Перебування в сиротинці видається православною галюцинацією – цукрові будинки ядучих кольорів, дівчатка розшивають золотом епітрахилі, самотні покалічені діти на розкішних меблях, миска з бутербродами з червоною ікрою в руках молодої черниці. Не випадково притулок та його владика ставали героями численних статей, репортажів та православного кінематографу. Місцева тотальна декорація сьогодні перетворилася на криве дзеркало сумнозвісного Межигір'я – останнє є знаковим вмістилищем награбованого, а Банчени – це комірка дарованого. Після відкриття маєтку Януковича усілякі скарби, які він не встиг вивезти перед втечею, були виставлені в Національному художньому музеї в Києві. Демонстрація неофеодальних трофеїв залишає по собі ту

is like looking at the notorious Mezhyhirya through a distorted mirror—the latter a significant repository of raided spoils, the former a treasury of gifts. All the treasures that Yanukovych couldn't manage to take with him when he fled the country were gathered into an exhibit in the National Museum of Art in Kyiv. Somehow, the display of those neofeudal trophies conveys the same emptiness and alienation as a visit to the ideal Bancheny.
In this cradle of displayed benevolence, while visiting the building for mentally disabled children, a very young boy starved for physical contact hugged me and in the same gesture pulled my hair. His body language, sincere in its pain and cruelty, revealed to me the fractures in this canvas of pastoral charity. I see how these small bodies have been left by generous uncles to flounder about in a sweet basin, creating the very substance from which Ukrainian philanthropists emerge.
So what do they tell the children about the Honorable Viktor Yanukovych these days? Perhaps that he took his enchanted Wishing Table and was cast out by the demons of the Maidan in Kyiv, that he climbed aboard his magic carpet, and flew away to ask the Russian Tsar for help ...

саму пустку відчуження, що й відвідини зразково-показових Банчен.
У цій колисці візуалізованого добра, в будинку для розумово відсталих дітей мене обійняв мовчазний, спраглий фізичного контакту хлопчик і враз почав виривати моє волосся. Його болісні, щирі у своїй жорстокості прояви тіла говорили мені про розриви на пасторальному полотні благодійності, про те, як ці маленькі тіла борсаються в солодкому басейні великодушних дядів, збиваючи піну, з якої потім народжуються українські філантропи.
Що сьогодні кажуть дітям про береженого Господом Віктора Федоровича? Можливо, що він зав'язав свою скатерку-самобранку в вузлик та вигнаний демонами Майдану полетів на летючому килимі по допомогу до російського царя...

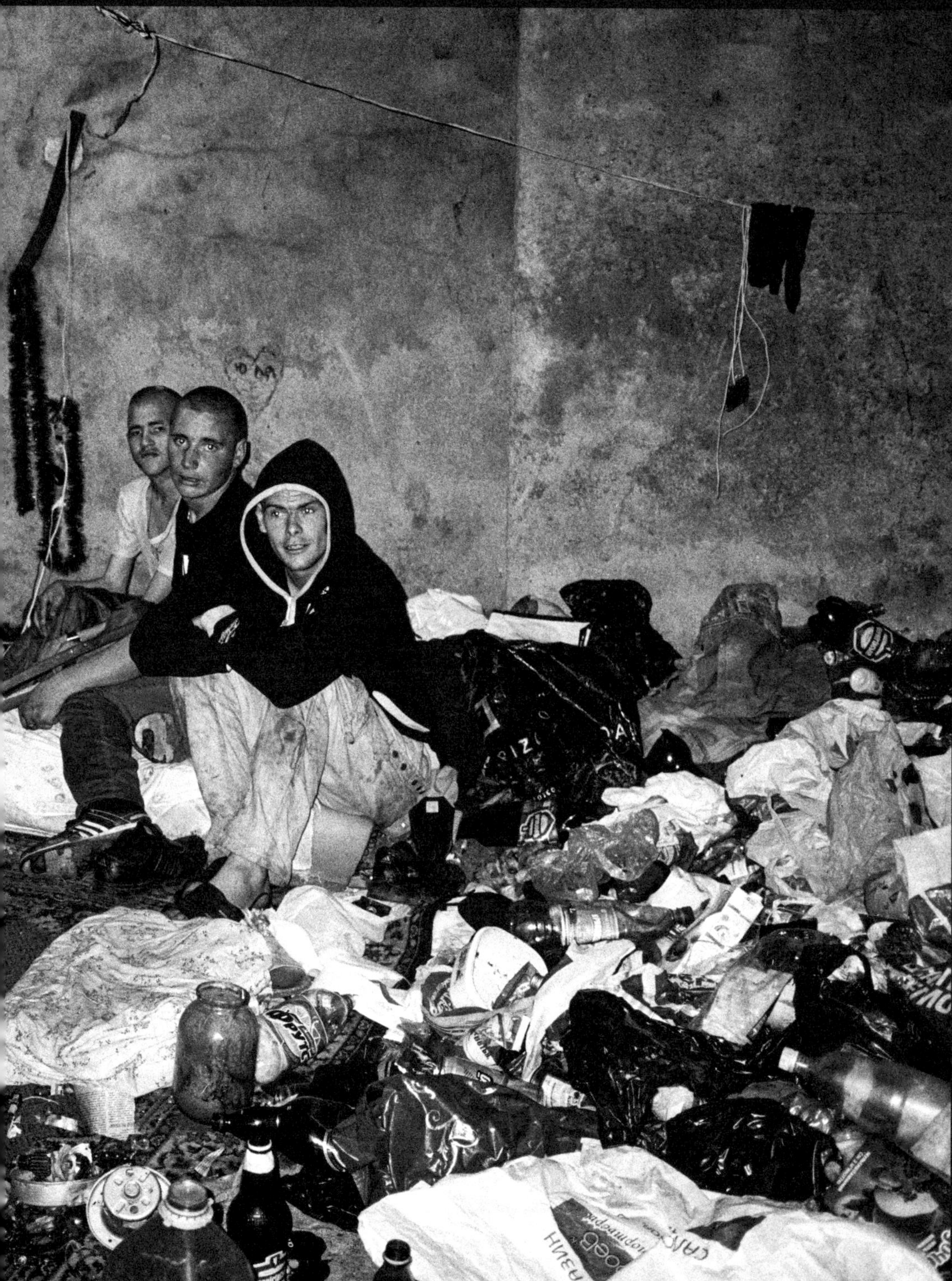

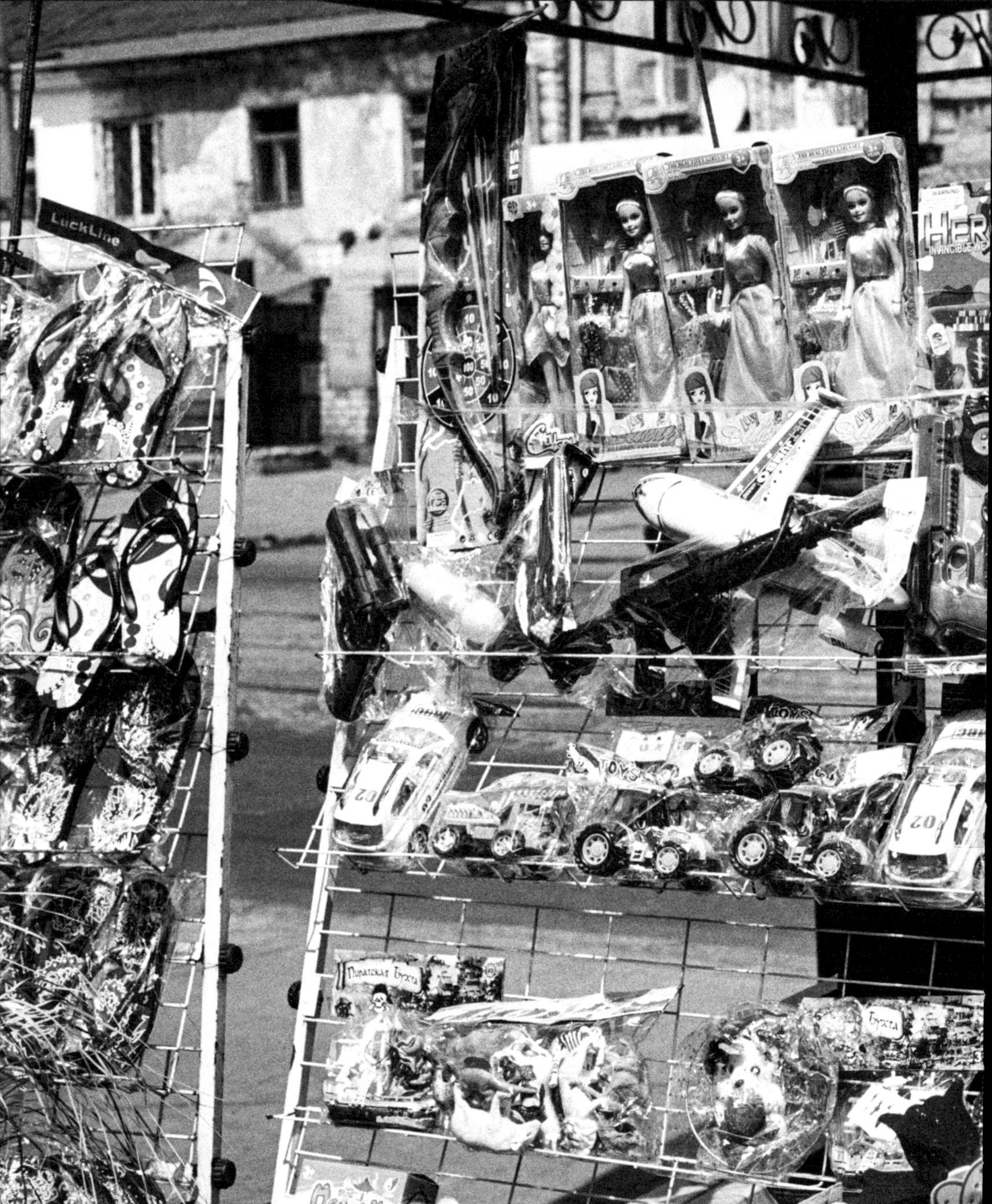

Одеса
Odessa 2013

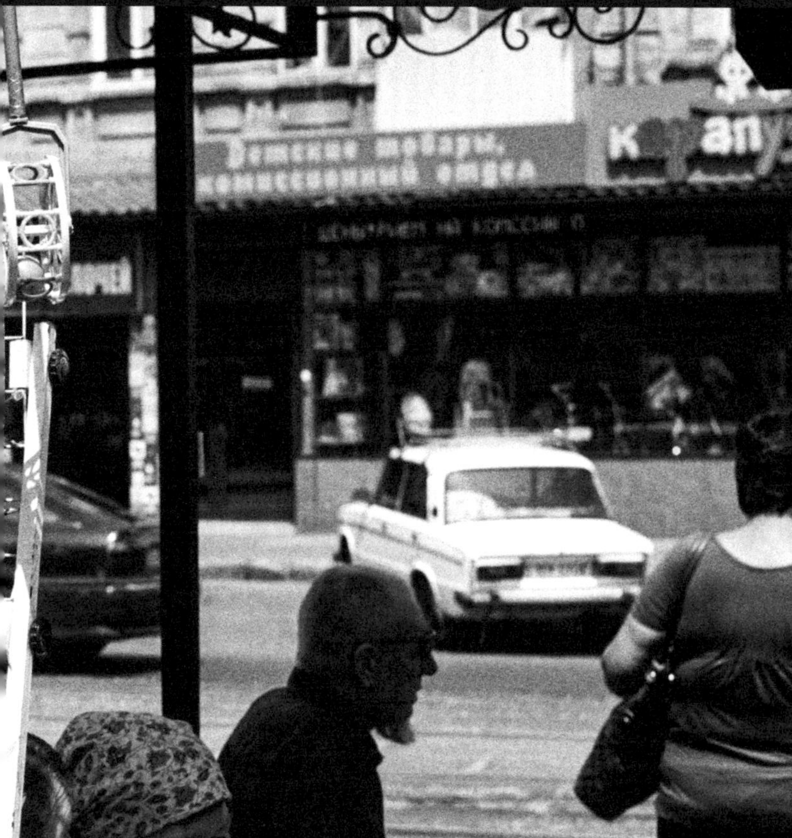

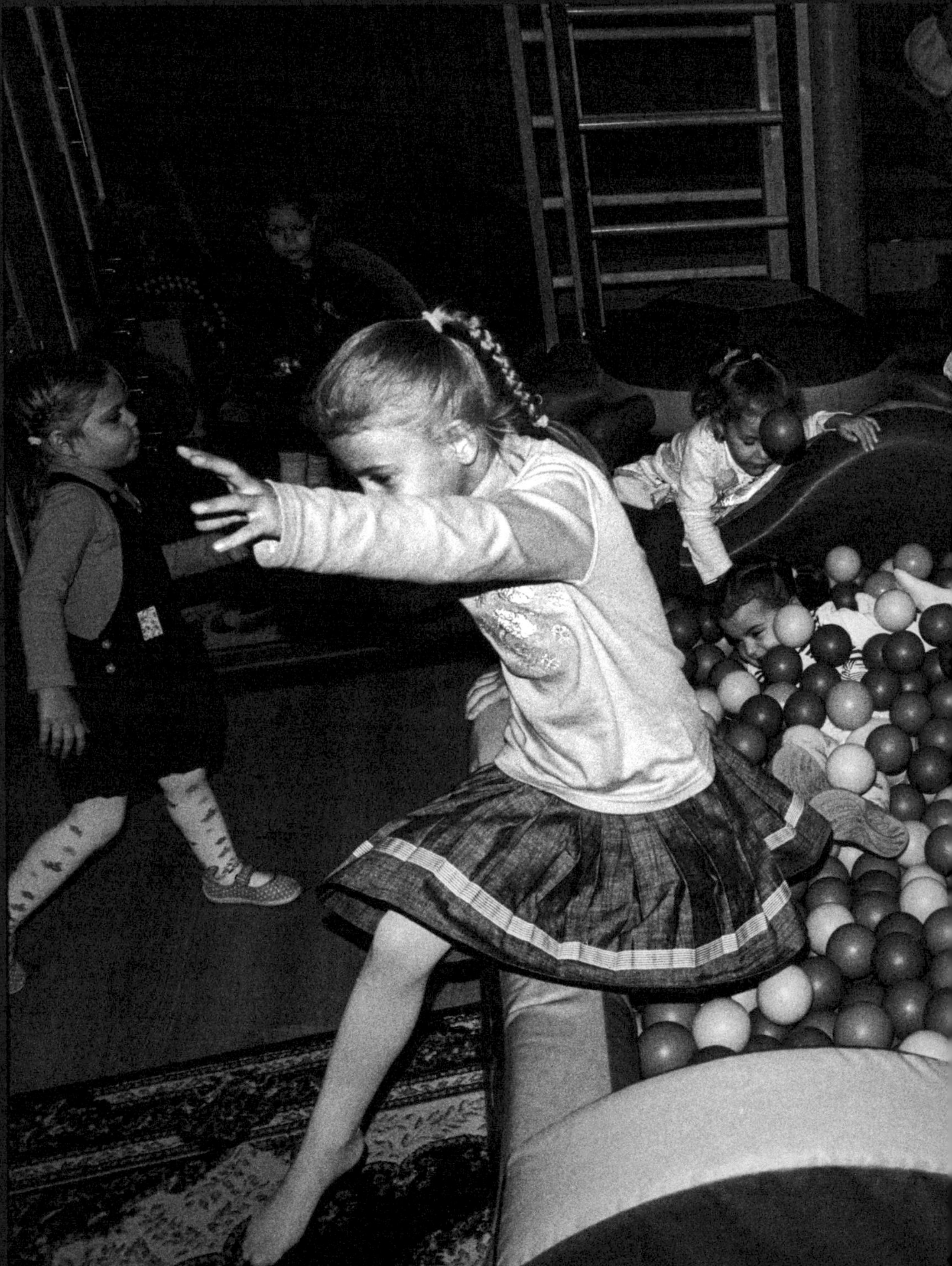

Чернівці
Chernivtsi **2012**

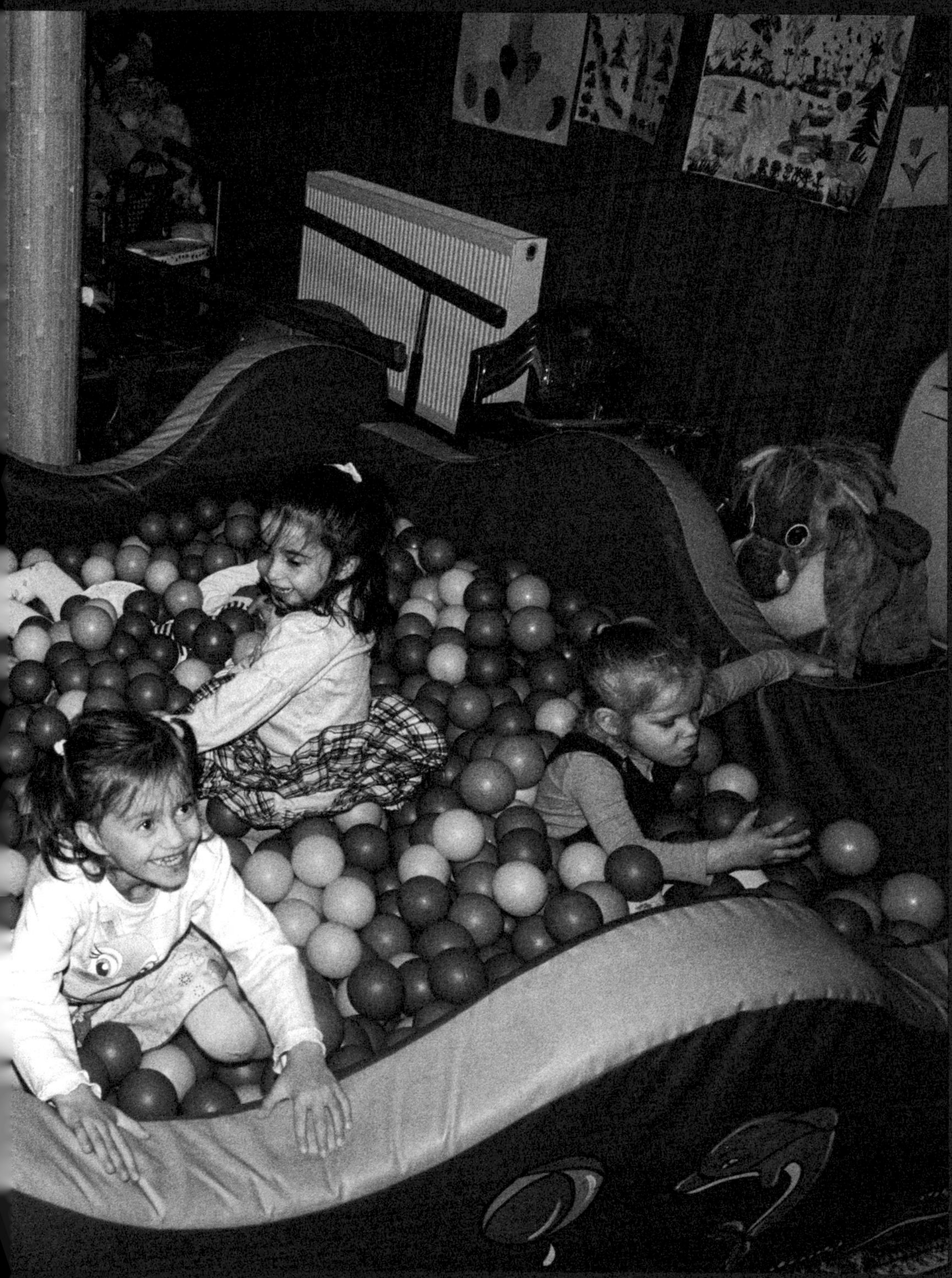

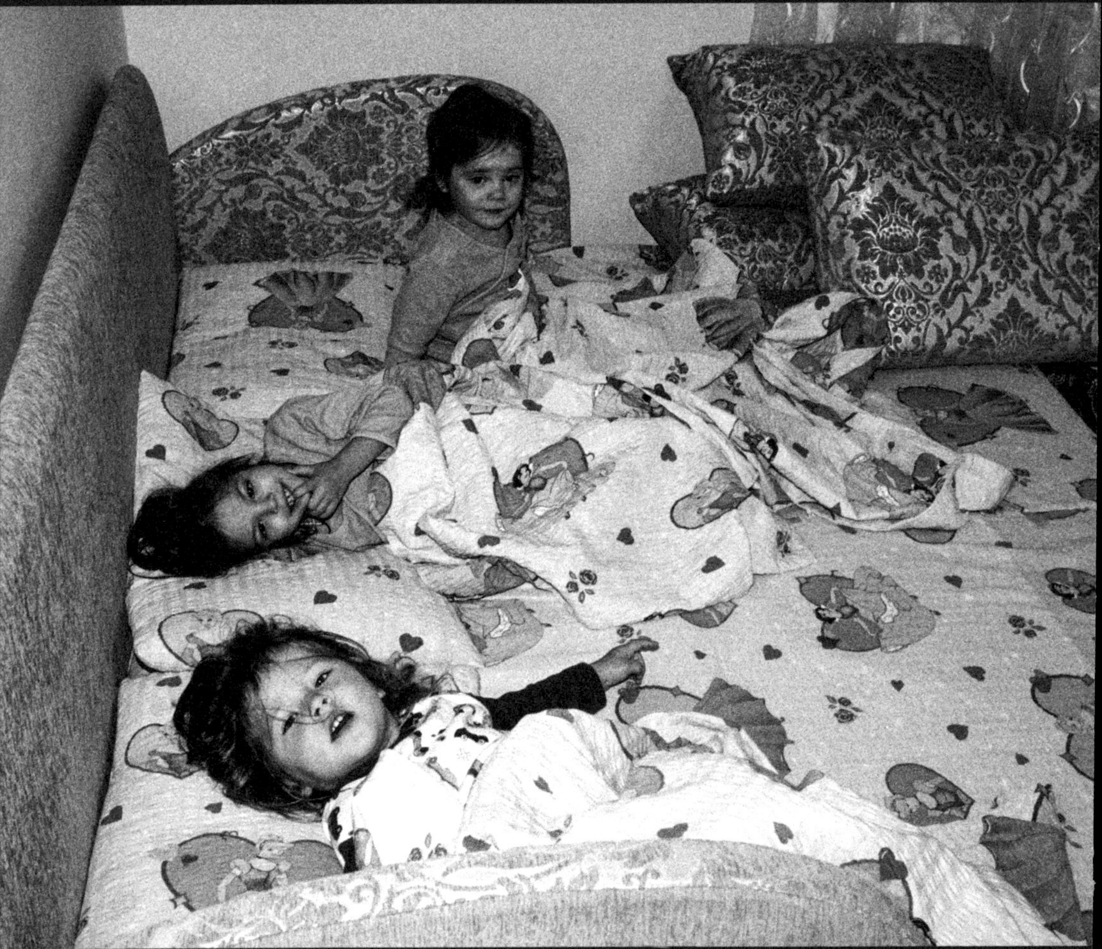

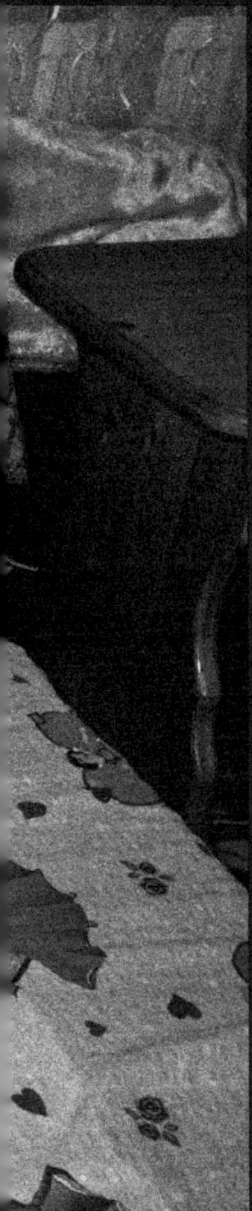

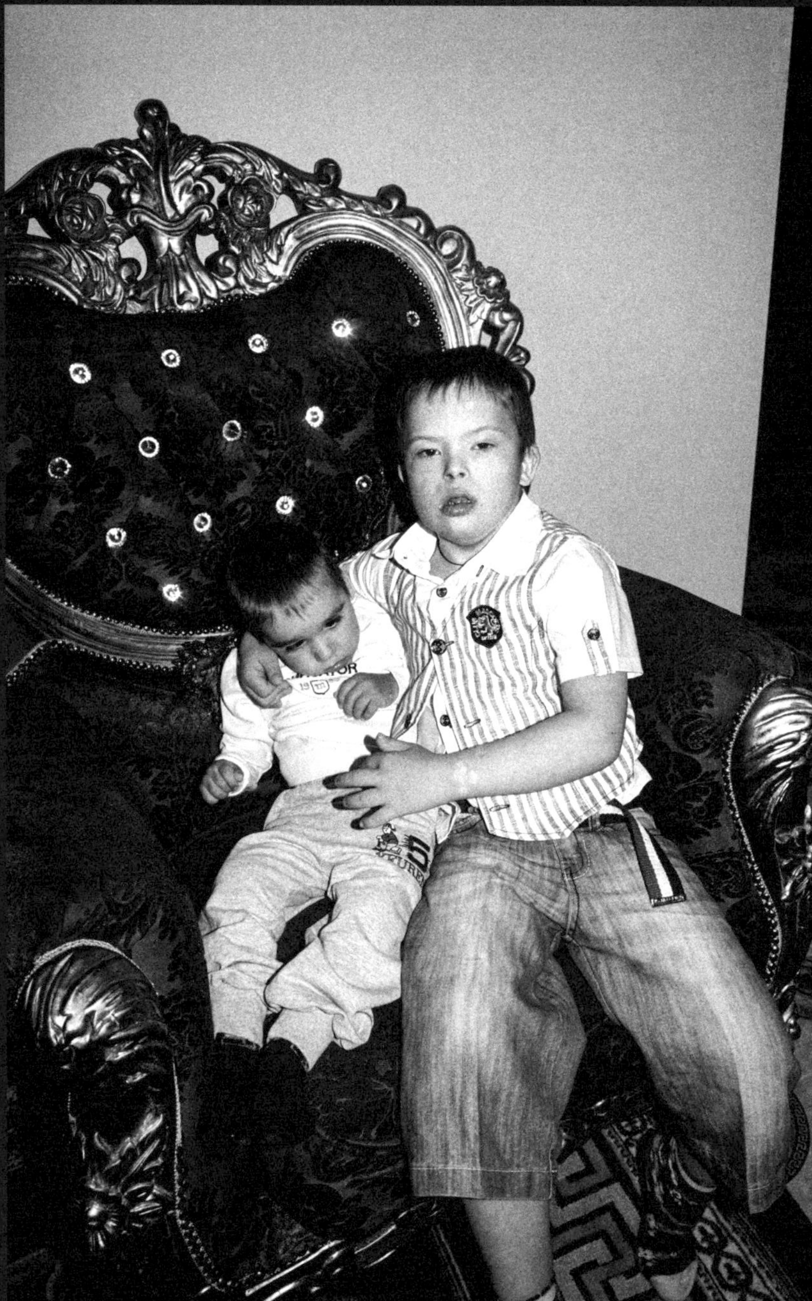

Чернівці
Chernivtsi 2012

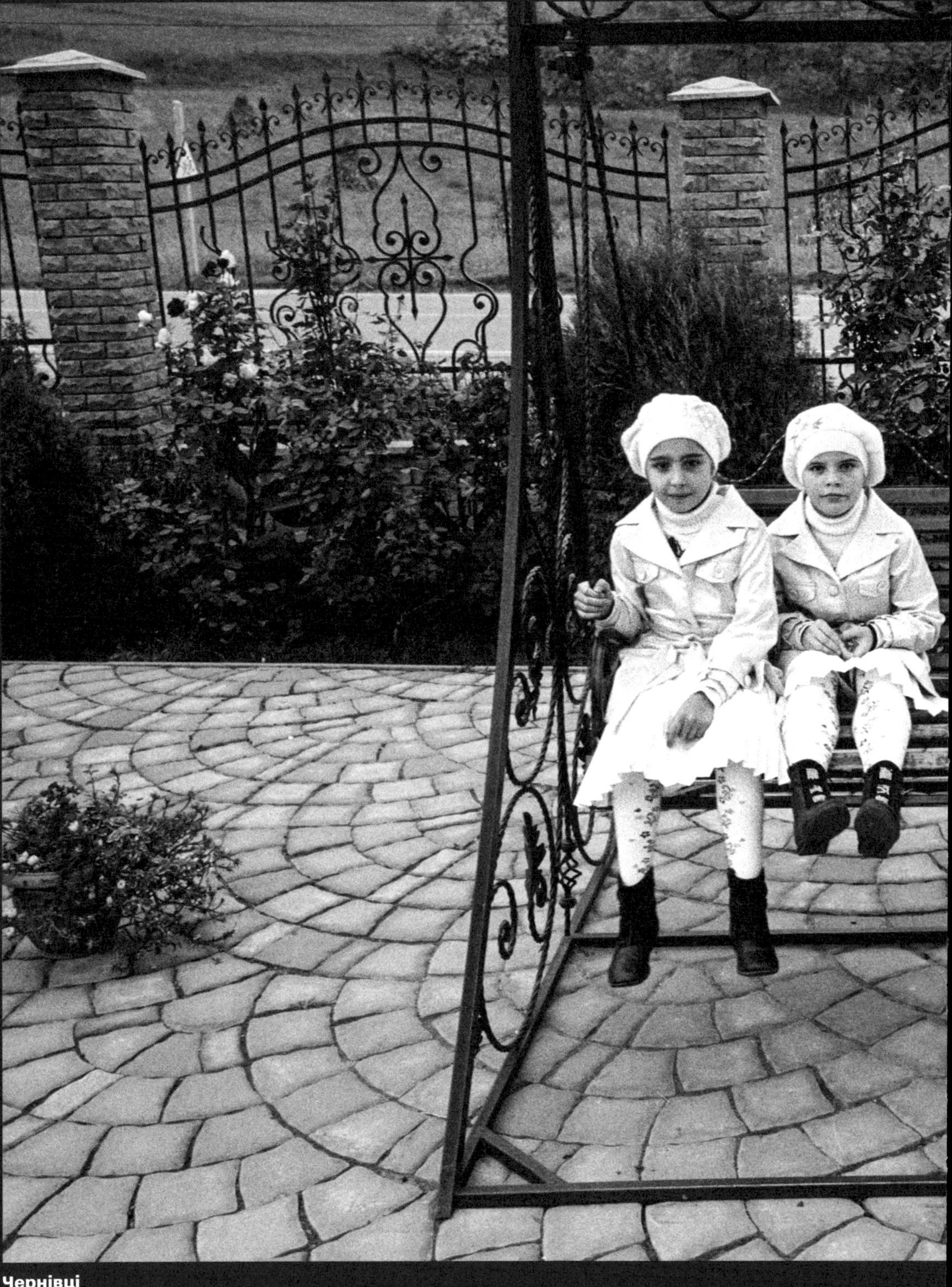

Чернівці
Chernivtsi 2012

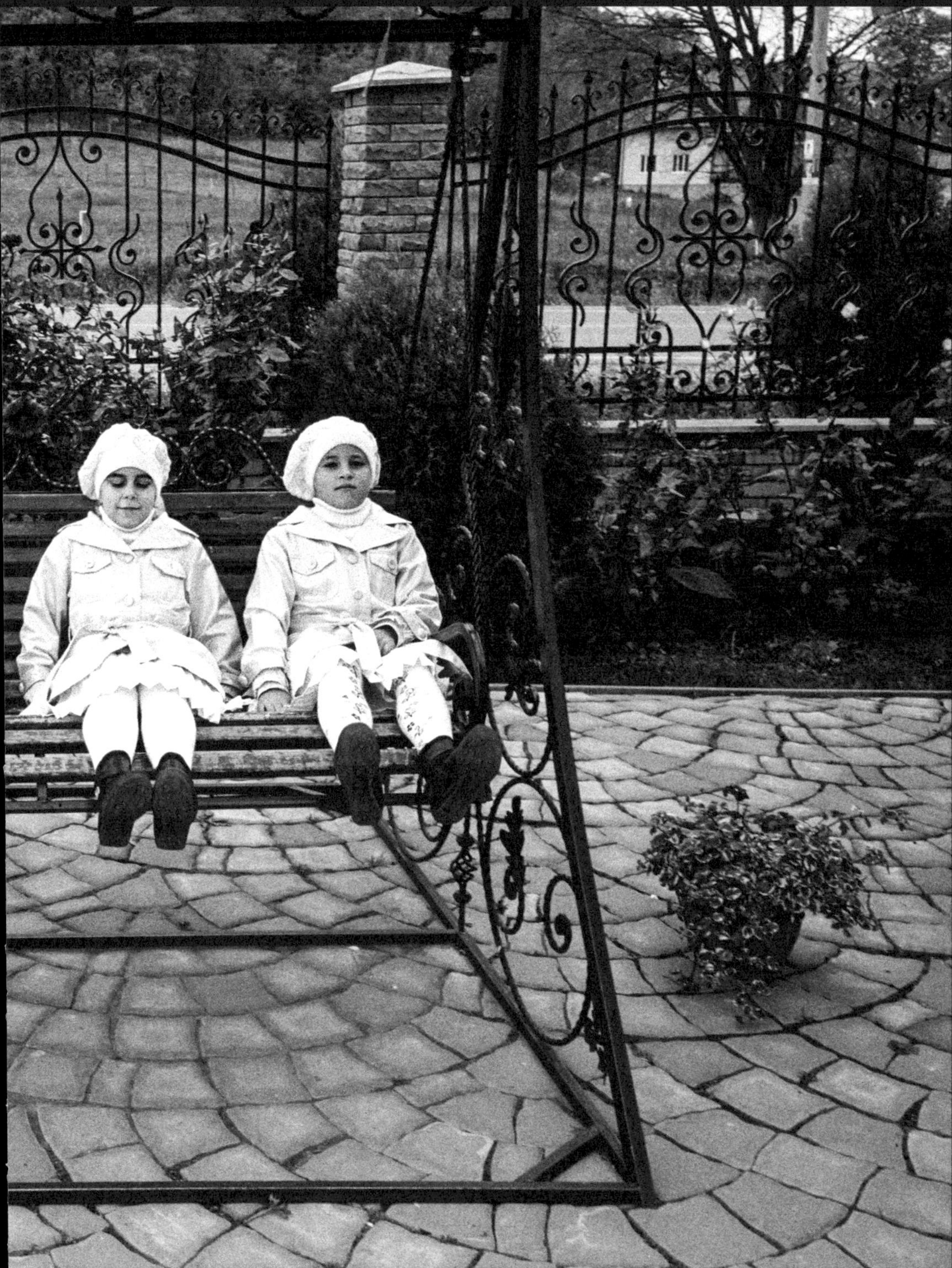

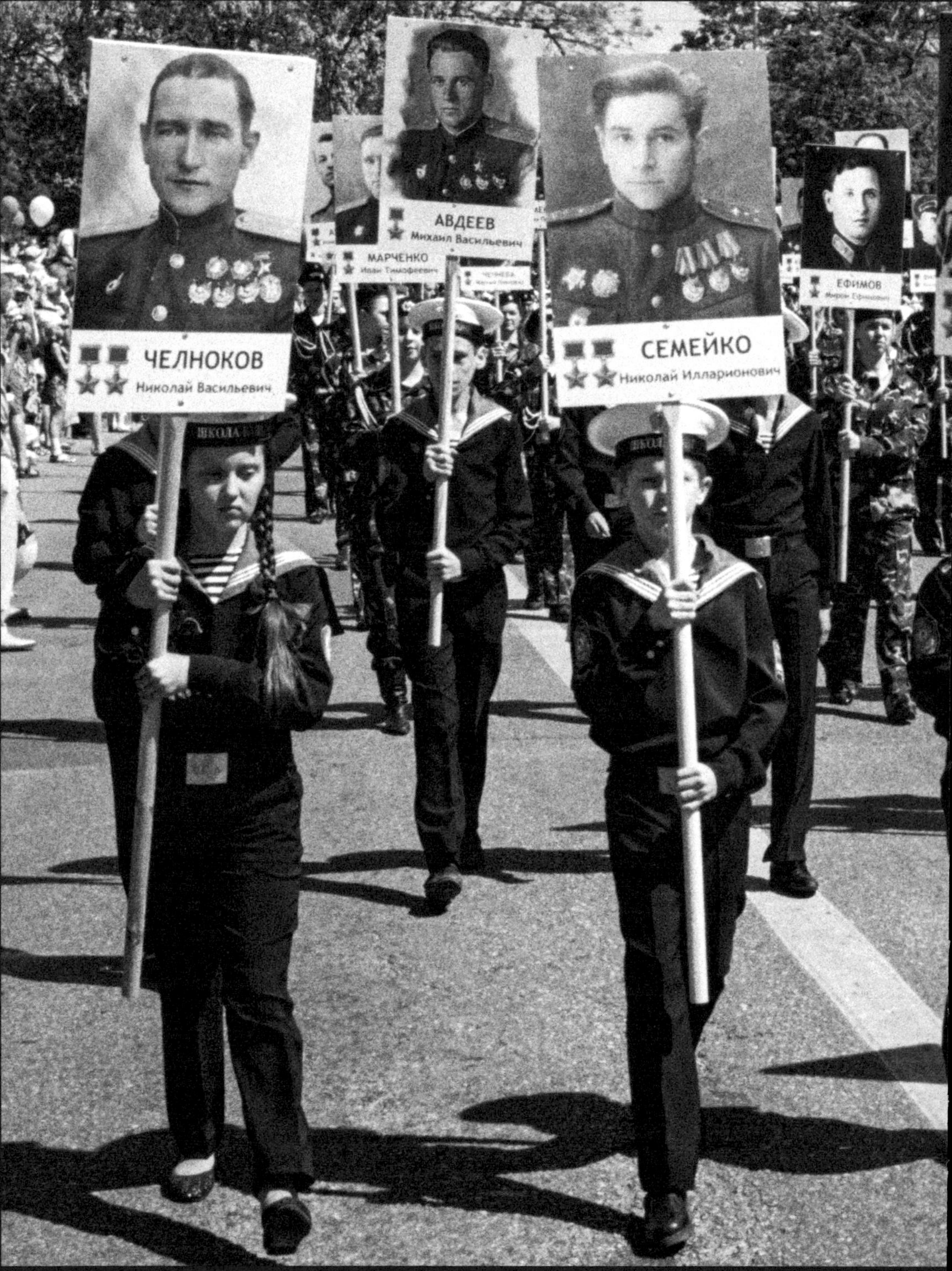

Севастополь
Sevastopol 2013

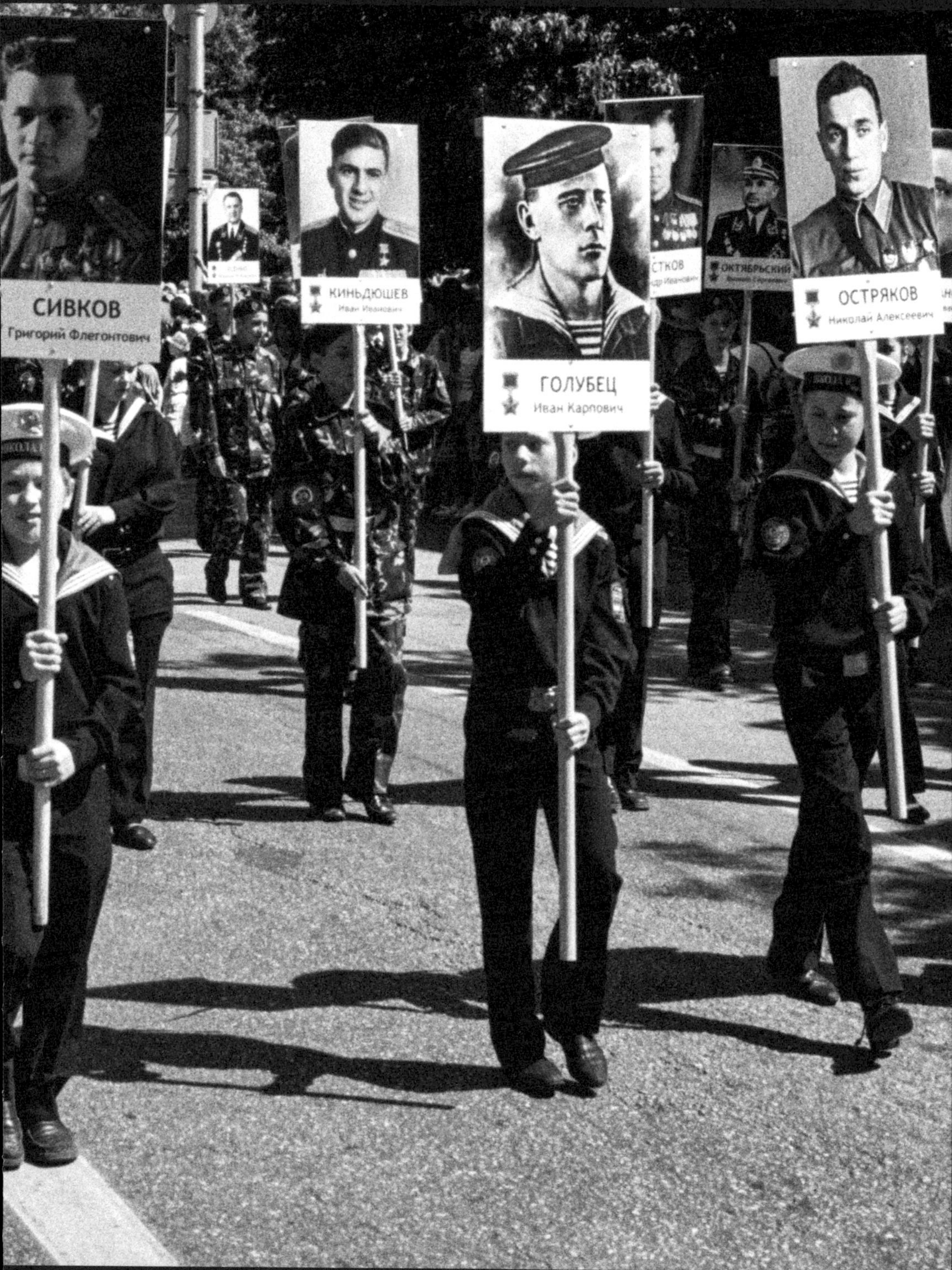
СИВКОВ
Григорий Флегонтович
КИНЬДЮШЕВ
Иван Иванович
ГОЛУБЕЦ
Иван Карпович
ОКТЯБРЬСКИЙ
ОСТРЯКОВ
Николай Алексеевич

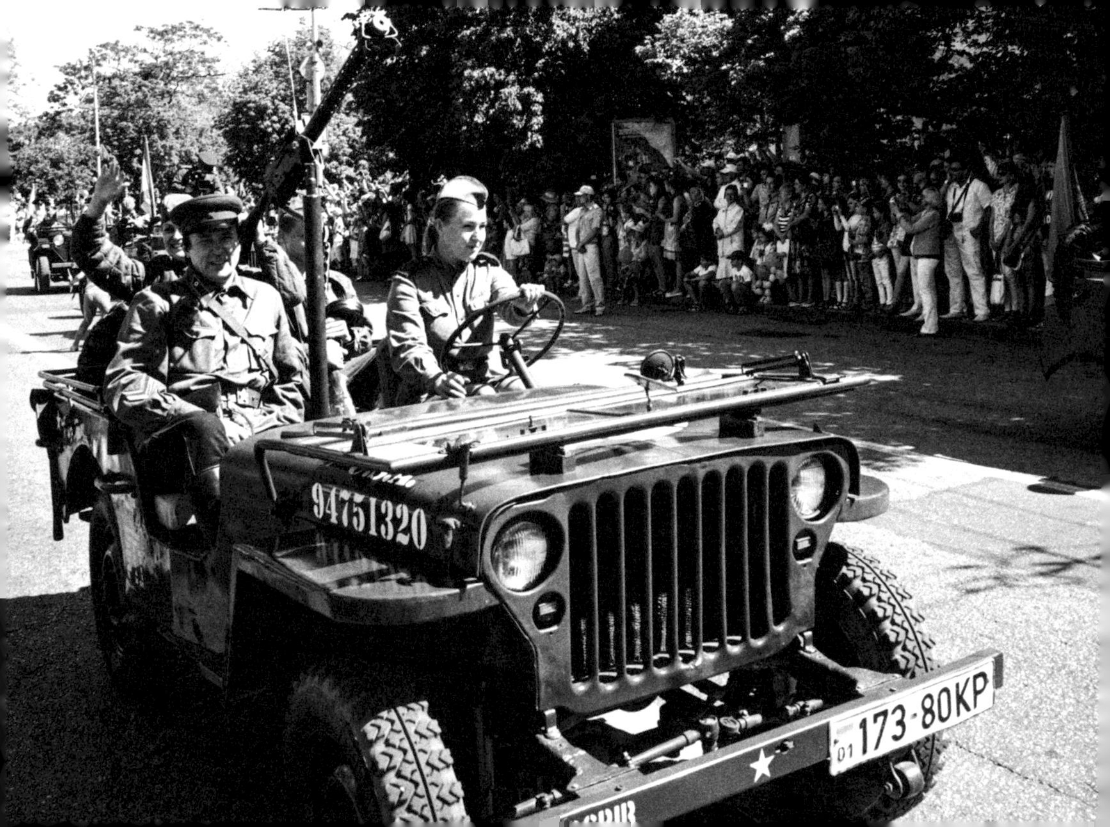
94751320
01 173-80KP

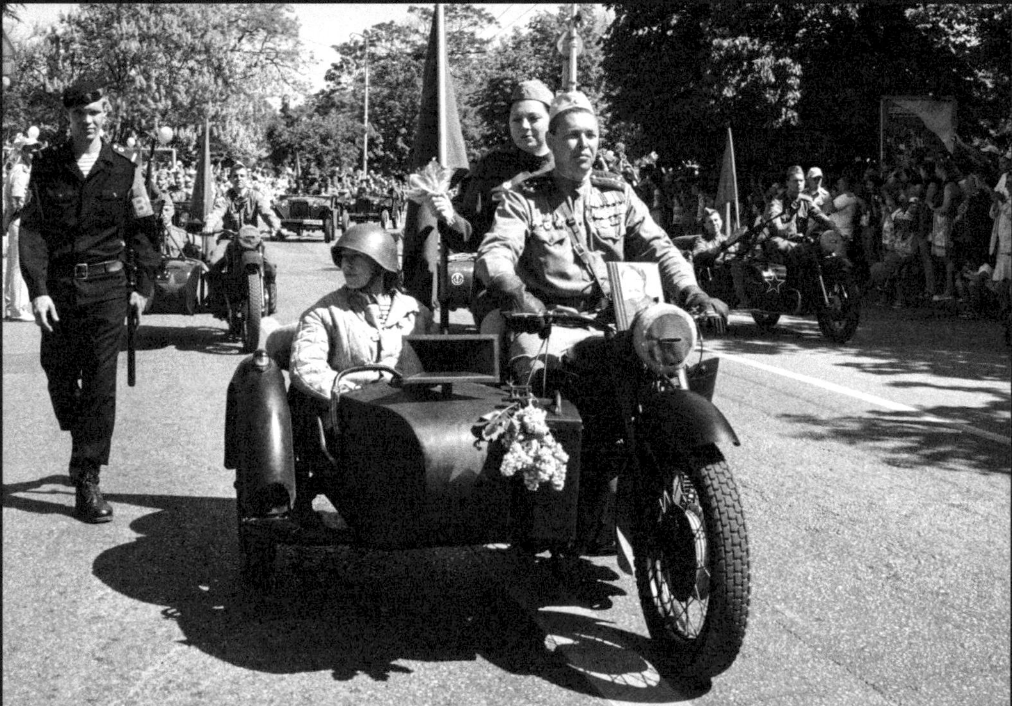

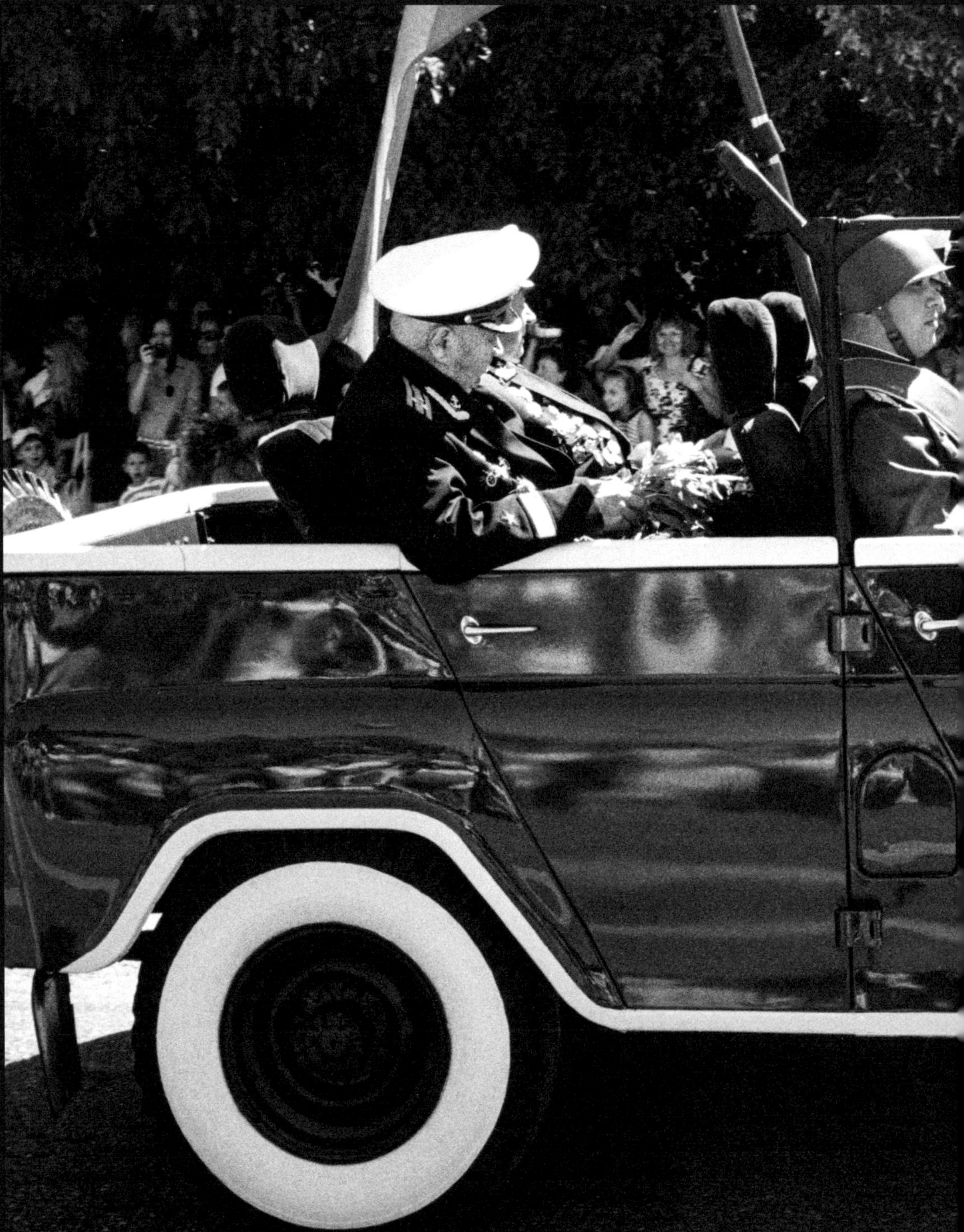

Севастополь
Sevastopol 2013

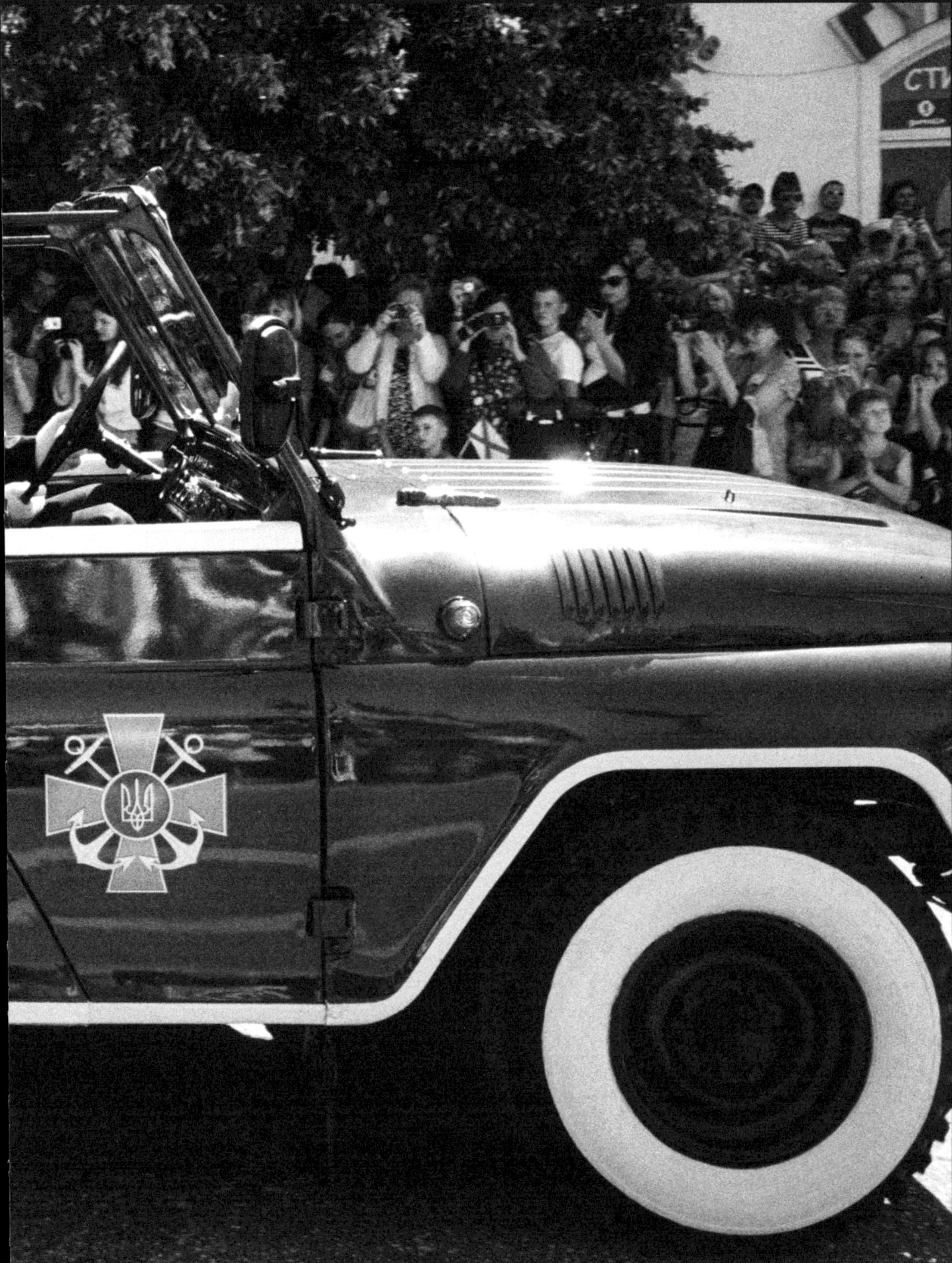

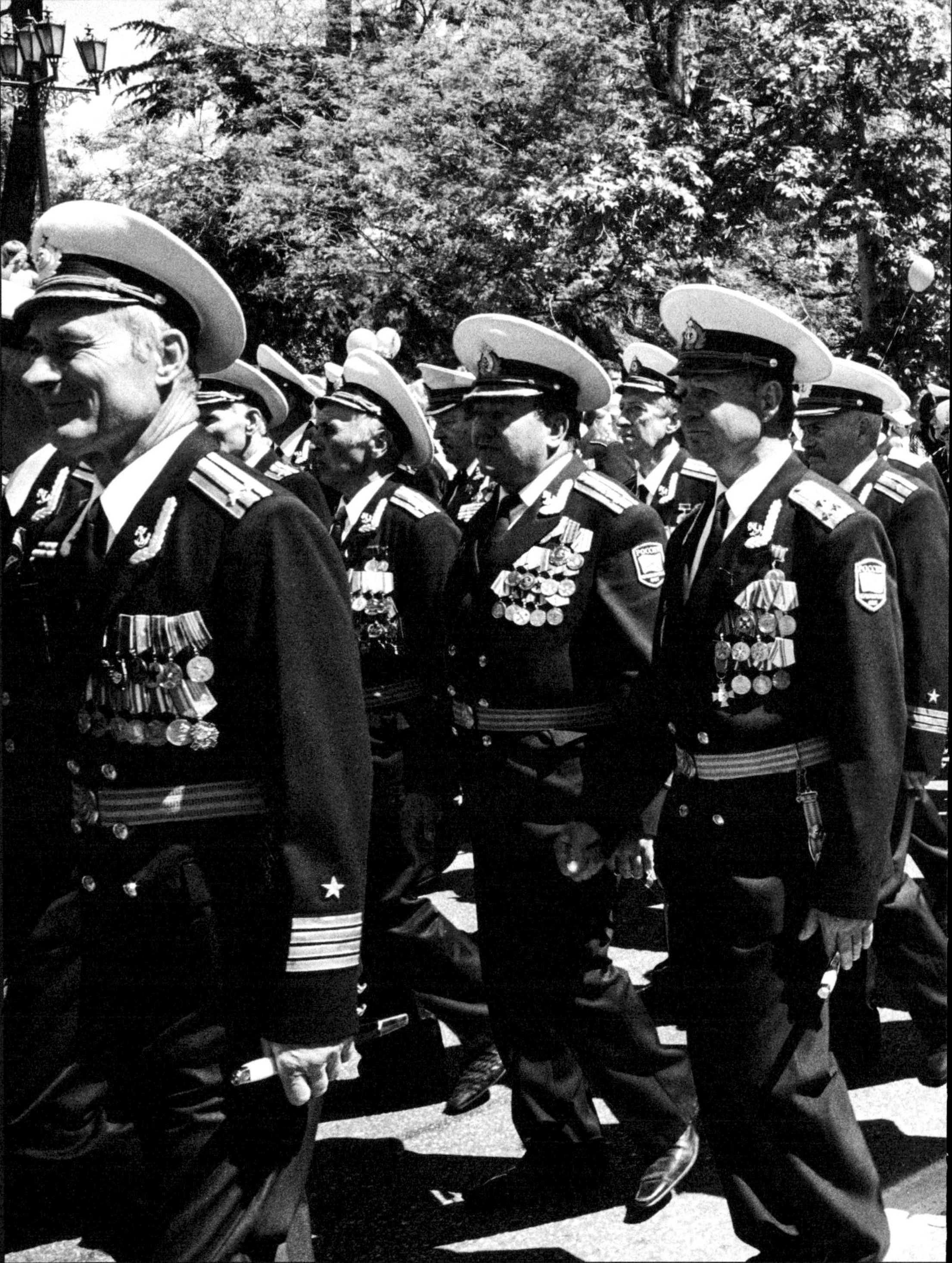

Севастополь
Sevastopol 2013

As early as May, when we arrived on Crimea's southern shore, it already seemed as though you could rent out the entire peninsula. Crimea's cities and towns are blanketed by tourists, and would remain so until September. The locals vacate their apartments, living out of their garages instead so that they can lease their homes to visitors. The sea, air, and mountains are then converted into sources of income for the locals. The beaches of the health resorts are sealed off as early as May, accessible only to paying tourists, as the few public beaches fill with half-naked bodies. Long before peak season the entire coastline is already swallowed up by an endless desire for profit, spurned on by estimating vacationers' every whim, so that, mesmerized, they give into the delirious fantasies of the tourist industry. Then having emptied their pockets, they return home with a slight hangover.
The unchecked privatization of coastal land comes along with a similarly wild accumulation of cheap beach merchandise. Blaring speakers in every café, seductive smells, night club promoters and tour guides hustling passersby—everything coerces you to join in as a tourist. Similarly, on the beachfront at

A Military Parade

Військовий парад

Кожного травня на південному березі Криму видається, що весь півострів можна взяти напрокат. Міста й селища вкриваються туристичним покривалом і приють до кінця вересня. Власники квартир ідуть жити у гаражі, аби здати своє житло приїжджим. Море, повітря й гори конвертуються в доходи місцевого населення, санаторні пляжі вже у травні зачинено, вхід на них платний, а громадські—сповнено напівоголених тіл. Ще до початку сезонного піку узбережжя виснажується нескінченним бажанням зиску, прагненням вгадати інтереси туристів, щоб вони, загіпнотизовані шаленою фантазією курортного бізнесу, витрусили свої кишені та з легким похміллям повернулися додому.
Дика приватизація приморських земель породжує не менш дике нагромадження товарів, дешевого пляжного краму, гучних динаміків біля кожного кафе, запахів, голосів закликальників на екскурсію чи в нічний клуб і змушує натягнути на себе маску туриста. Подібно до того, як на набережній Ялти можна вбратися в Цезаря, Клеопатру, Петра І, Катерину ІІ чи байкершу в шкіряній білизні або просунути голову в картонний

Yalta, anyone can fashion themselves as Caesar, Cleopatra, Peter I, Catherine the Great or a biker in leather underwear, where you can stick your head through a cut-out in a cardboard sign painted as a drunken Cossack and his busty bride. We impersonate tourists and strangers, flaneurs amid a flood of plastic decorations that will all be removed the moment we leave.
We continue onward to Sevastopol, getting there a day before the regal ceremonies on the occasion of May 9, Victory Day. Sevastopol's parade is the largest in Ukraine and the final preparations for it are already in full swing. Billboards throughout the city are filled with joyous greetings addressed to veterans and all Crimeans, fierce action shots, and photos of soldiers from important battles. The entire Hero City of Sevastopol will gather tomorrow for this long-awaited event.
Though the parade does not begin until eleven, by eight in the morning the center of the city is already flooded with people. Here and there school children sell flowers and balloons stamped "May 9." The more experienced spectators have taken over the area along the road, so as to be as close as possible and not miss a single detail. After several hours of waiting under

банер з п'яненьким козачком і грудастою козачкою, ми перевтілюємося на туристів-чужинців, фланерів серед пластикових декорацій, які буде прибрано, щойно ми поїдемо звідси.
Ми прямуємо до Севастополя якраз напередодні урочистого святкування Дня перемоги, 9 травня. Севастопольський парад, певно, наймасштабніший в Україні. І підготовка до нього уже йде повним ходом. На рекламних білбордах — привітання ветеранам та всім кримцям, картини запеклих боїв та фотографії ветеранів. І ціле місто, місто-герой Севастополь збирається завтра на це дійство.
Хоча парад розпочинається об одинадцятій, о восьмій центр міста уже наводнений людьми. Де-не-де стоять молоді хлопці й дівчата, які продають квіти та повітряні кульки з надписом «9 мая». Досвідчені глядачі й глядачки займають місця уздовж дороги, щоби бачити все якнайближче й не випустити жодної деталі. За кілька годин стоячого чекання під спекотним сонцем вони утворюють ланцюг із підвищеною напругою і все більш нетерпляче й нервово реагують на новоприбульців, котрі намагаються зручніше примоститися на тротуарі. Ближче до початку по обидва боки вулиці люди

the hot sun they start to resemble a high-voltage fence. Growing ever impatient, they nervously react to each newcomer trying to move in a little closer towards the road. Shortly before the start, these thickets of people are already stacked three or four rows deep on either side of the street, relentlessly shoving each other aside; they only hold back for mothers with small children. Teenagers roost in the branches of nearby trees. The surrounding hills and stairs are all packed with onlookers.
A long convoy of veterans, schoolchildren with banners, war heroes, various units of the armed forces, and representatives of the Communist Party carrying portraits of Stalin march to the cheers of the masses compressed along the sidelines. Young and old shout in unison: "Thank you!" and "To Our Heroes!" I lose myself in the crowd, which strikes me in its capacity for local patriotism. This patriotism is the only well-preserved myth apart from the one of the Great Victory, common to the whole Post-Soviet territory. Only this myth, it seems, can mobilize people, who revealed during the parade its social potential. Neither official corruption, nor the ongoing decline in healthcare could ever evoke such mass emotion for politics.

вже вишикувалися у три-чотири щільні ряди, безжально відтісняючи одне одного, шкодуючи лише матерів із малими дітьми. Підлітки обліпили гілки всіх придорожніх дерев. Пагорби й сходи так само щільно вкрило глядацтво.
Довжелезна колона ветеранів, дітей із портретами героїв, різноманітних формувань збройних сил, комуністичних партійців із портретами Сталіна вирушає під гучні вітання полчищ на узбіччях. Майже хором малі й старі гукають «Спасибо!» і «Герои!». Я гублюся у натовпі, що вражає мене потужністю свого локального патріотизму, який водночас є загально-пострадянським з єдиним добре збереженим міфом Великої Перемоги. Саме цей міф є мотором для мобілізації людей, свій соціальний потенціал вони показують сьогодні на параді. Продажні чиновники чи занепад медицини не пробуджують таку масову політичну емоцію.
Сухорляві ветерани розсідаються на лавках неподалік набережної, попереду парад Чорноморського флоту. Школярі ходять парком, шукаючи поглядом стареньких бабусь та дідусів, щоби піднести їм квіти. Когось після грандіозного видовища чекає велика п’янка.

Retired military men sit along the benches not far from the waterfront, directly in front of the parade of vessels of the Black Sea fleet. Schoolchildren walk through the park in search of elderly people they can give flowers to. And surely, there are some people who after such a grand spectacle can't wait to get drunk.
Next year's parade will unite two distinct events: the Great Victory and the "reunification" with Russia. Where the seventy-year-old myth of victory once breathed life into the history of Crimea, the same peninsula, annexed by its new Russian master, will now be made to serve its compatriots as a "Nostalgic Resort on a Budget."

Уже наступного року парад поєднуватиме відзначення двох подій: Велику Перемогу та «возз'єднання» з Росією. Сімдесятирічний міф вдихнув життя в історію Криму. Анексований півострів, за планами його нових російських власників, буде обслуговувати своїх співгромадян у сегменті «дешевого курорту ностальгічного типу».

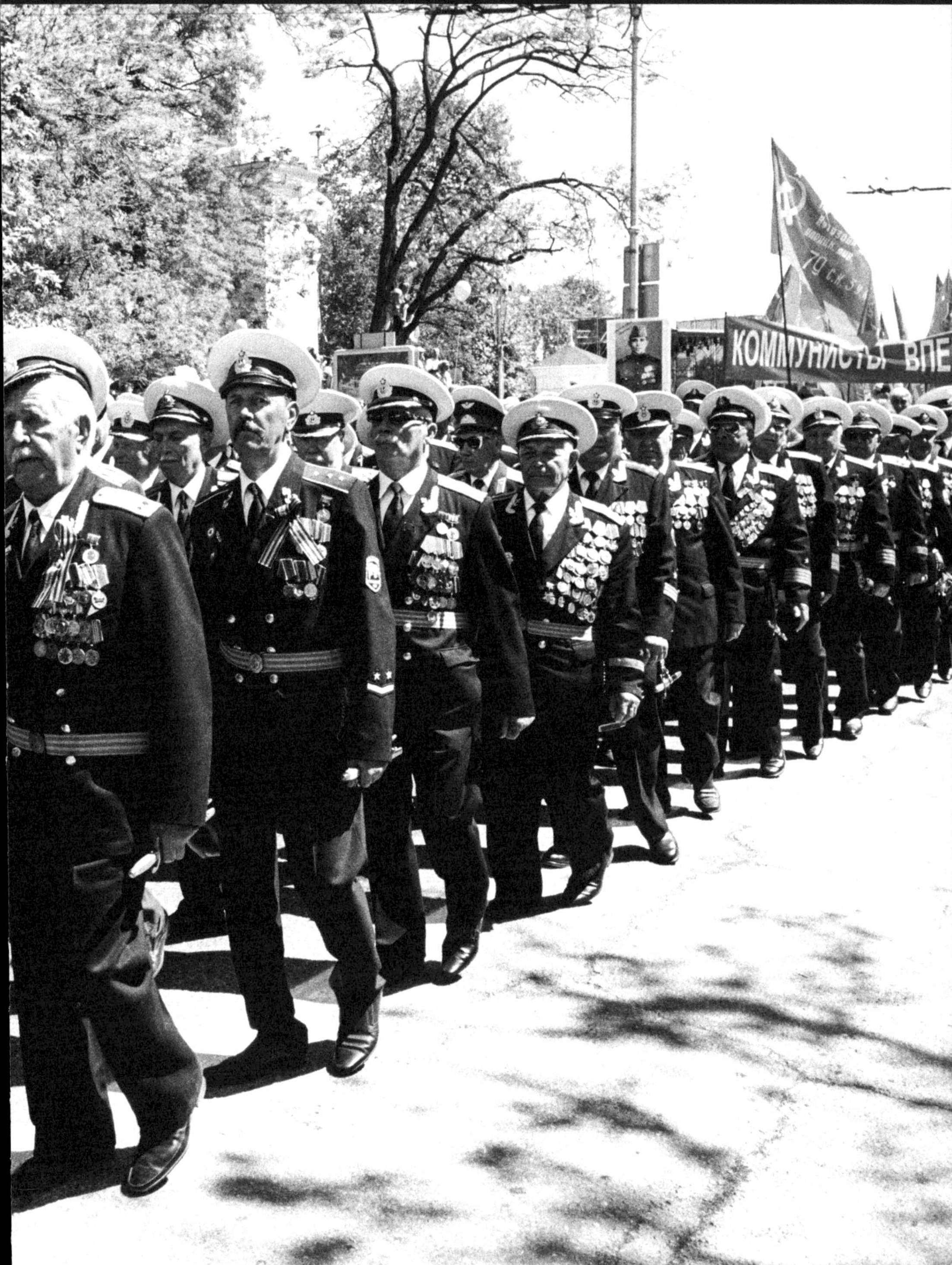
КОММУНИСТЫ ВПЕ

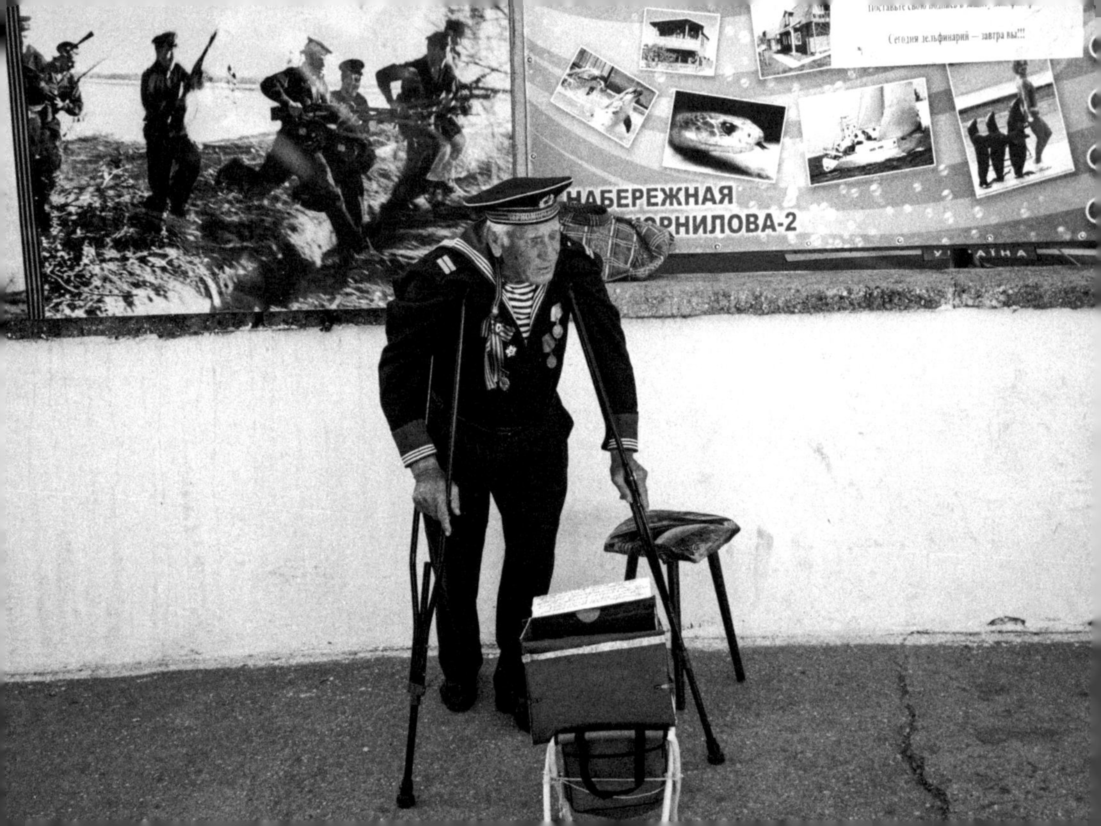
Сегодня дельфинарий — завтра вы!!!
НАБЕРЕЖНАЯ
ОРНИЛОВА-2

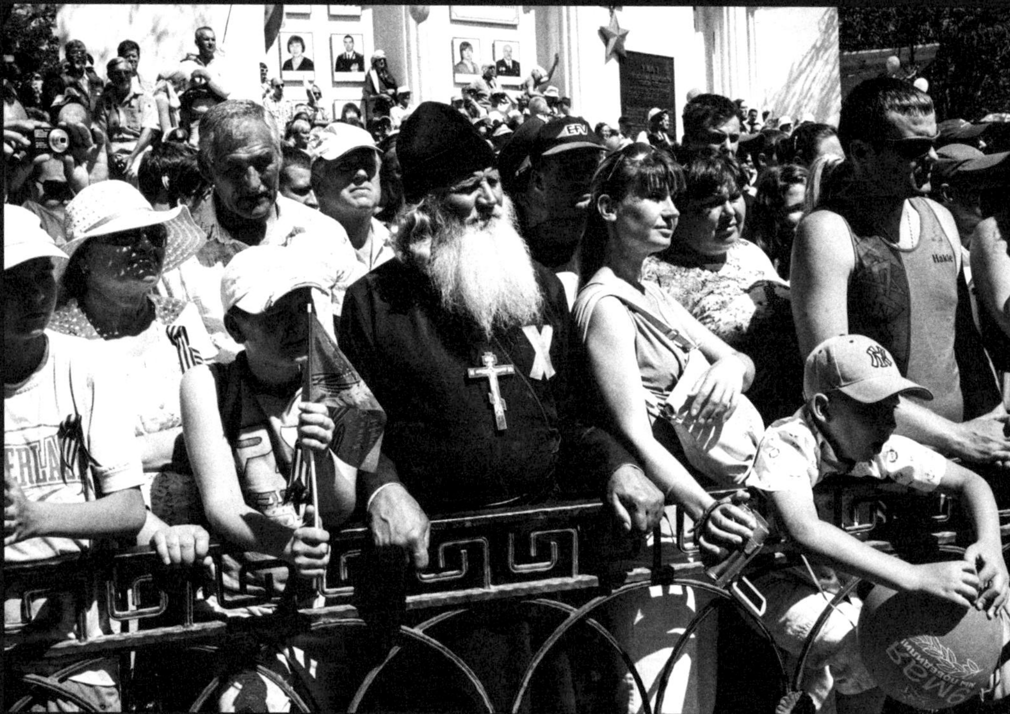

Севастополь
Sevastopol 2013

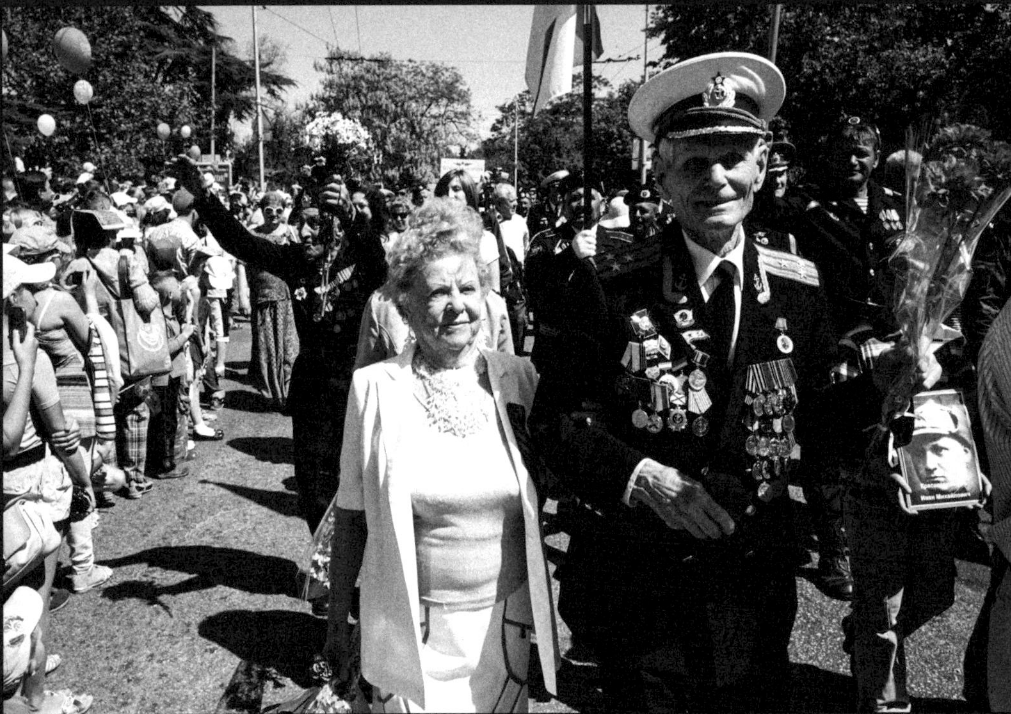

Севастополь
Sevastopol 2013

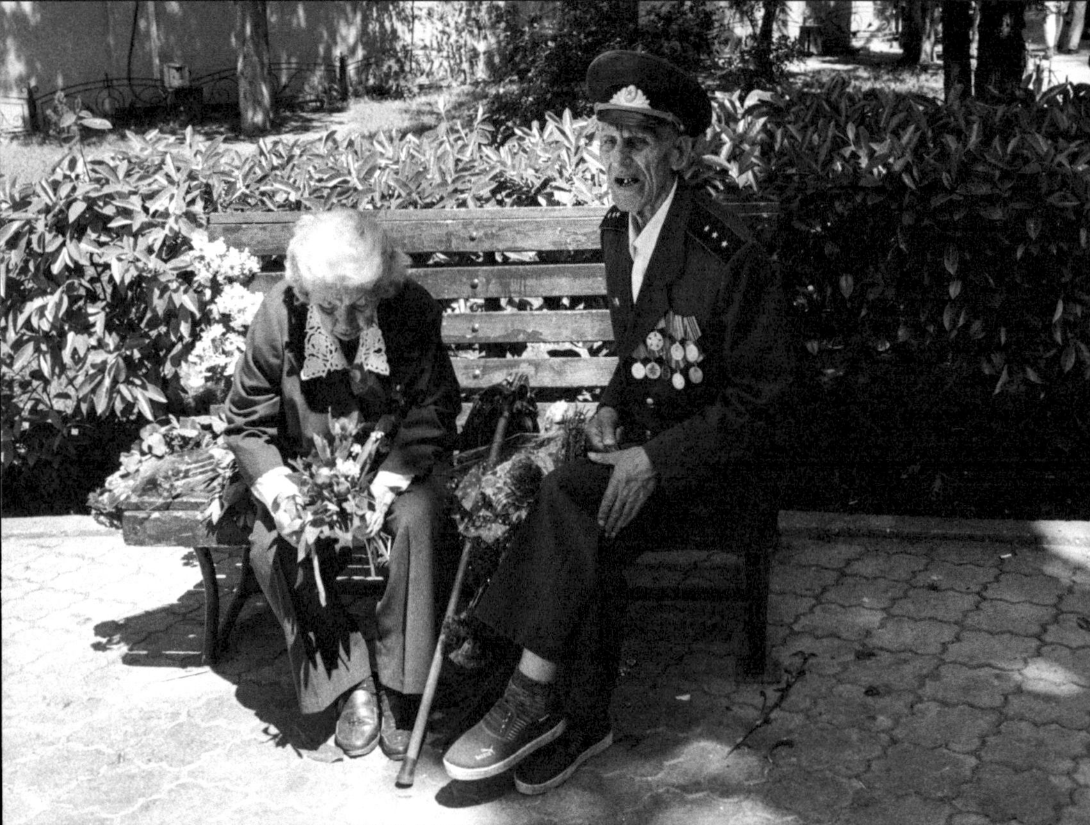

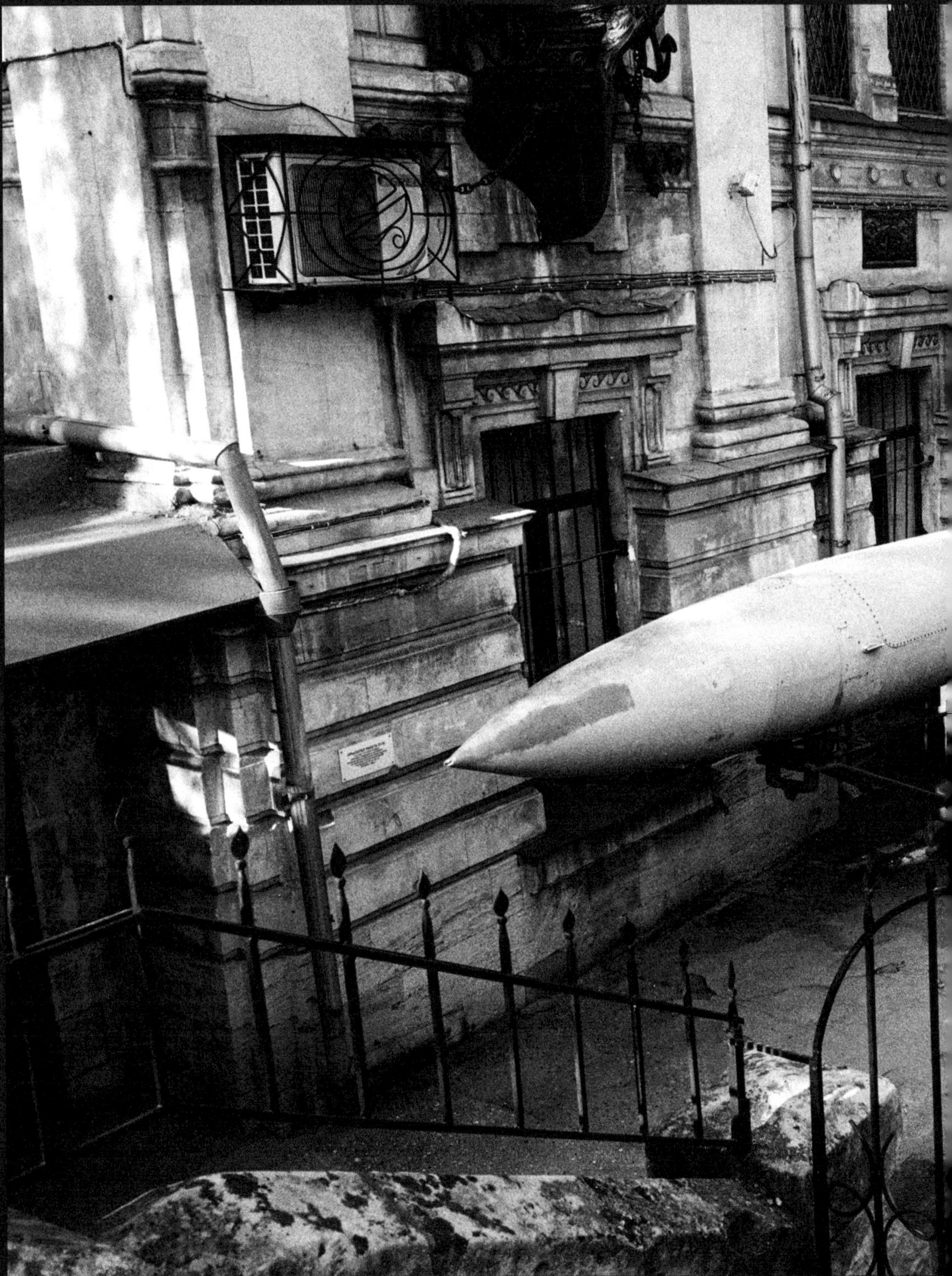

Севастополь
Sevastopol **2013**

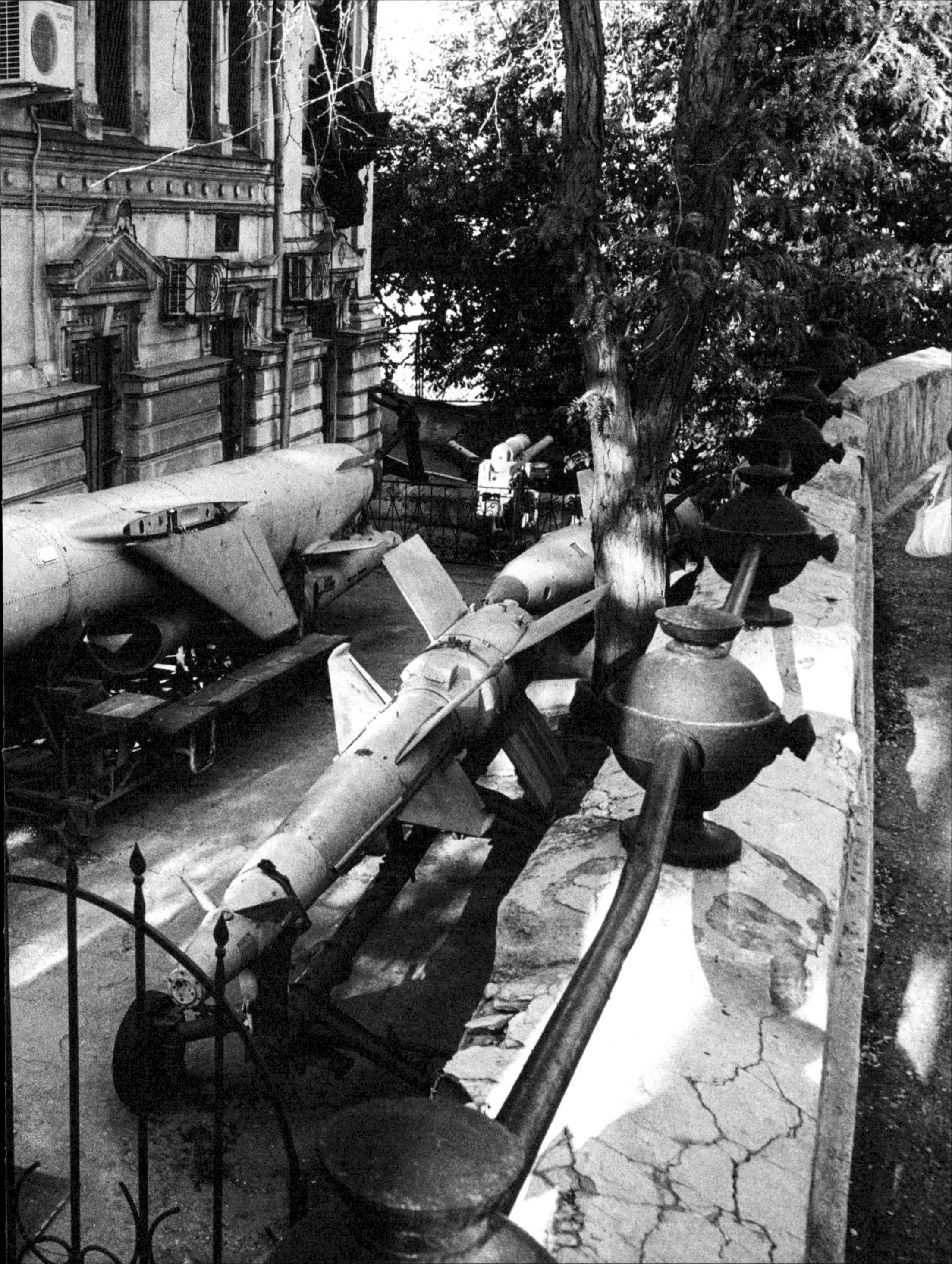

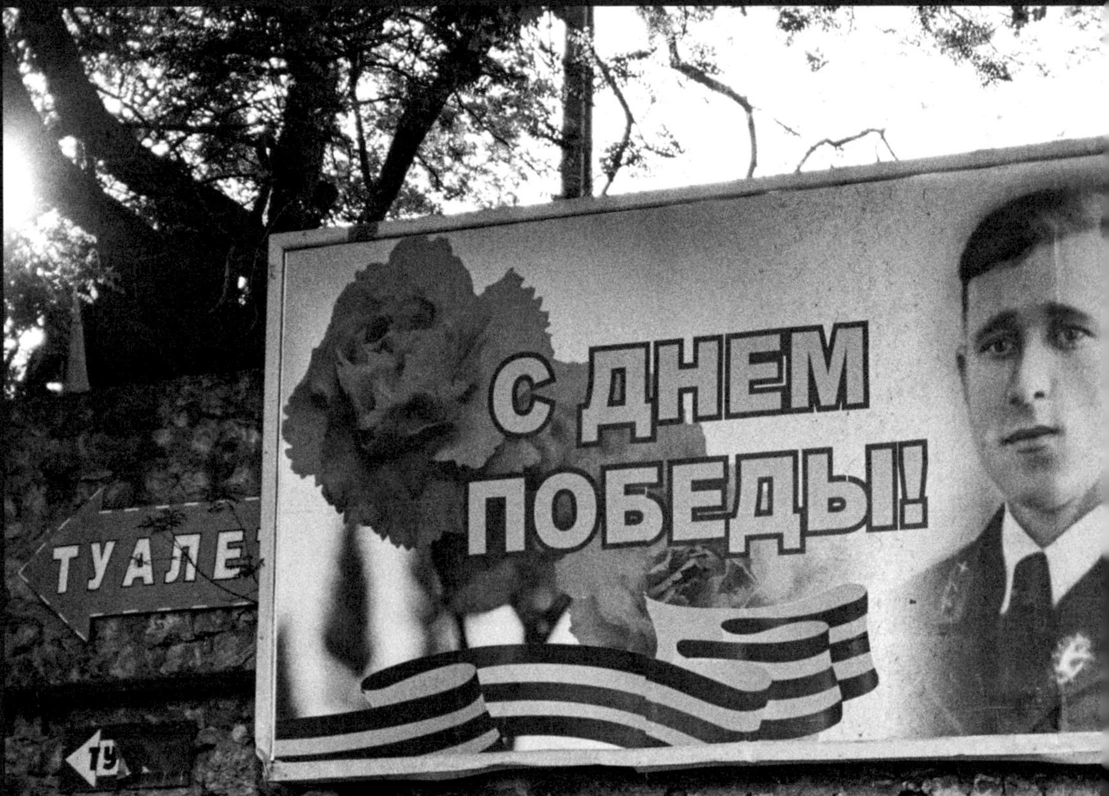

Севастополь
Sevastopol 2013

Scorching heat. It's almost as though the air itself were hunting after people who, like tiny ants, scurry about the city scampering from one shady corner to another. We stand in a shadow near one of the municipal hospital mortuaries. The doors are closed and there doesn't seem to be anyone around to ask about entering the building. Our wait is filled with mental sensations of chilled air and images of metal structures, containing ashen-grey bodies. What would they be like, that is, whoever that person might be who would admit us into the solitude of the dead? After several minutes had passed, a young guy approaches us. Strands of chestnut colored hair cling to the sweat lining the contours of his face. As he asks us what we want from him, his eyes nervously dart back and forth. From deep within his inquiring gaze his dilated pupils stare back at us with a kind of devilish emptiness. We explain that we would like to photograph a few of the bodies in the morgue.

The Morgue

Морг

Спека дзвенить. Вона наче полює на маленьких людей, які рухаються по місту стрибками від одного тінистого закутка до іншого. Ми стоїмо в затінку біля морга однієї з міських лікарень. Двері зачинено, й не відомо, до кого звертатися, щоб туди зайти. Чекання сповнюється уявними картинами про моторошний холод і металеві конструкції, які вміщують попелясто-сірі тіла. Ким буде той, хто відкриє нам вхід до самотності мертвецьких застінків? За кілька хвилин до нас виходить зовсім молодий чоловік, пасма його каштанового волосся приклеїлися до контурів спітнілого обличчя. Він спитав, чого нам треба, у допитливому погляді зяяла якась чортяча пустка, бо зіниці в нього були такі широкі, а самі очі нервово бігали. Ми пояснили, що хочемо сфотографувати тіла у морзі.
Для чого це нам? Інтуїтивно ми не сказали про книжку і на ходу вигадали історію про примхи дивакуватого німця зі старим аналоговим фотоапаратом на шиї, якого

What good could that possibly do for us? he asks. Intuitively, we avoid saying anything about the book. Instead, we randomly invent a story involving the odd whims of the eccentric German with an analog camera around his neck, something about wanting to capture images of the dead in Eastern Europe. The story turns out to be plausible enough to convince the young guy standing in front of us to consider whether or not to let us inside. It was becoming ever more obvious that he was under the influence of amphetamines and was "tripping," which made negotiating with him more difficult. Eventually, he agrees to let us in for just a minute—to take a quick survey shot, nothing more.
We enter the foyer, which isn't refrigerated. Perhaps this is where they leave the recently delivered bodies. There are discolored corpses of elderly people all around us wrapped in thick plaid blankets—the same I remember from my Soviet childhood. Their prickly touch accompanied me to kindergarten, summer camp, visits to the doctor, and

захоплюють образи східноєвропейських мерців. Історія видалася достатньо правдоподібною для того, щоб юнак почав роздумувати, чи пускати нас усередину. Було видно, що він перебував під дією амфетамінів і був «на стрьомі», що ускладнювало наші перемовини. Та зрештою він здався і дав нам одну хвилину на зйомку.
Ми увійшли в передпокій, холодно не було – тут, мабуть, лишають щойно доставлені тіла. Жовті тіла літніх людей загорнуто в картаті тонкі ковдри, які я знаю ще з радянського дитинства. Їхній колючий дотик супроводив мене у дитячому садку, літньому таборі, в лікарні, у вагоні поїзда. Такі собі публічні ковдри, знаки державної турботи, вони проводжають в останню путь тих старих, яких немає кому забрати або чиї близькі ще не встигли потурбуватися про тіло померлого. Запах. Намагаєшся про нього не думати, чи з поваги до покійників, чи щоб якнайдовше не дивитися смерті в лице. Дещо розплавлений спекою хлопчина усе позирає, чи

overnight train trips. Something like public blankets, they have become icons of state care. Here they are, ending off on their final journey, those elderly who have no one left who can come and collect them. The smell. You try not to think about it out of respect for the dead, or simply to avoid having to stare death straight in the face. Melting with sweat, our nervous guide keeps looking all around to check whether anyone is coming, rushing us onward with each passing second. In order to distract both of us, I ask him about his job. It turns out that he works here under his father, a pathologist employed by the city, though he himself is a lawyer by trade and ended up here after he couldn't find a job in his field. For us, it's already time to move on from here.

Yet instead of ushering us out of this place the nervous fellow opens another door. Suddenly, the gaping jaws of the *real* morgue stand before us. Bodies are strewn about all surfaces: on the floor, stretchers, shelves and tables. The whole scene appears as if a deranged butcher

ніхто не йде, і щосекунди нас підганяє. Щоб відволікти його і себе, я розпитую його про цю роботу. Виявляється, він підпрацьовує тут у свого батька, місцевого патолого-гоанатома, а сам він юрист, не знайшов роботу за фахом і опинився тут. Утім, затримуватися не збирається, та й нам уже треба виходити звідси.

Але замість вивести нас, тривожний юнак відчиняє нам інші двері, і перед нами розтуляється паща *справжнього* морга. Тіла розкидано по всіх поверхнях, на підлозі, на ношах, полицях і столах, наче в цій кімнаті орудує убивця-м'ясник, що скидає свої жертви докупи і потім обирає собі когось для препарування. А запах — він розриває всі зв'язки з реальністю та мисленням. У цьому приміщенні немає і не може бути ні пам'яті, ні любові, ні скорботи. Тут пульсує нестерпність. І вона породжена не смертю, а умовами існування, ненавистю до людського, з якою ми стикаємося ще за життя. У цьому морзі не віднайти слідів минулого померлих, тут зневажено все, що передувало прибуттю сюди. І саме

has been operating in this room, having thrown all of his serial victims together in one place before designating a few at random to dissect. And the stench severs all ties with sense or reality. There is no memory, no love, no sorrow in this room, and there never will be. There is only the pulse of impossibility here, amplified not by death, but by the wretched conditions of our existence—a general loathing toward humanity with which we are faced throughout life. Inside this morgue there is not a single trace of the past lives of the dead, everything preceding their arrival is banished from here. Through this perspective of death one can clearly see the scale and severity of the social stigma, the indifference that a person may be subjected to within the society of the living.
We leave not saying a word.

з некроперспективи відкривається масштаб і гострота соціального упослідження, якого можуть зазнавати люди у суспільстві живих.
Ми виходимо звідти мовчки.

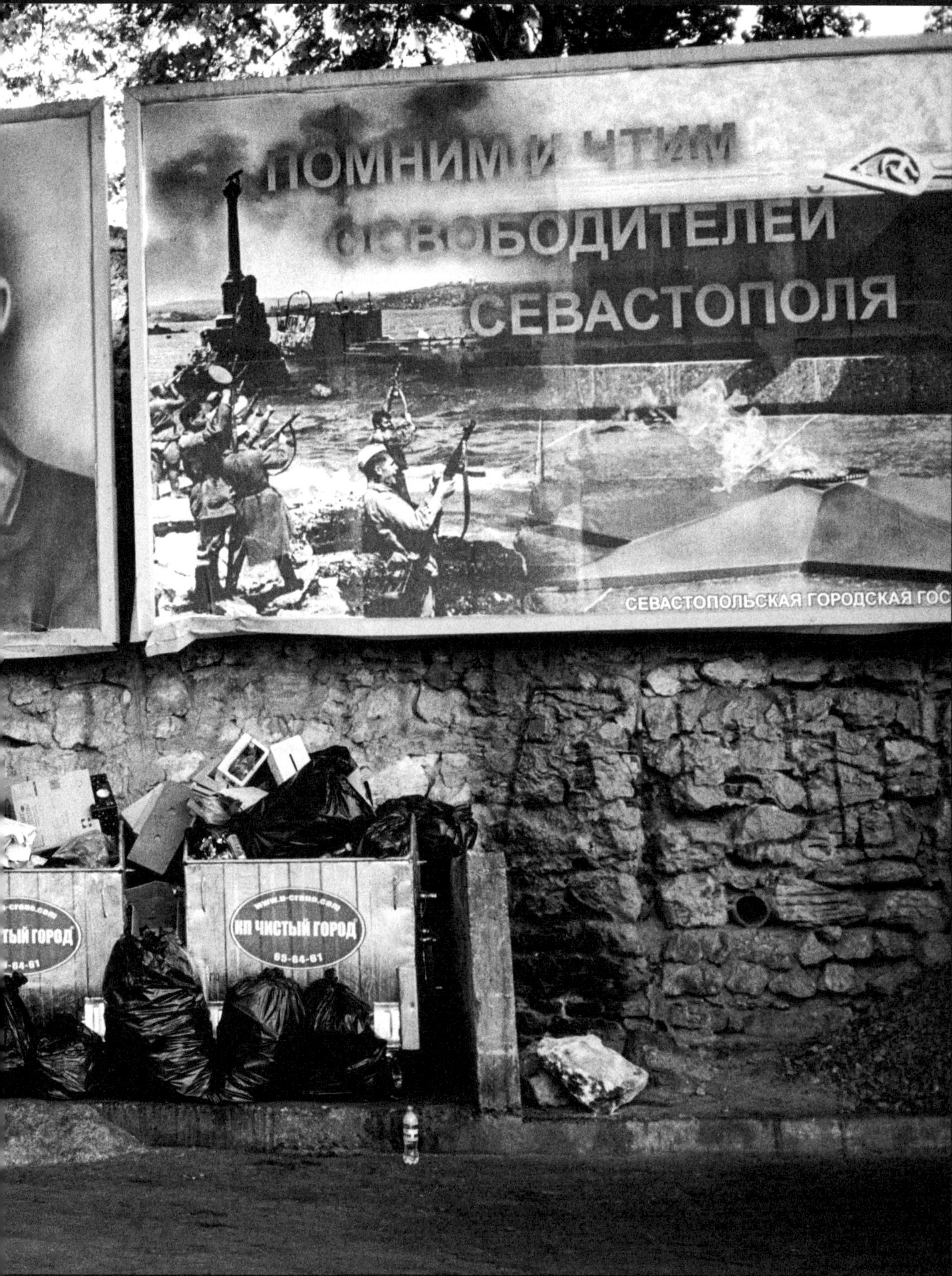
ПОМНИМ И ЧТИМ
ОСВОБОДИТЕЛЕЙ
СЕВАСТОПОЛЯ
СЕВАСТОПОЛЬСКАЯ ГОРОДСКАЯ ГОС
КП ЧИСТЫЙ ГОРОД
65-64-61

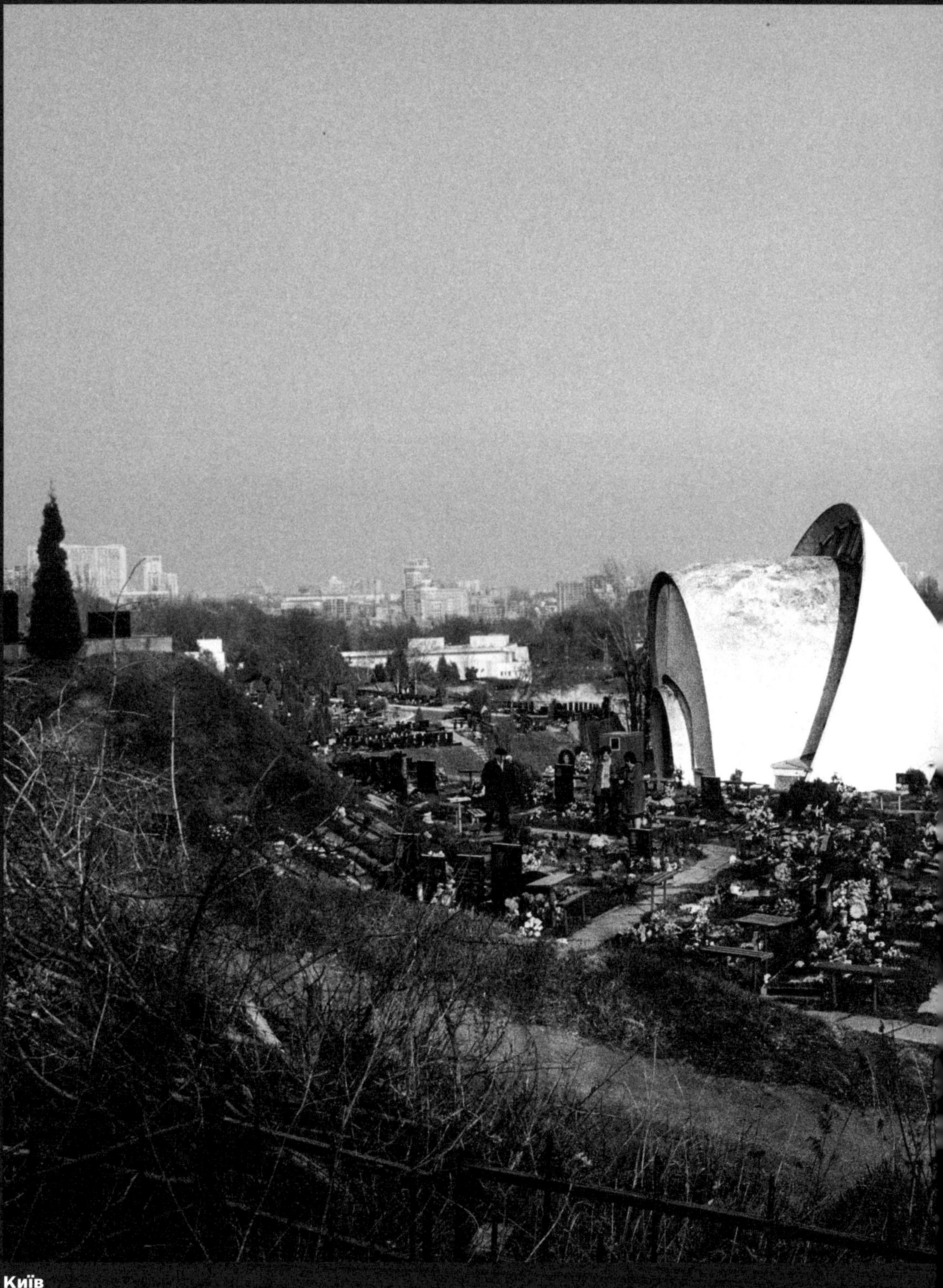

Київ
Kyiv 2014

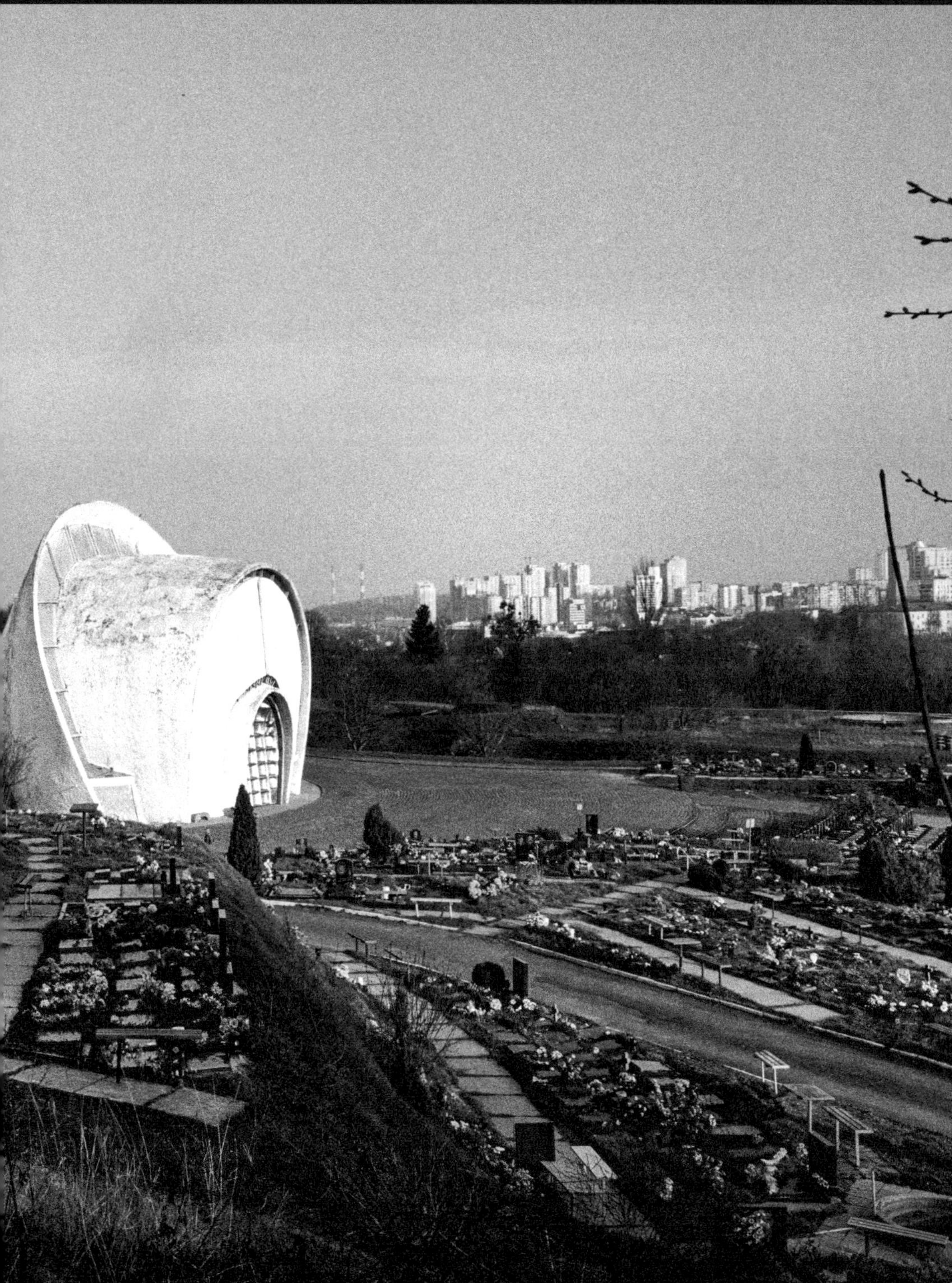

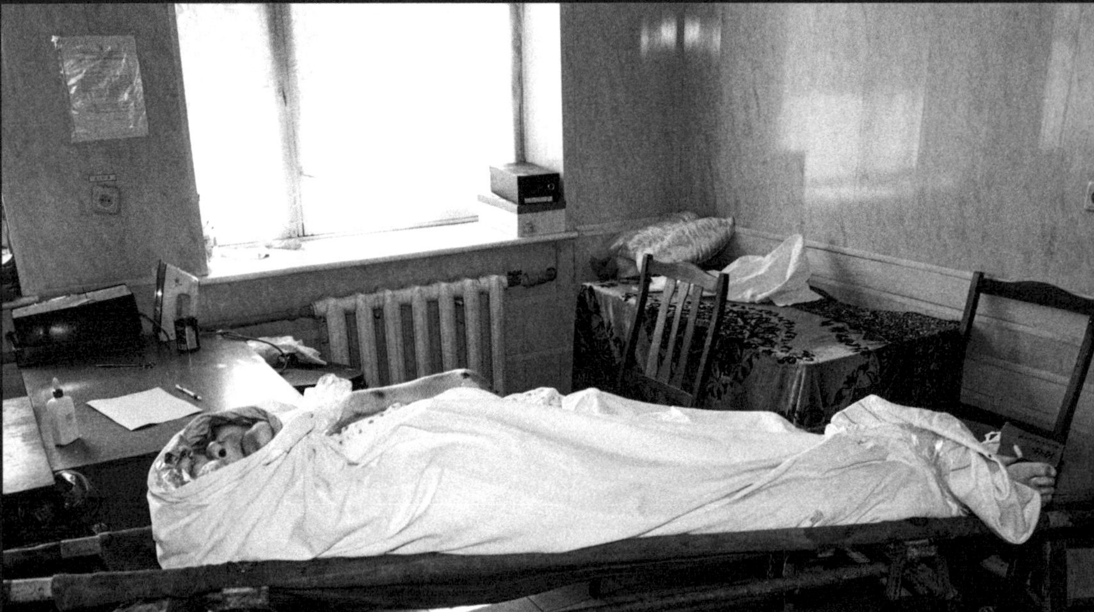

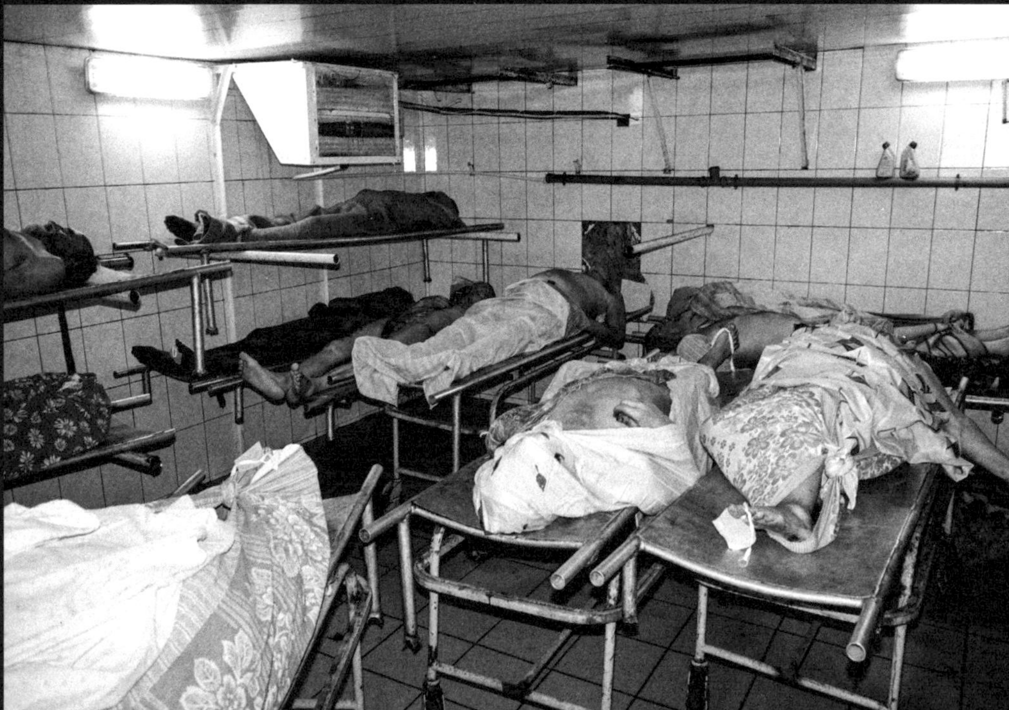

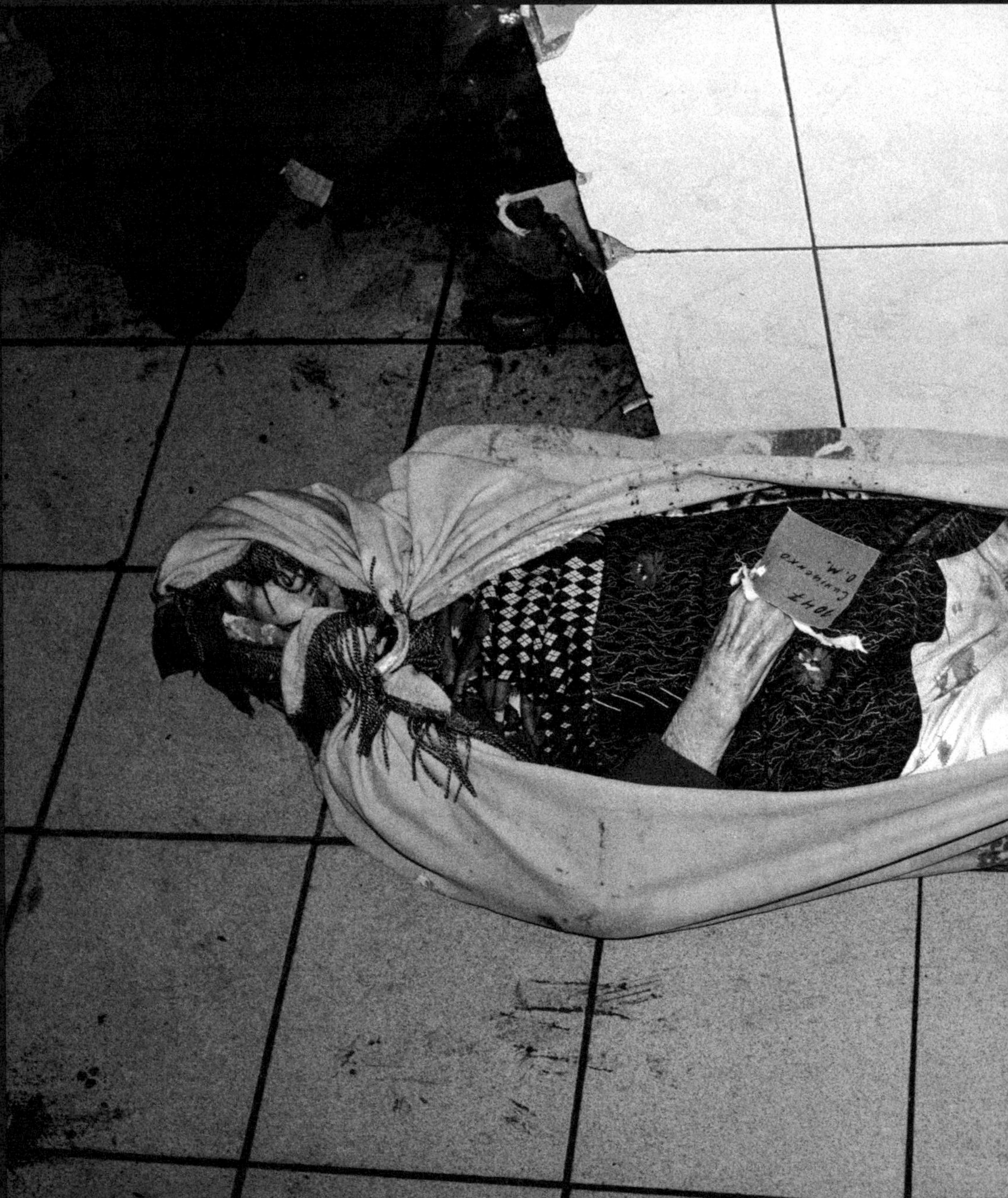

Полтава
Poltava 2013

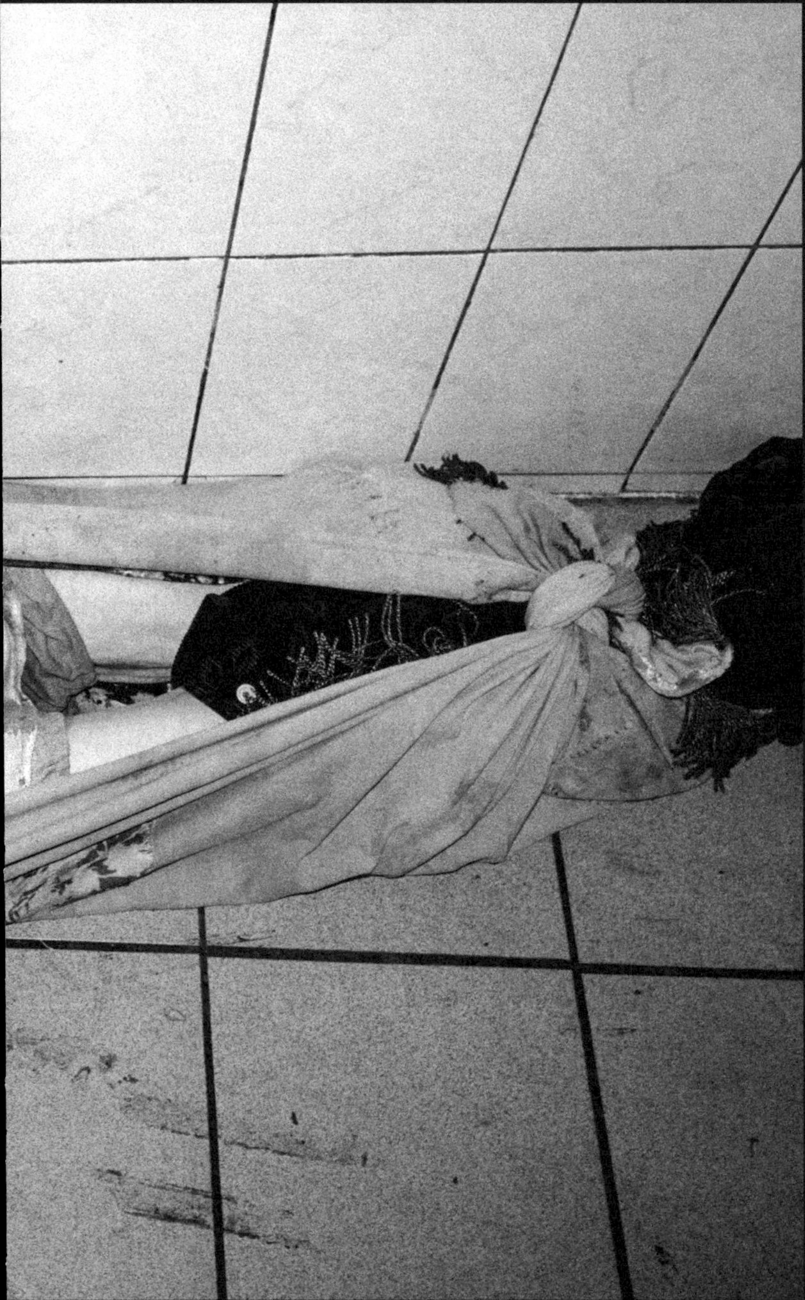

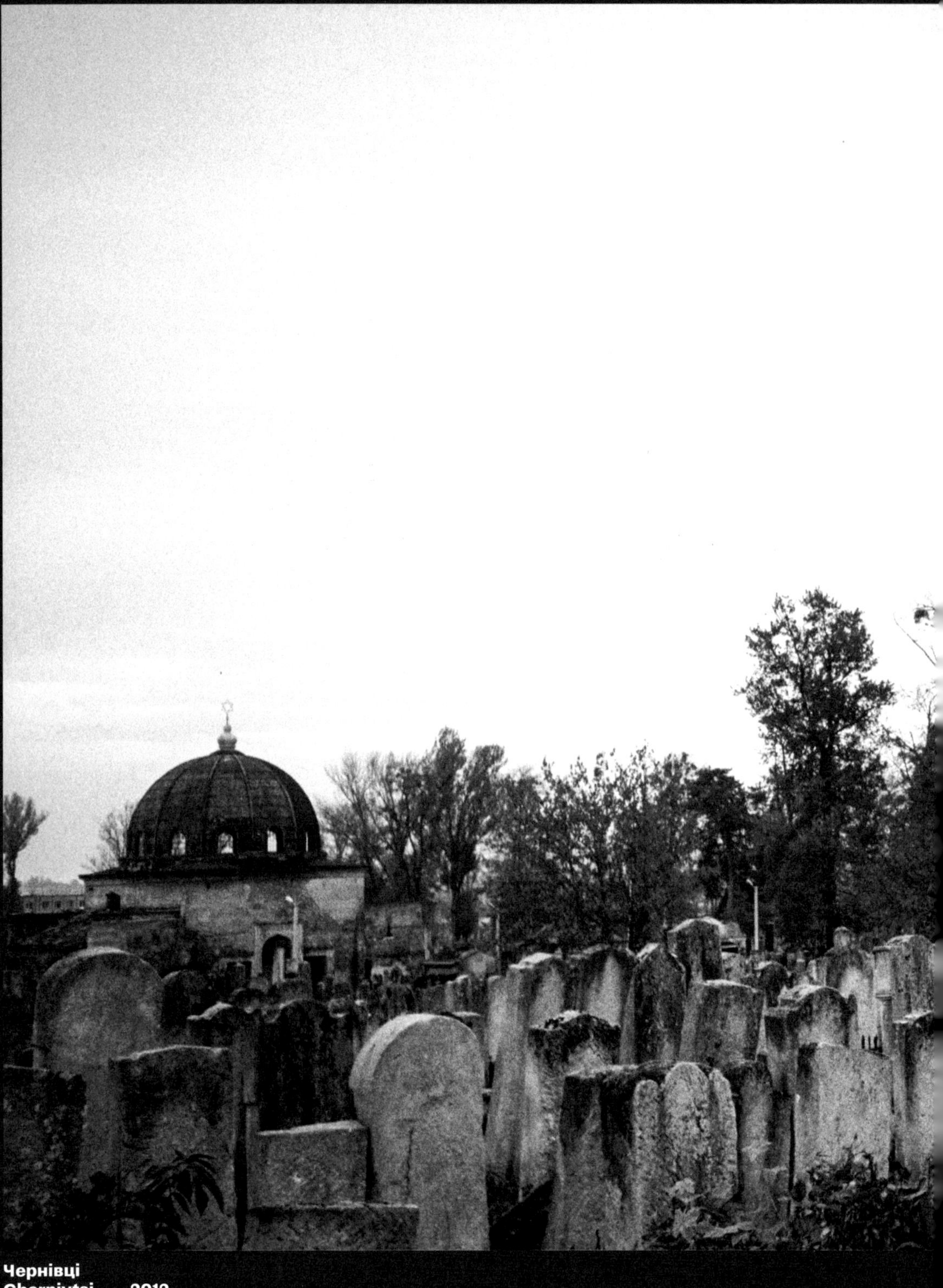

Чернівці
Chernivtsi **2012**

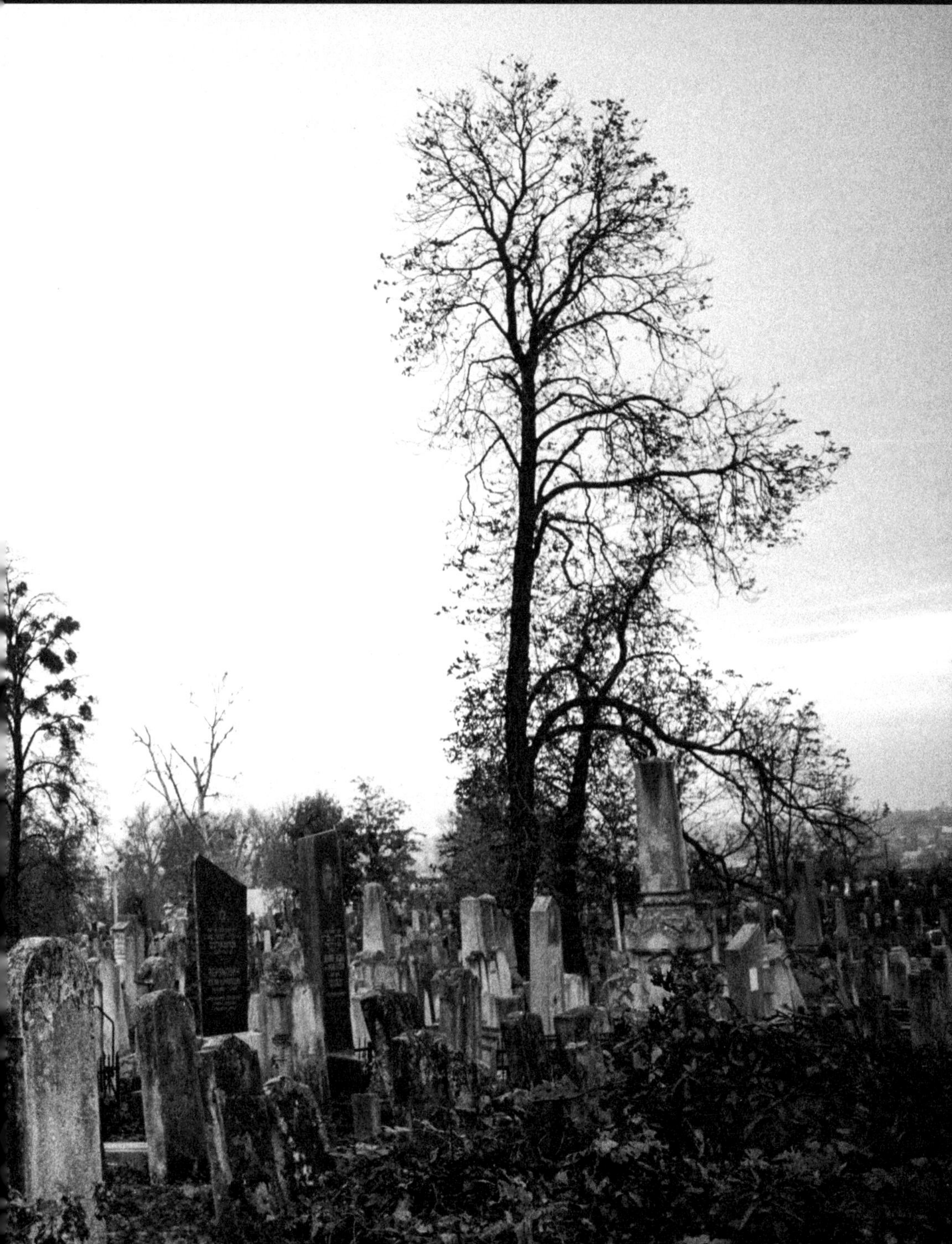

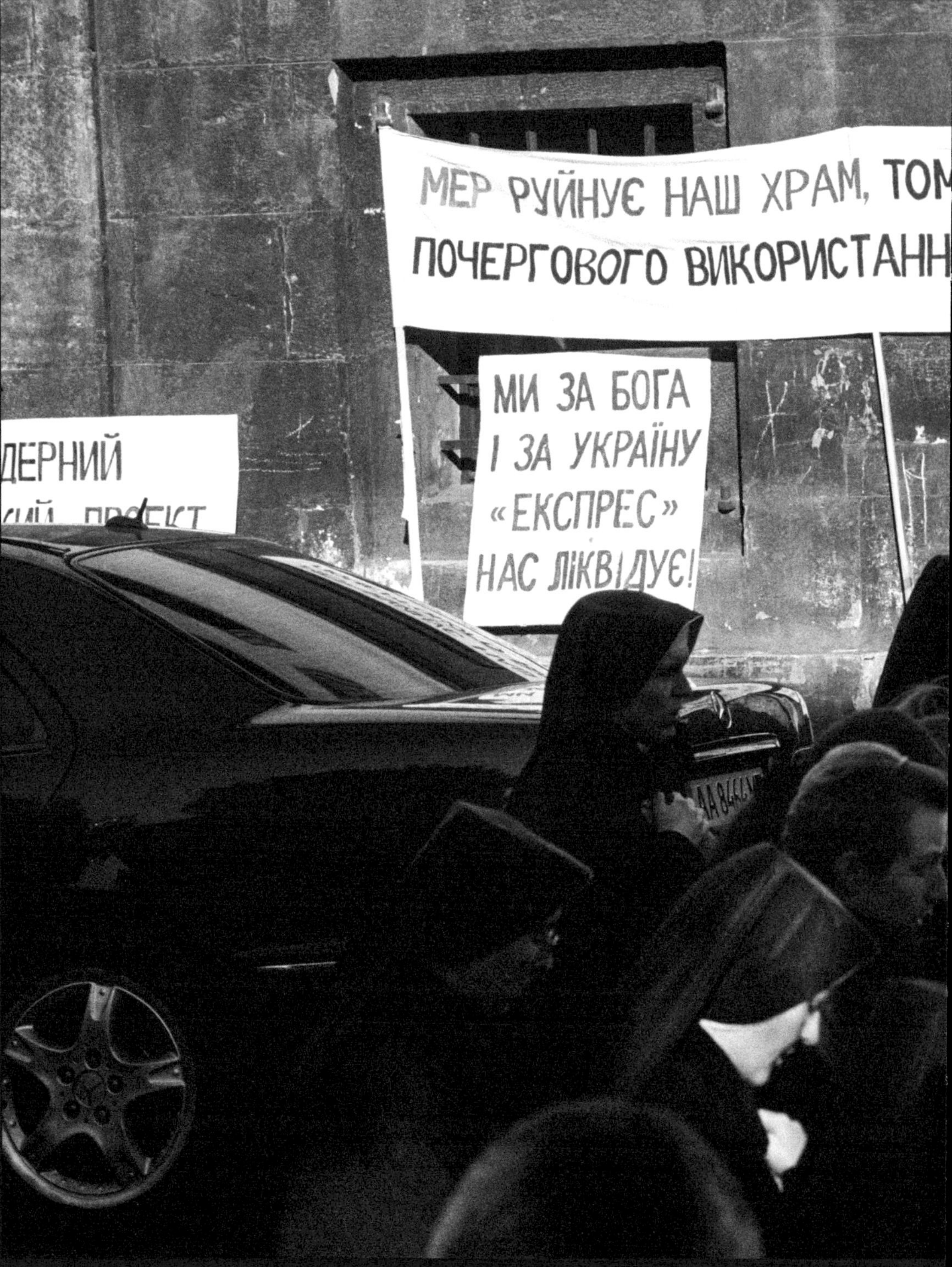

Львів
Lviv **2012**

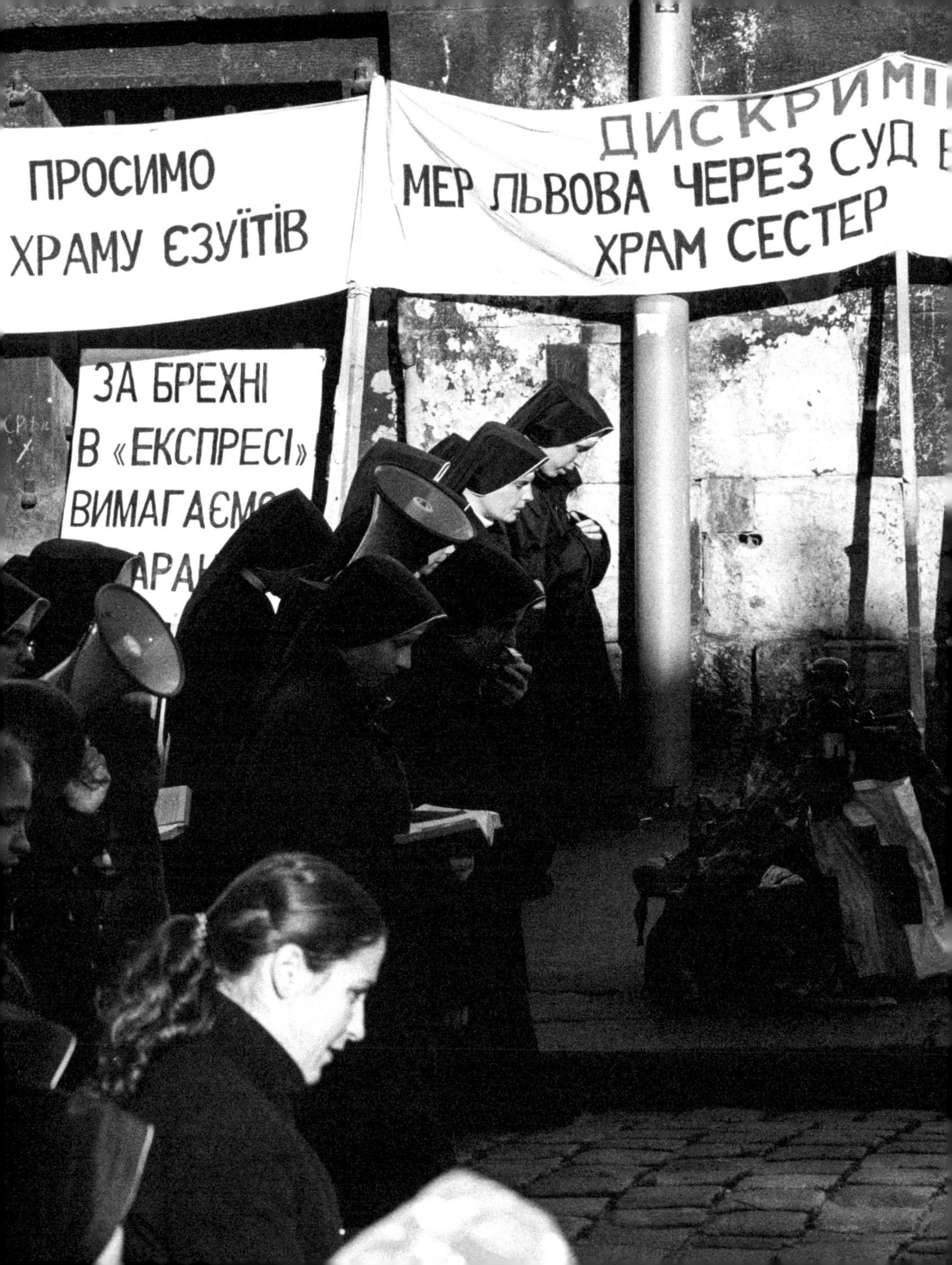
ПРОСИМО
ХРАМУ ЄЗУЇТІВ
МЕР ЛЬВОВА ЧЕРЕЗ СУД
ХРАМ СЕСТЕР
ЗА БРЕХНІ
В «ЕКСПРЕСІ»

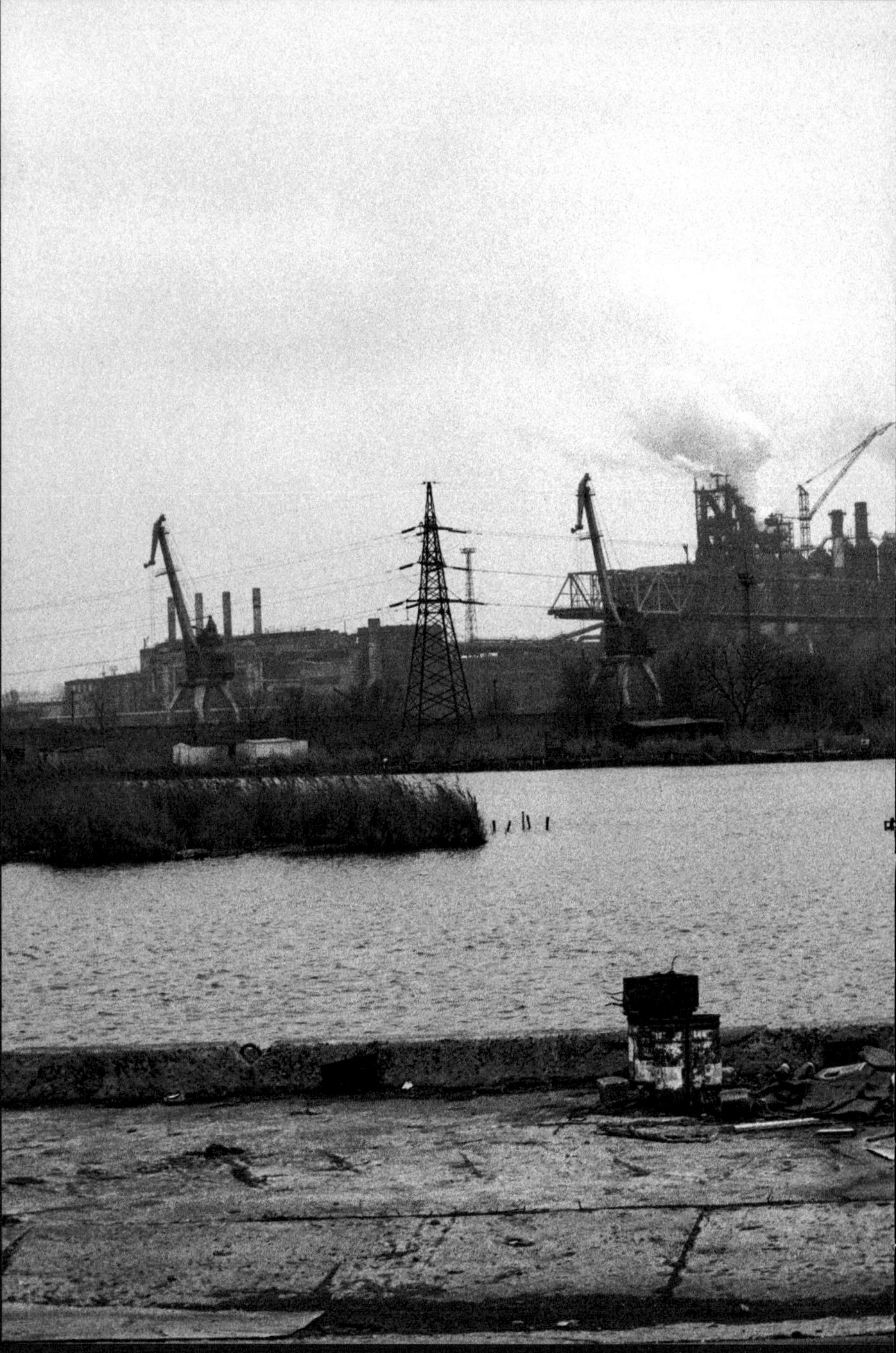

Одеса
Odessa 2013

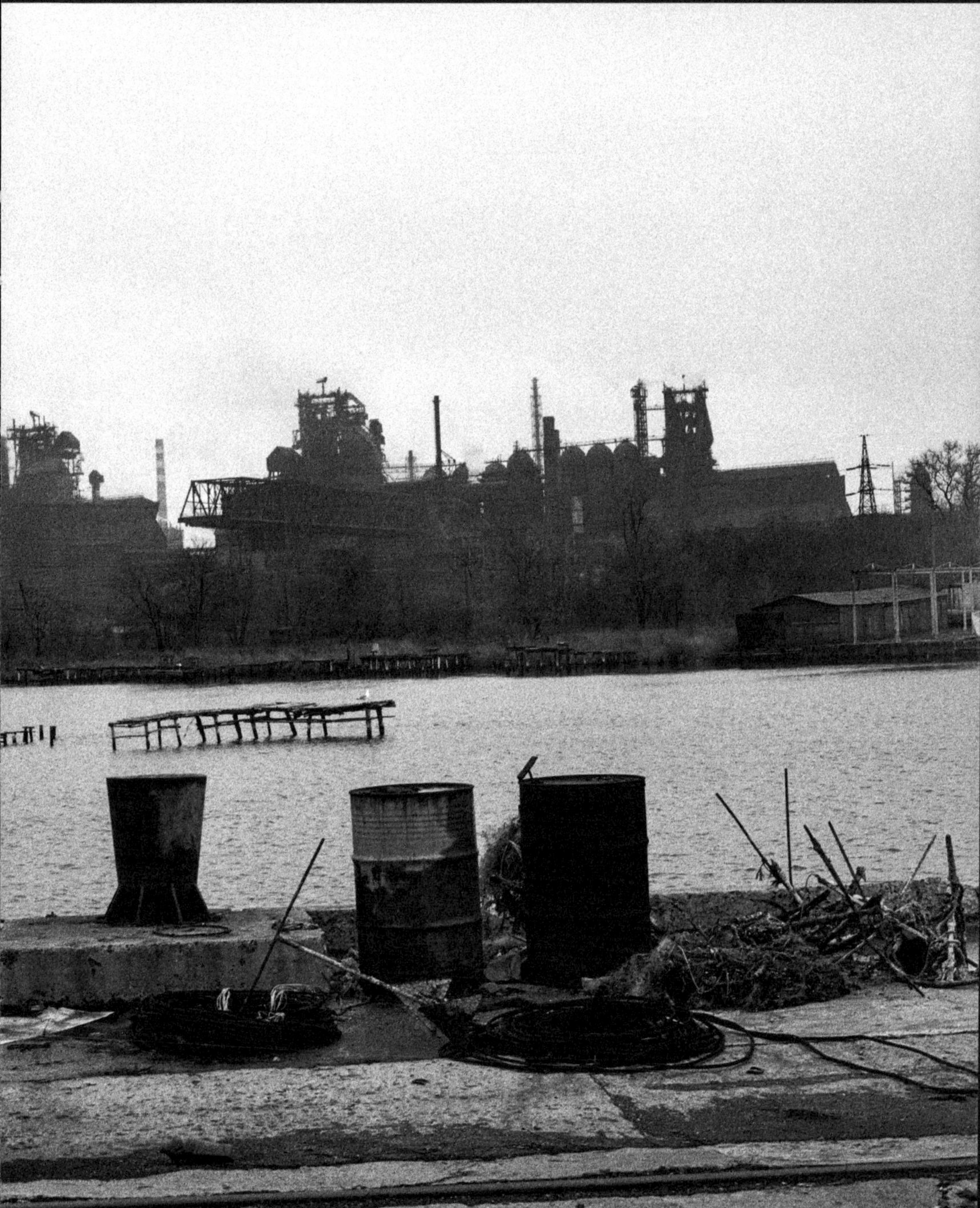

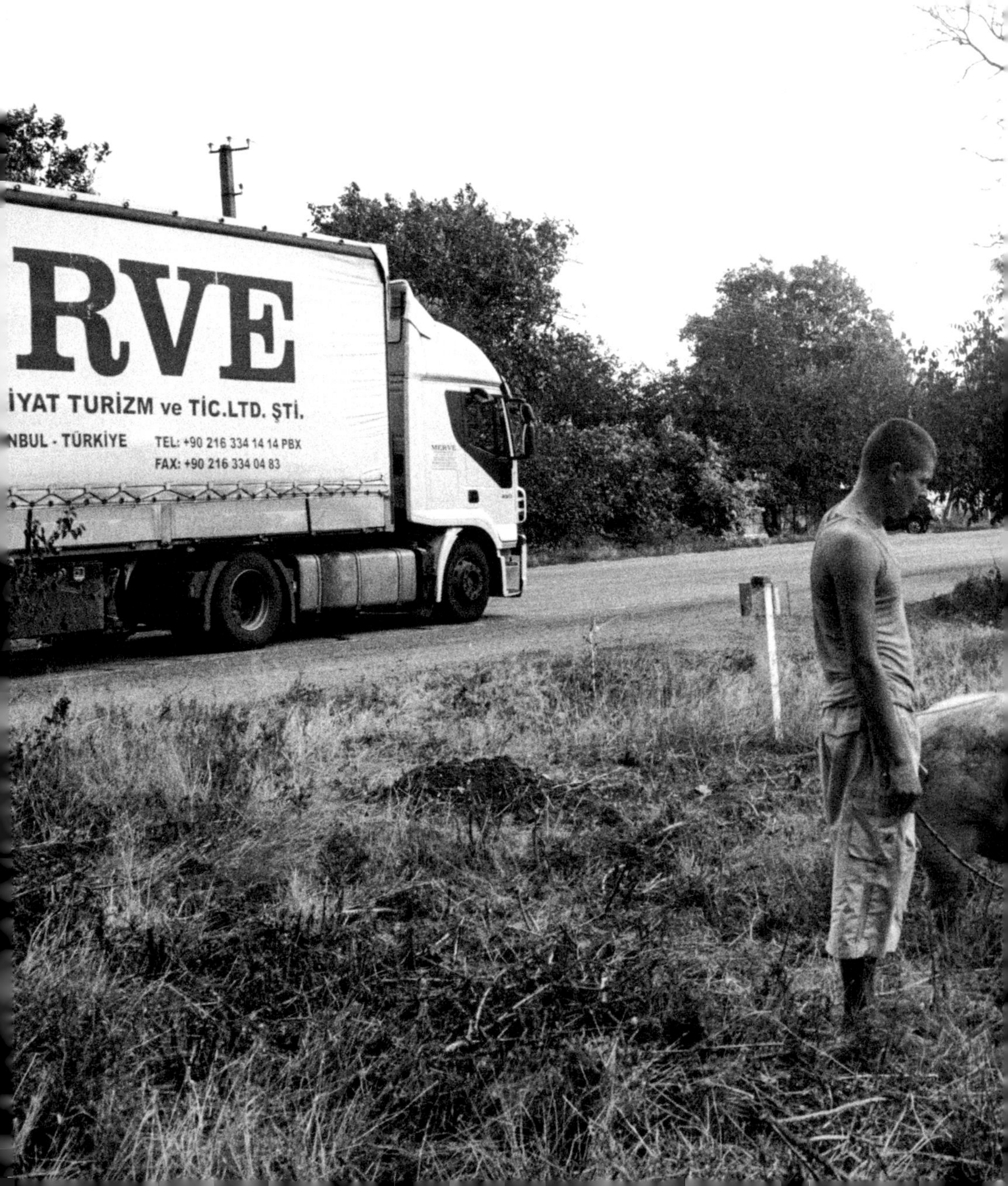
RVE
İYAT TURİZM ve TİC.LTD. ŞTİ.
NBUL - TÜRKİYE
TEL: +90 216 334 14 14 PBX
FAX: +90 216 334 04 83

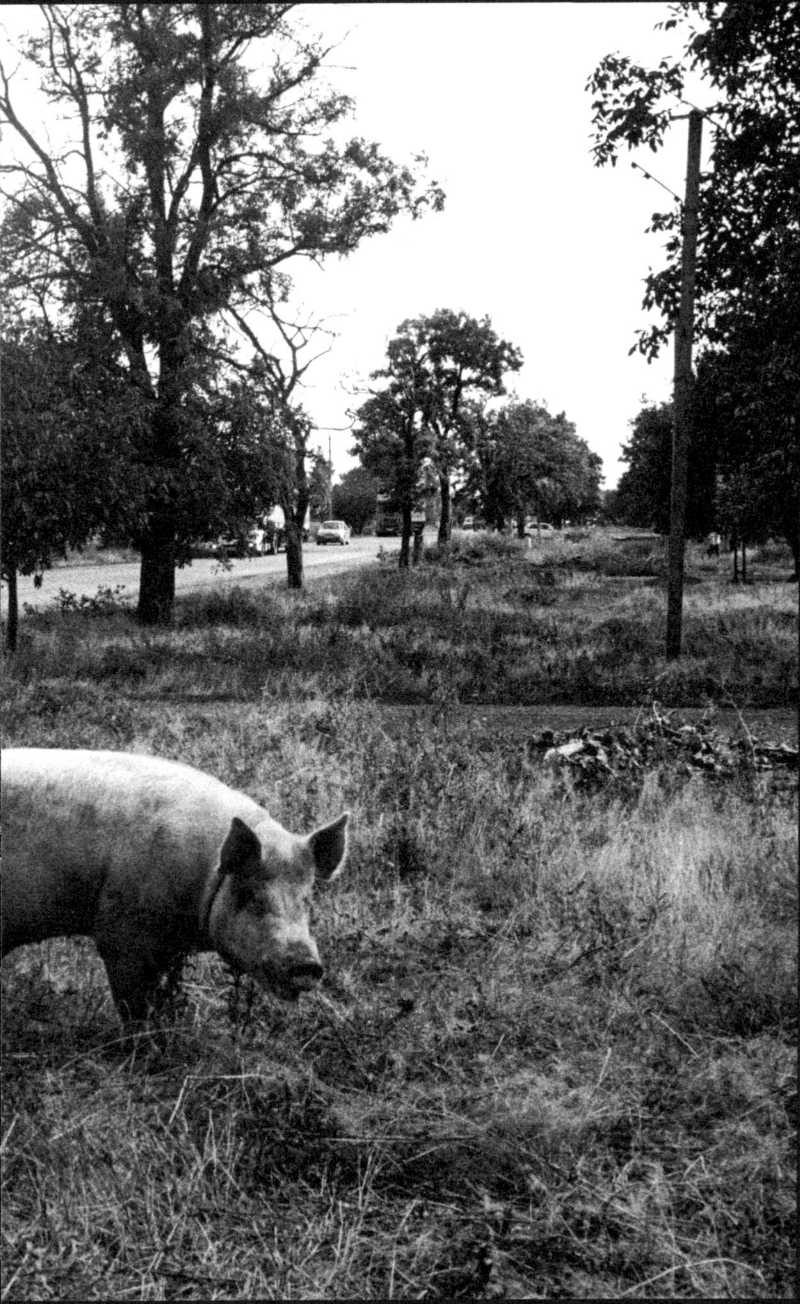

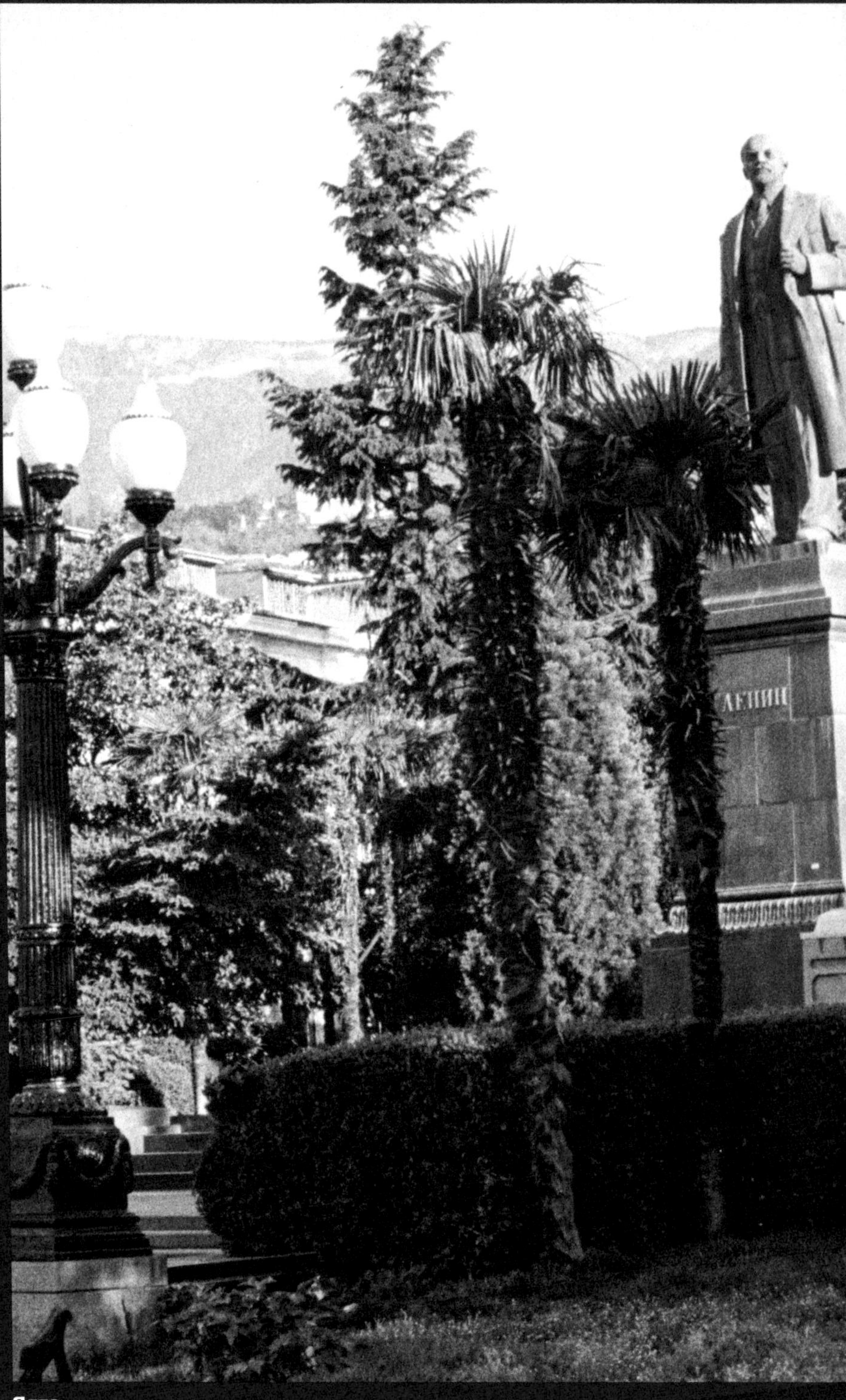

Ялта
Yalta 2013

So it turns out that the place called Simferopol Zoo is actually a tiny fenced in area in the middle of a park in the center of the city. It's an unbelievably small space where all of the animals, including the more sizable ones, are forced to live inside not more than a single square meter. Within this anti-ark, not only the size of the cages affects the animals; no less horrible are the conditions of their existence: their hunger and neglect. Nonetheless, on this summer day at noon parents and their children flock here in droves, crowding the square called "Zoo Park" in disproportionate numbers.

Exhausted by the ninety-degree heat and the stench, the monkeys press in against each other in a concrete enclosure through which delighted children feed them crackers. Beaks and paws outstretch between the fences everywhere: it appears as though the earth underfoot has been burned here, all of the grass pinched away. I tear off several weeds and offer them to a shaggy beige ostrich—

The Bear

Ведмідь

Те місце, що зветься Сімферопольським зоопарком, виявляється невеликою огородженою територією посеред центрального міського парку. Неймовірно маленький простір, де кожній, навіть чималій тварині для життя відводиться не більше одного квадратного метра. У цьому анти-ковчезі вражає не лише площа, але й не менш жахливі умови існування, голод і занехаяність звірів. Водночас у літній обідній час тут снують непропорційні до площі «зоопарку» натовпи батьків із дітьми.

Змучені тридцятиградусною спекою й смородом мавпи туляться одна до одної в бетонному вольєрі, а замилувані діти підгодовують їх печивом. Земля під ногами тут наче випалена, скрізь, куди з-за паркану дістають дзьоби чи лапи, трава давно вищипана. Я зриваю кілька бур'янів і простягаю їх задрипаному білястому страусу—він так рвучко й жорстко хапає їх, що в мене на пальцях виступає кров. Зелені стеблини вмить зникають у його

he seizes them so fast and so violently that my fingers bleed. The green stems disappear just as suddenly into his beak whittled from wood. He slowly turns away from me and retreats, deep into his tiny shed.
I want to escape from this circus of horrors. No, I want everyone here to overcome this absurdity by releasing these unfortunate creatures to freedom. I want all of the animals in this park to burst into rebellion. I hesitate to say anything out loud. In silent contemplation, I watch as a grand-father and his grandson toss a bit of grain from a small pouch that they had brought with them toward a pair of ostriches —the same black and white rags that I had just passed— who then quickly run up to the fence as soon as they notice an outstretched hand. Only through donations like these from concerned passersby, it seems, do these animals survive here.
Out of a certain sense of hopelessness and bewilderment I begin to walk around in a circle, gaping at the mute inha-bitants stuck in their wretched cages and cement cells.

дерев'янистому дзьобі, брудна й дещо обскубана шия розвертає голову від мене. Втративши інтерес, страус іде углиб свого сарайчика.
Із цього цирку жахів хочеться втекти, ні, насправді хо-четься все тут розтрощити і випустити нещасних істот на свободу, в парку має вибухнути повстання звірів.
Я не наважуюся нічого сказати вголос, втішаюся, спо-стерігаючи, як дідусь з онуком прийшли з мішечком зерна і насипають його парочці страусів,—чорному та білому обірванцям, повз яких щойно проходила я, і які одразу ж приплenталися до огорожі, щойно помі-тили простягнуту руку-годівницю. Лише за рахунок таких небайдужих тварини, видно, тут і виживають.
Від якоїсь безнадії та розгубленості я починаю ходити по колу та позирати на всіх німотних жителів кліток і бетонних вольєрів. Аж раптом бачу великого ведмедя, який став упритул до ґрат і з неймовірною інтенсив-ністю мастурбує. Він стоїть на двох лапах, опустивши голову, і рухає передньою лапою так швидко, немов

Suddenly I stop. Straight ahead of me I see a large bear pressing against the bars inside his cage. With unbelievable intensity he starts to masturbate. He stands up on two legs, lowering his head, and begins moving his front paw so quickly sparks might go flying. He continues his act for about twenty seconds. Afterward, the bear just as abruptly begins thrashing back and forth in his tight chamber until his body, without having time to turn around, slams against the bare grey walls of the enclosure. In this pitifully cramped area the animal accelerates his pace harder and harder until, in desperation, he spirals out of control. His outburst does not express panic, but rage. Because one kind of pain is to go hungry, but when the powerful among beasts oppress others by confining them to dungeons, that is another kind of pain. The bear has not fully acquiesced into submission and will not give up the desire to escape. The nakedness of these animals is intensified by the bear's masturbation. Demonstrating his potency, the bear asserts his will to act. He cannot break the iron bars

ось-ось розсипле навколо іскри. Його акт триває близько двадцяти секунд, після чого він так само різко починає метатися туди-сюди по своїй тісній камері. Тіло ведмедя, не встигаючи розвернутися, натикається на голі сірі стіни вольєра. На нікчемно малій території звір усе дужче пришвидшується і не може спинити свого відчайдушного кружляння. Його нестримність не виказує паніку — в ній промовляє лють. Бо один біль — недоїдати, а зовсім інший — коли могутнього звіра гноблять у тісних застінках. Він не погоджується на упокорення і не відмовляється від прагнення вирватися звідси. Притаманну тваринам відкриту оголеність ведмідь посилює своїм актом мастурбації. Демонструючи свою потенцію, він заявляє про власне прагнення діяти. Йому не зламати й не розігнути залізні ґрати, але він бажає вирватися з них. У його дії концентрується такий електричний відчай, що мимоволі він стає проявом гідності. Здавалося б, є в такій картині щось жалюгідне й принизливе, але це омана — приниження панує довкола, але

that close him in, though everything he does within them conveys that he wants to escape. Within the bear's great effort there is concentrated such an electric despair that he unwittingly expresses nothing else but dignity.
It would seem that something akin to misery or humiliation defines this picture, but this is a misconception. Abjection surrounds the frame, but not the bear's cage. The true misery of this hovel called "Zoo Park" comes from the numbness of its visitors, with those who pretend as though everything around them is okay, failing to acknowledge who the real beasts are here. The entire park, every tree, every tiny leaf, is poisoned with resentment and loathing towards the humans, who cowardly lower their eyes, walk away, or sneer in jest at the pornographic solo sketch of the hermit bear cast in the lead role. Deprived of those needs which the oppressed often have to go without—food and sex—the bear's gesture manifested not his own carnal hunger, but a desire of a wholly different nature: to overcome, at any price, his own captivity.

не у ведмежій клітці. Жалюгідна ця шкуродерня під назвою «зоопарк», убогі відвідувачі, які вдають, немов навколо все гаразд, і не замислюються про те, хто тут насправді звір. Весь цей парк, кожне деревце, кожен листочок отруєні надстражданням і ненавистю до людей, що боягузливо опускають очі, виходячи звідси, чи веселяться, споглядаючи порнографічний етюд із ведмедем-самітником у головній ролі. Обділений у тих потребах, що їх зазвичай належить мати біднякам, —їжі та статевому житті,—ведмідь своїм жестом маніфестує не свій сексуальний голод, а бажання іншої природи—за будь-яку ціну здолати своє поневолення.

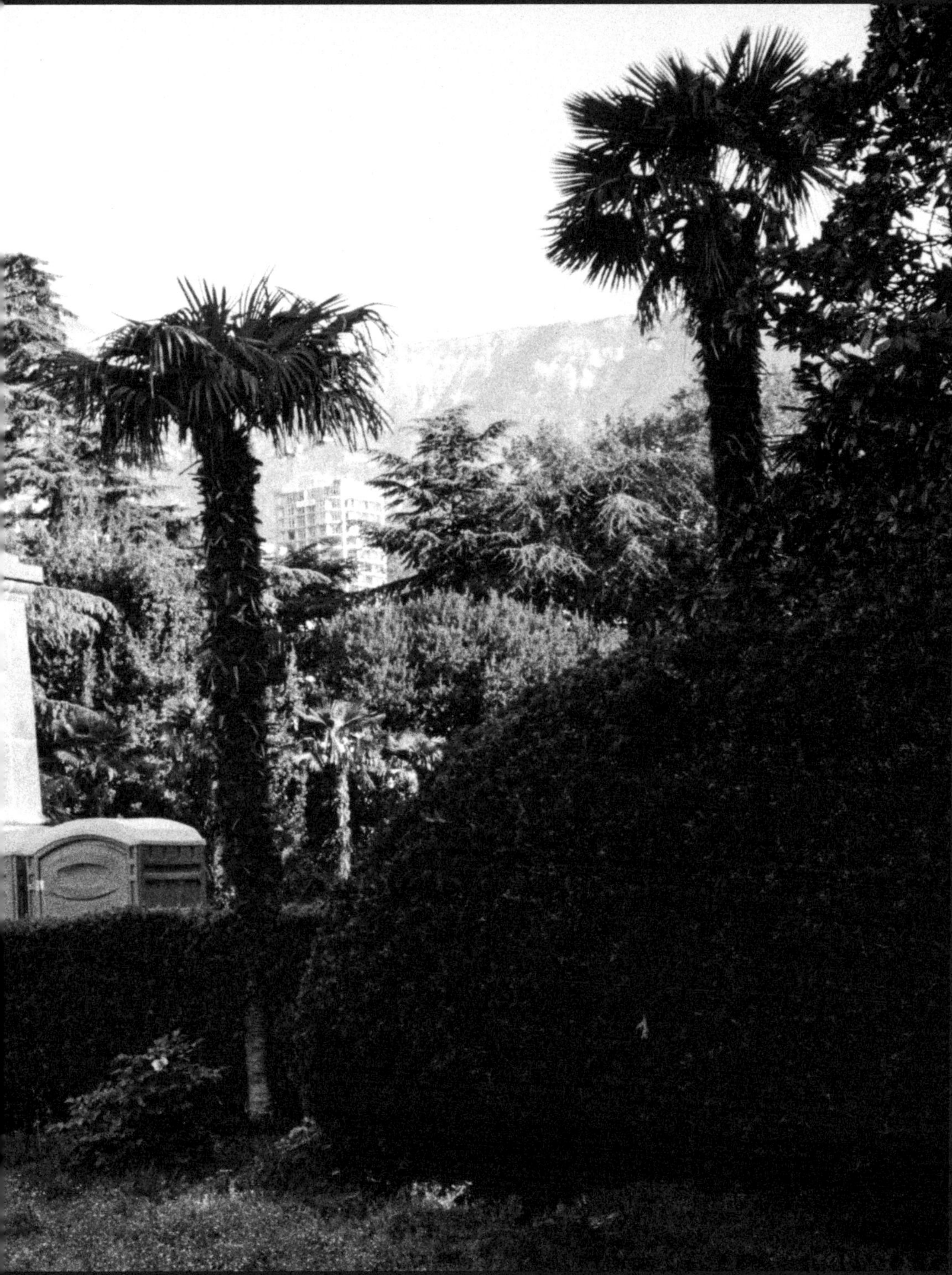

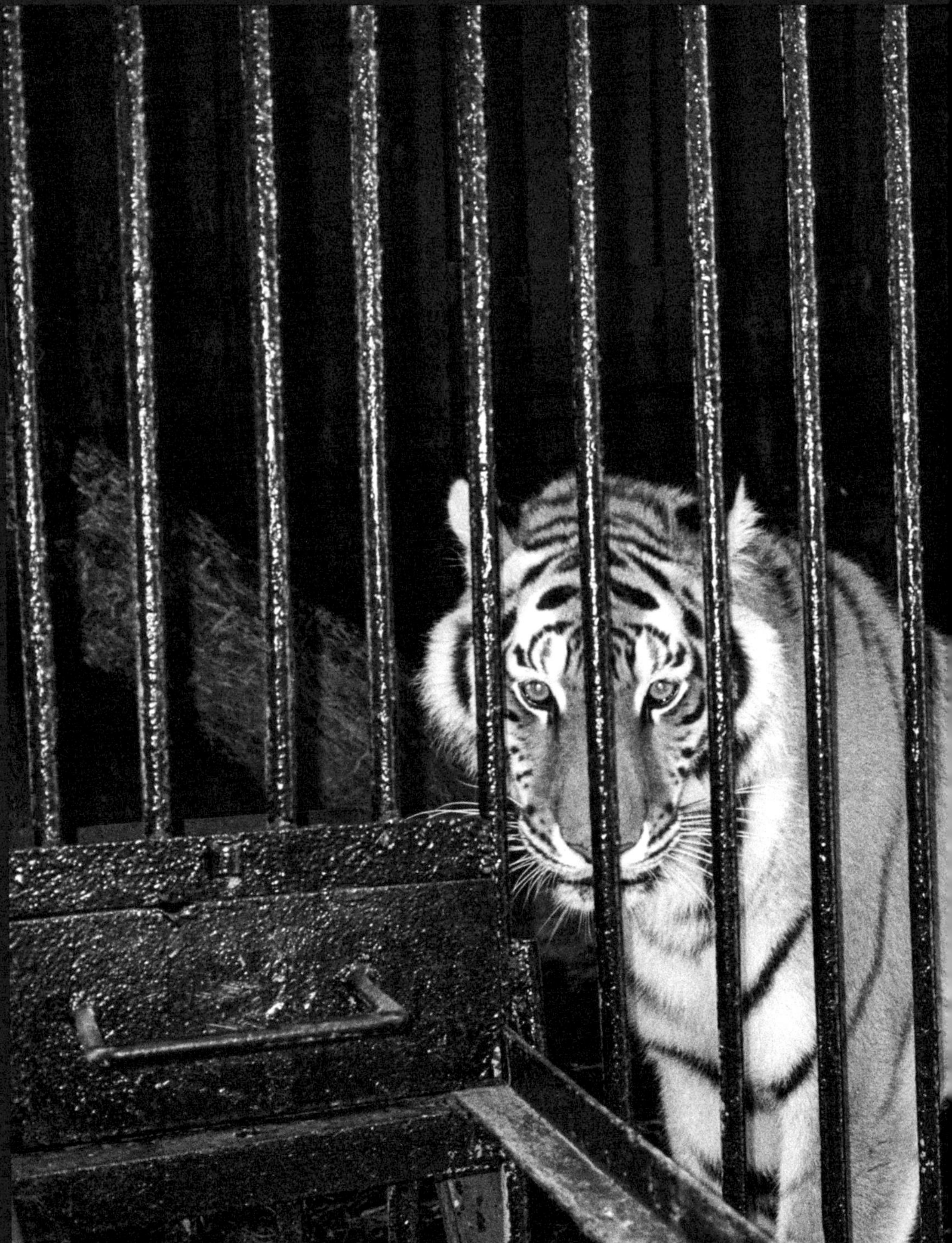

Одеса
Odessa 2013

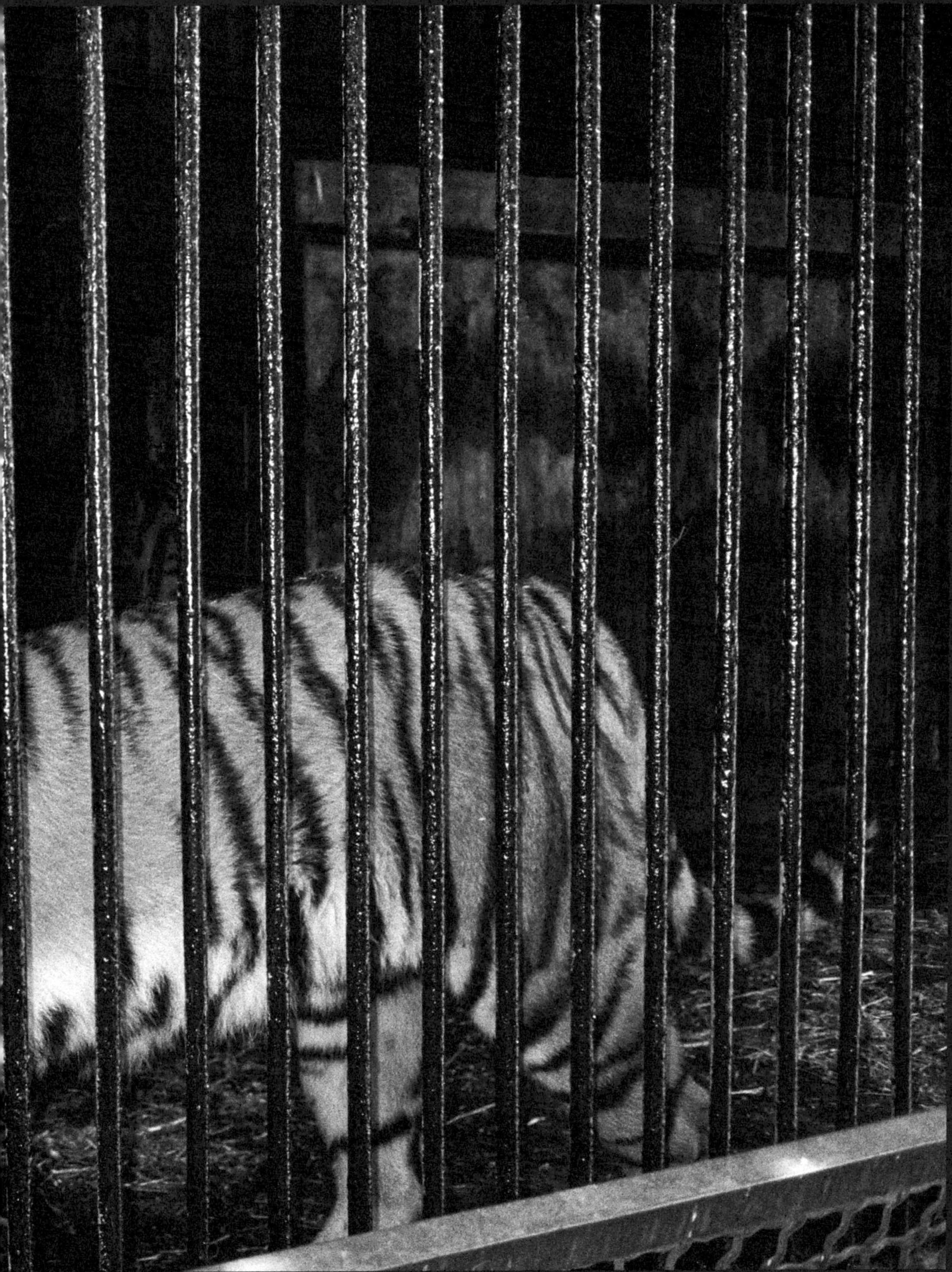

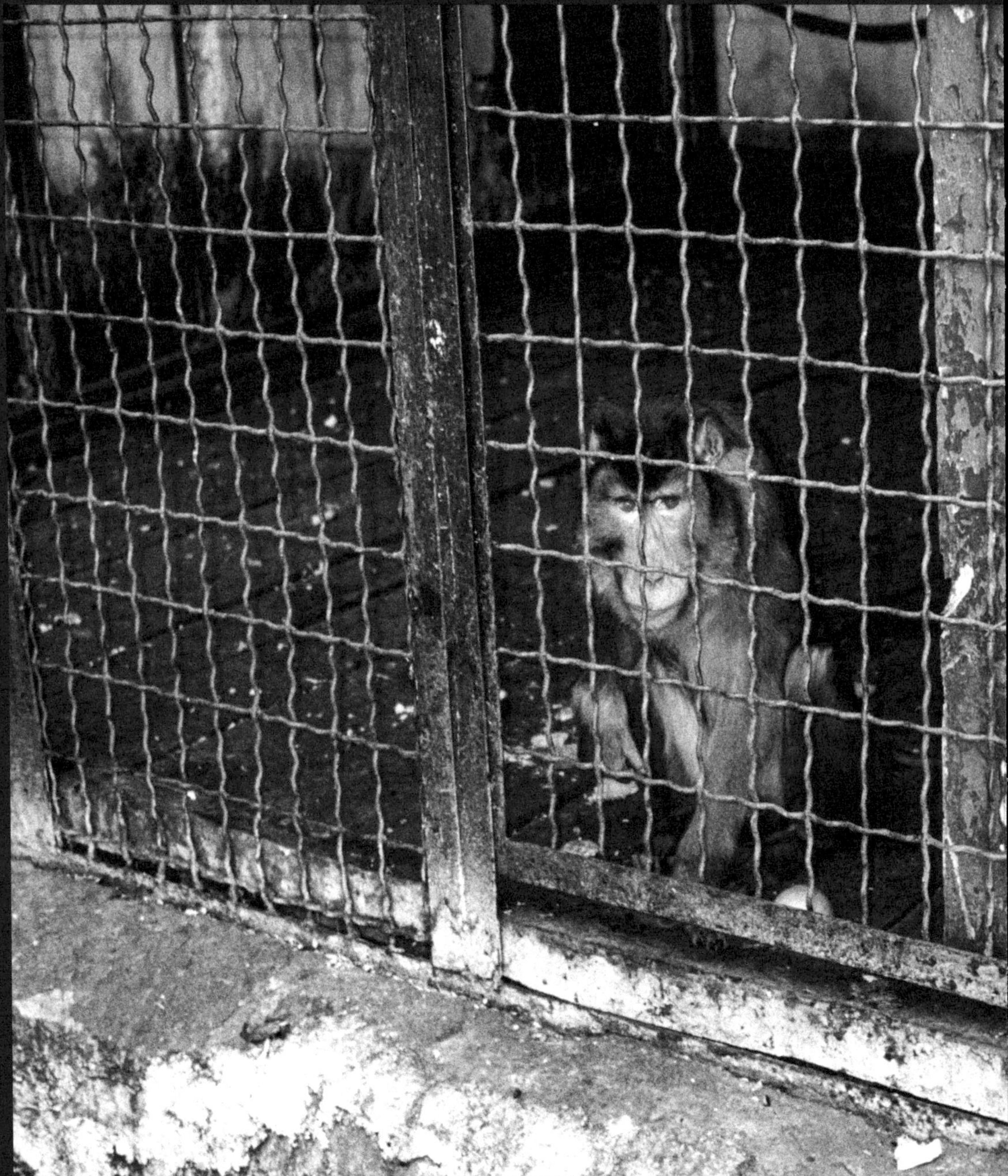

Сімферополь
Simferopol 2013

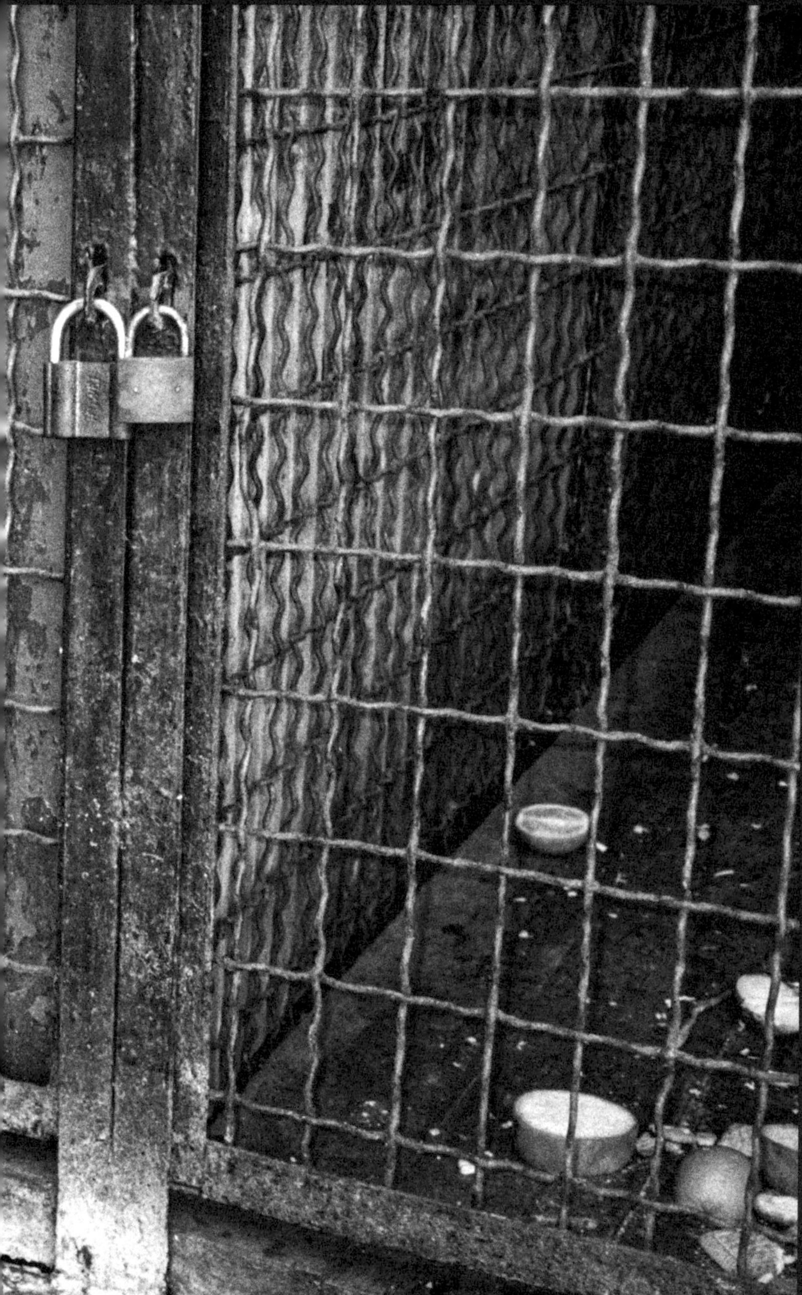

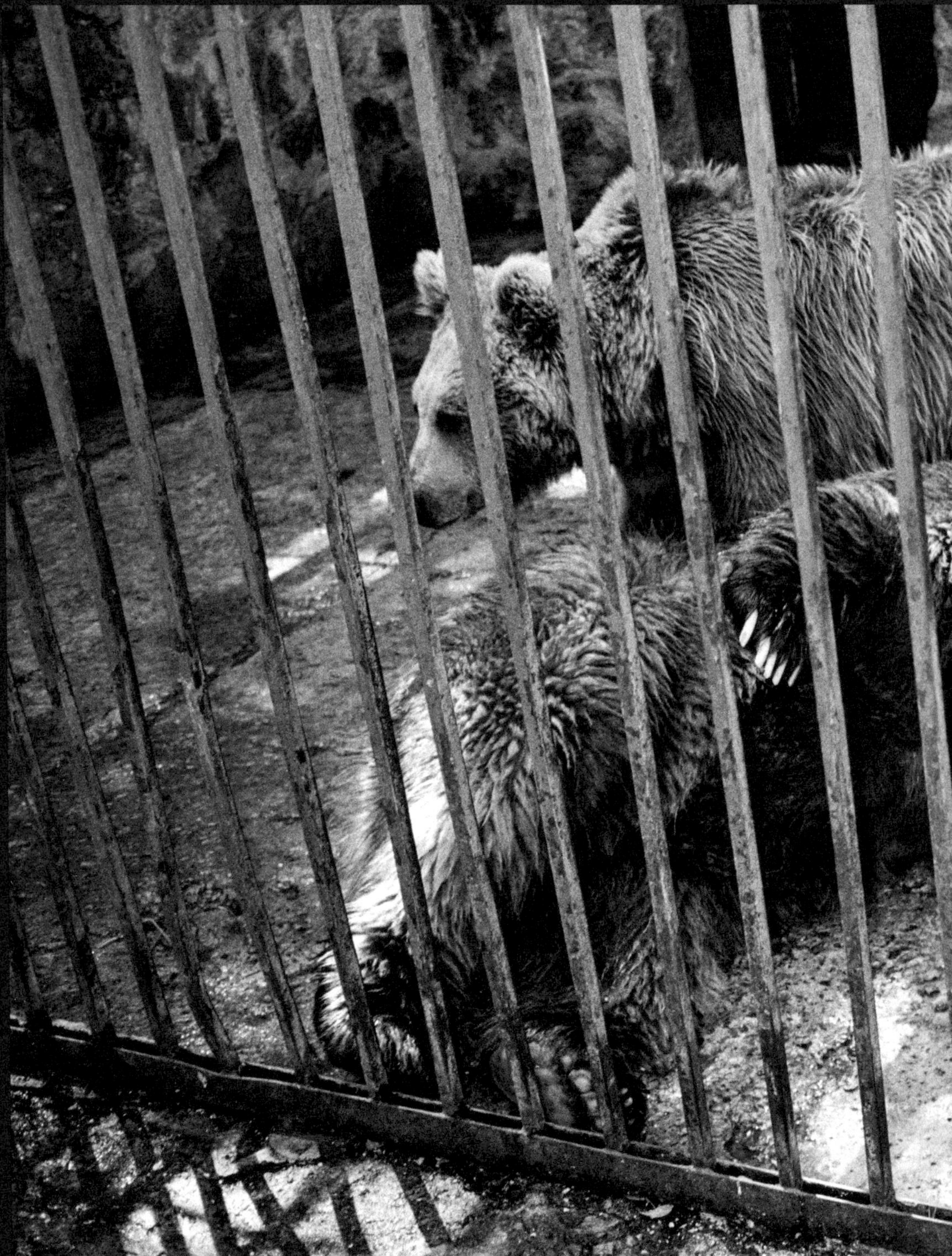

Сімферополь
Simferopol 2013

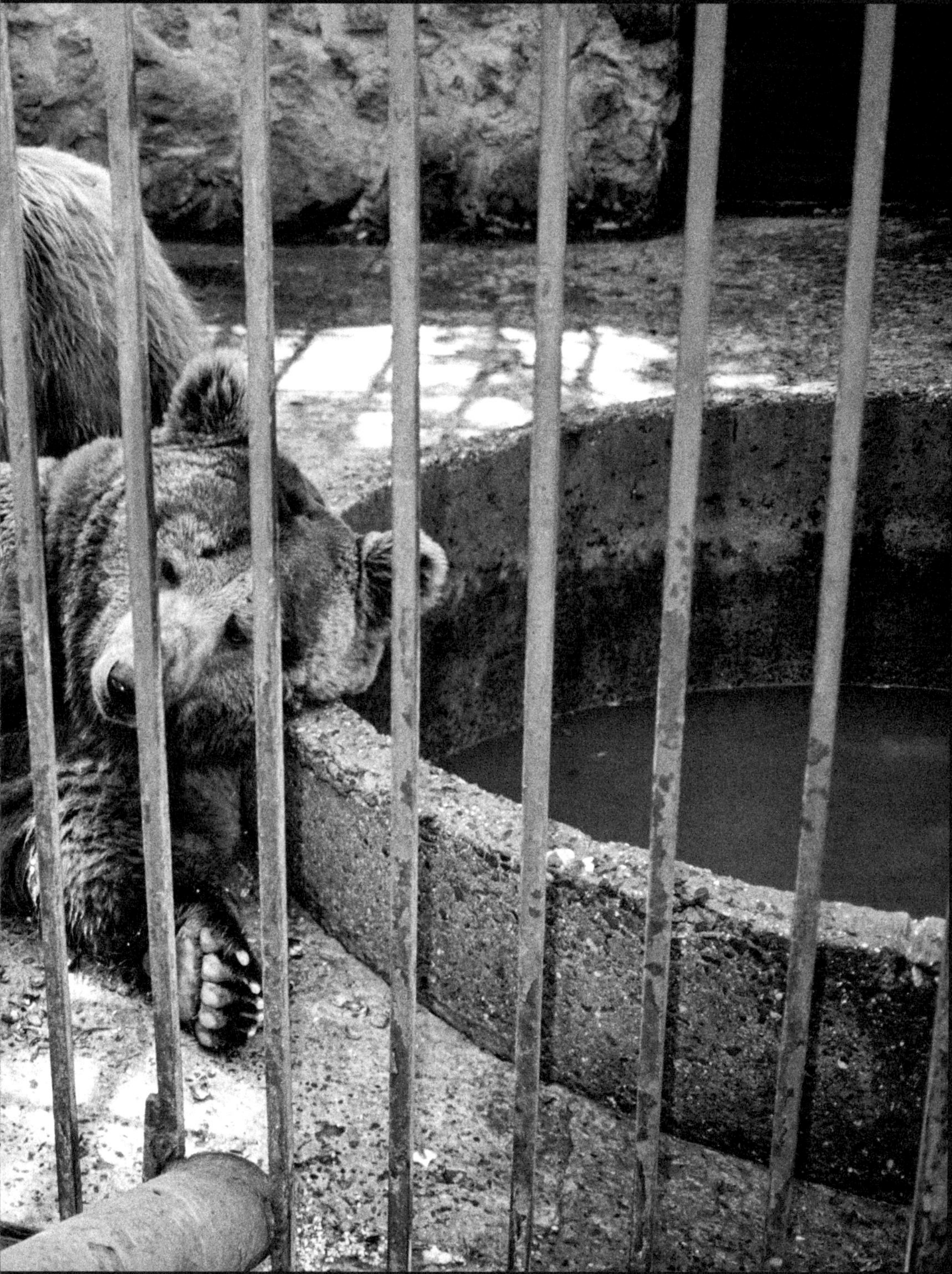

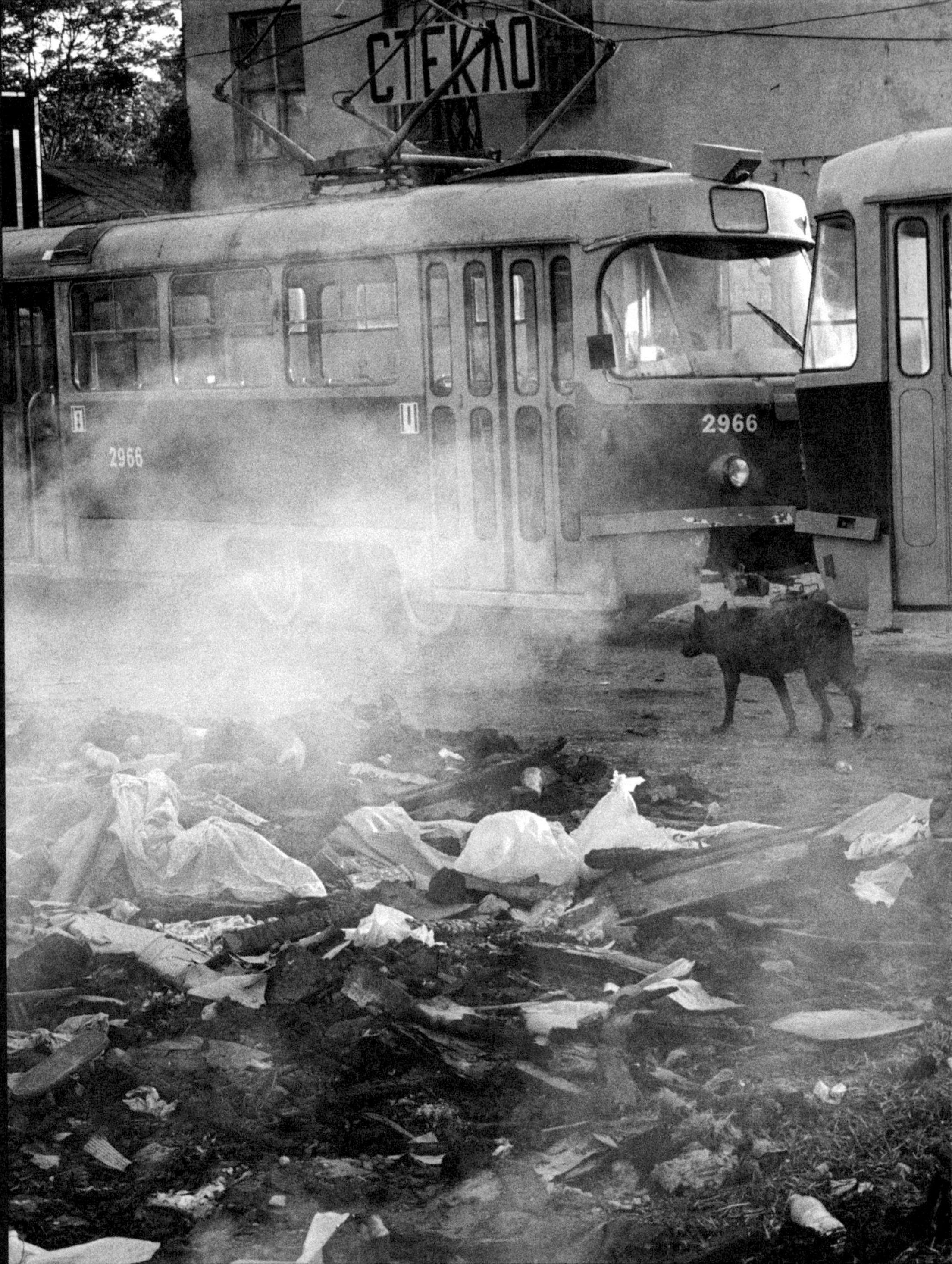

Одеса
Odessa 2012

There's nothing unusual about paying a fee in order to visit the landfill in the city of Uzhhorod. Like in all poor countries, the dump is a workplace for the marginalized. Here they salvage glass, scrap metal, paper and consumed food and household products still suitable for use. These people derogatorily referred to as "scum" by the rest of society, pay off the guards of the dump so that they can make an income.
The official rationale for the presence of guards and fences comes from the public consensus that garbage collection should be a public utility service. Yet those who toil here exist out of bounds, beyond the borders of society. In Uzhhorod this strata of existence is mainly taken up by

Garbage

Сміття

Немає нічого дивного в тому, що зайти на сміттєзвалище в Ужгороді можна лише за гроші — як в усіх бідних країнах, смітник є місцем роботи для маргіналів. Вони тут збирають скло, металобрухт, папір та інші спожиті продукти, придатні для використання. Приплачуючи охоронцям, люди, яких зневажливо кличуть «суспільними покидьками», дістають змогу заробити собі на життя.
Офіційна причина наявності тут охорони і загорожі полягає в тому, що звалище — це комунальне підприємство. Але трудяться тут ті, хто існують поза межами комунального, себто спільного. У випадку Ужгорода йдеться про ромів. Їм випадає задача освоювати

the Romani people. The systemic problem of excess falls to them, even though it is created by much larger socioeconomic structures. The overproduction of food abides by its own economic logic. Waste regulates its own laws. Being here and taking pictures are equally dangerous activities, not only for environmental reasons, but for criminal ones as well. Rumor has it that stashed under these mountains of debris hide the corpses of stolen and discarded lives—here there is no use for random witnesses.
Standing near the fence of the dump, that symbolic space between the city beyond and the bursting mountains of refuse within, I catch myself thinking: At what cost do we

надмір, вироблений комунальними та економічними структурами. Опрацювання продуктів трати запускає свою економіку і регулюється своїми законами.
Як фотографувати, так і просто бути тут— однаково небезпечно для здоров'я. Не лише з екологічних міркувань, але й кримінальних: подейкують, під горами сміття переховують трупи, тут нікому не потрібні випадкові свідки.
Перед парканом, на символічний межі між міським порядком і горами надміру, ловиш себе на думці про те, яку ціну треба платити, щоби дістатися до власних смітників історії, куди кваплються скидати революційні настрої або маленькі долі сотень закопаних у

access the Ukrainian trash heap of history? A place where any revolutionary awakening and the small fates of hundreds are hastily cast aside? Of what value is the access to this cultural and social graveyard, to eventually find buried within its depths the faces of those who were cruelly rejected, excluded from society like a foreigner, like some kind of parasite? What price will have to be paid for resisting these overgrown junk gardens, for preventing them from overtaking the territory of memory?

тутешніх схронах. Чого вартий доступ до культурного й соціального звалища, в глибинах якого дошукуєшся облич тих, кого жорстоко відкинули, виключили із суспільства як паразитів або чужинців? Якою буде розплата за спротив розростанню території смітника, як не допустити, щоб він заполонив територію пам'яті?

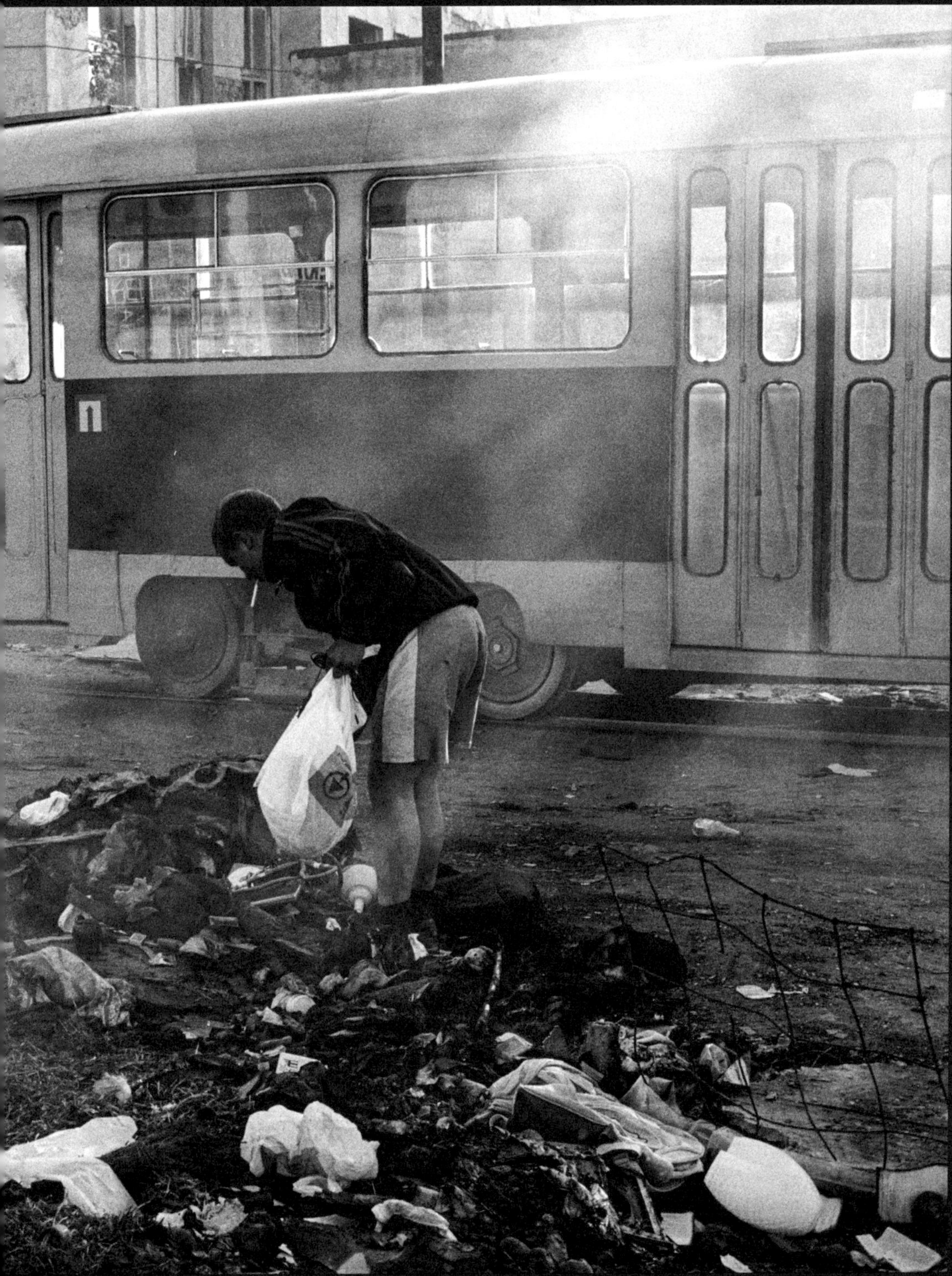

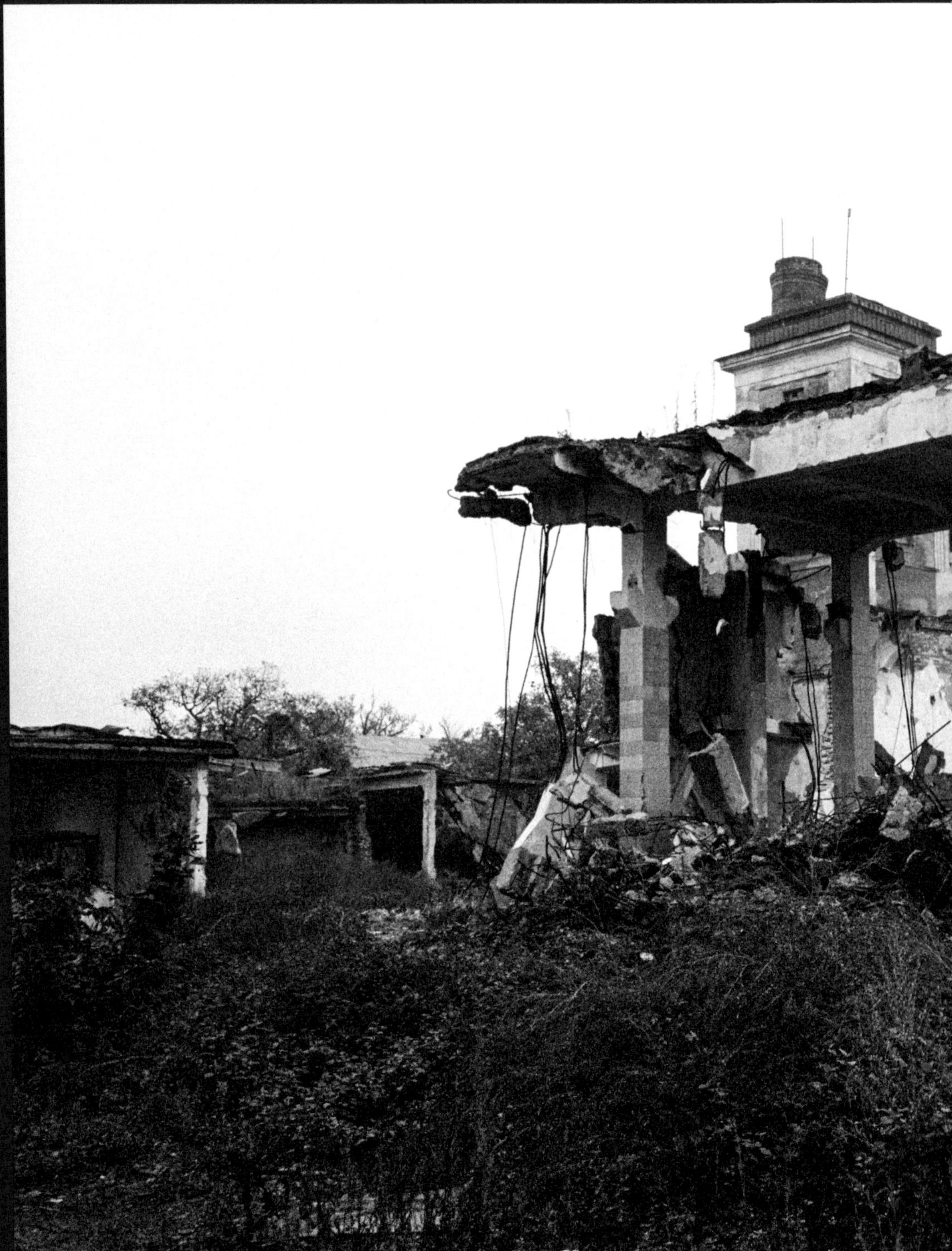

Ужгород
Uzhhorod 2012

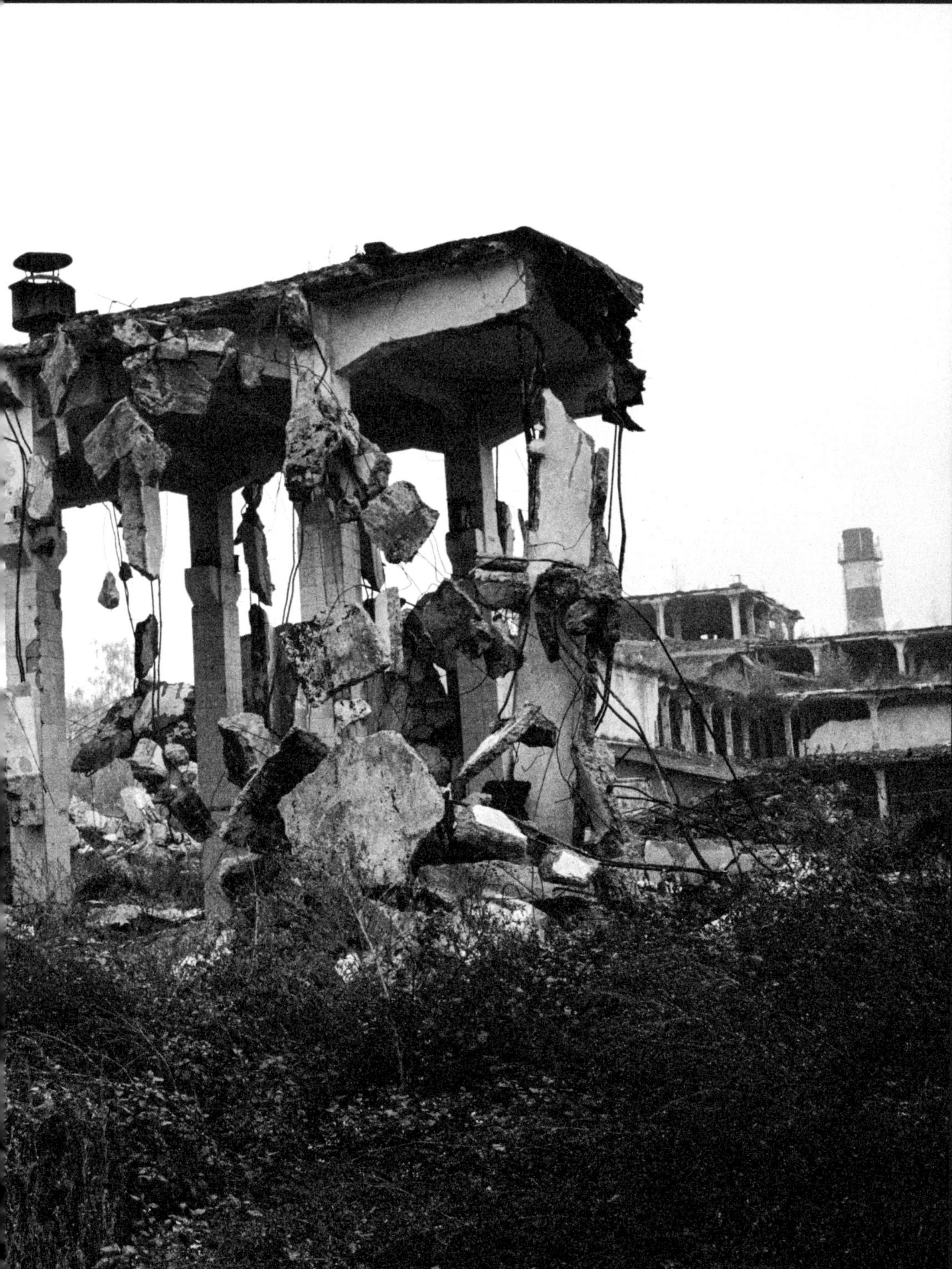

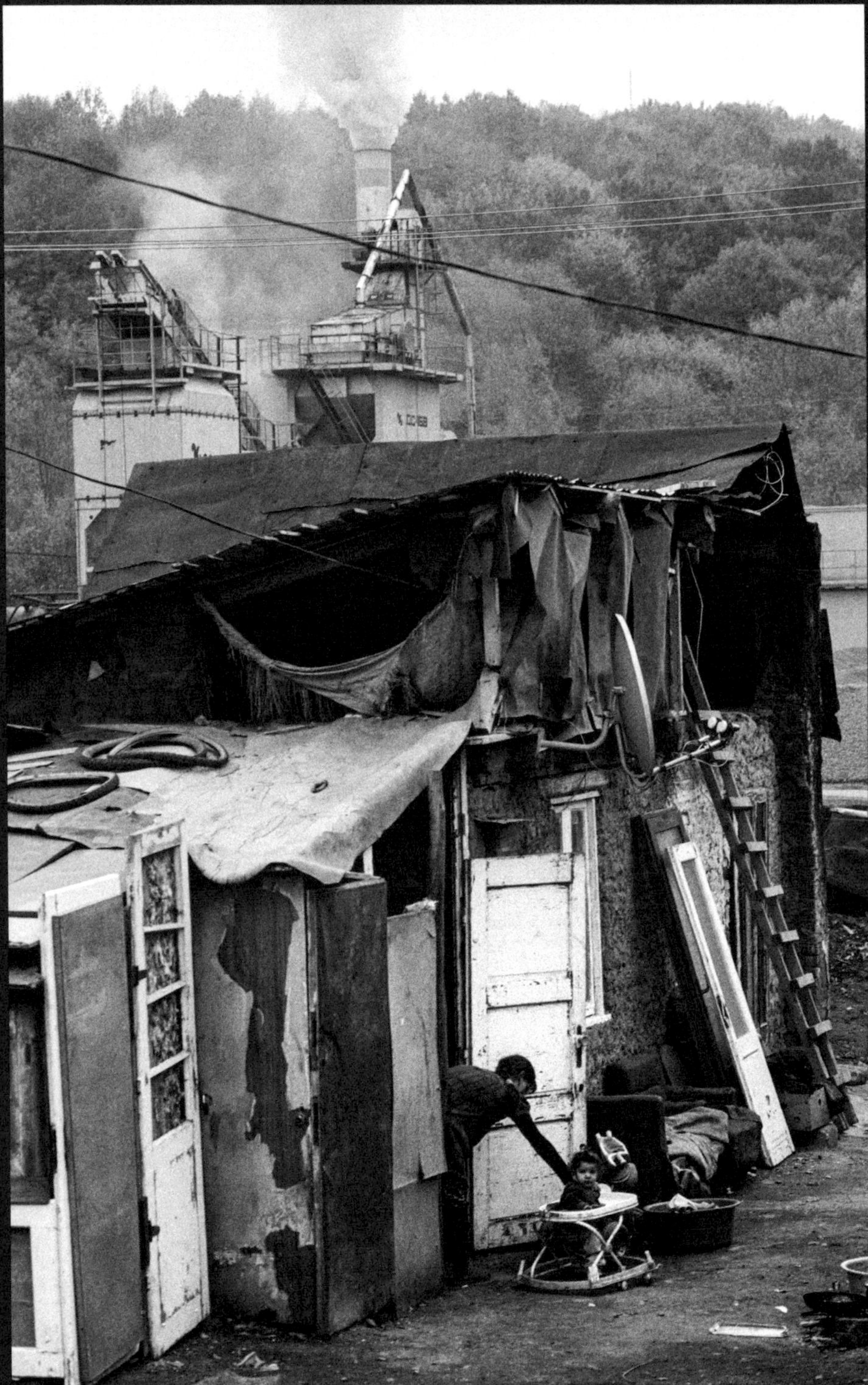

Ужгород
Uzhhorod 2012

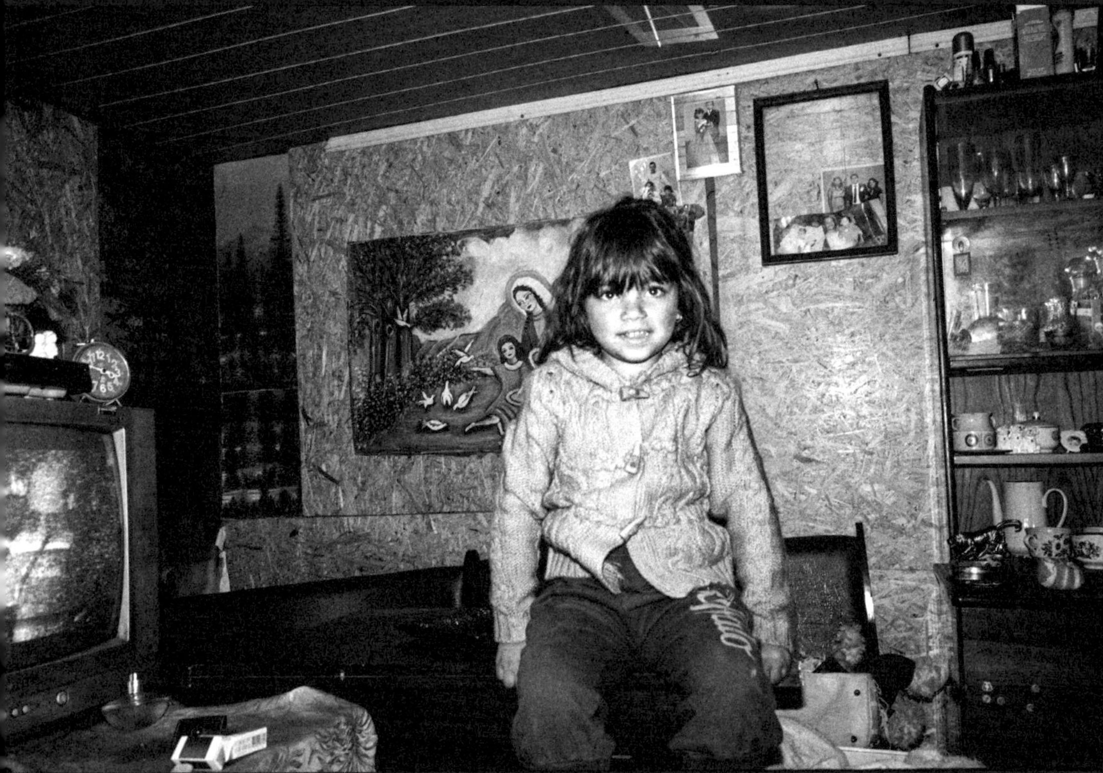

Ужгород
Uzhhorod **2012**

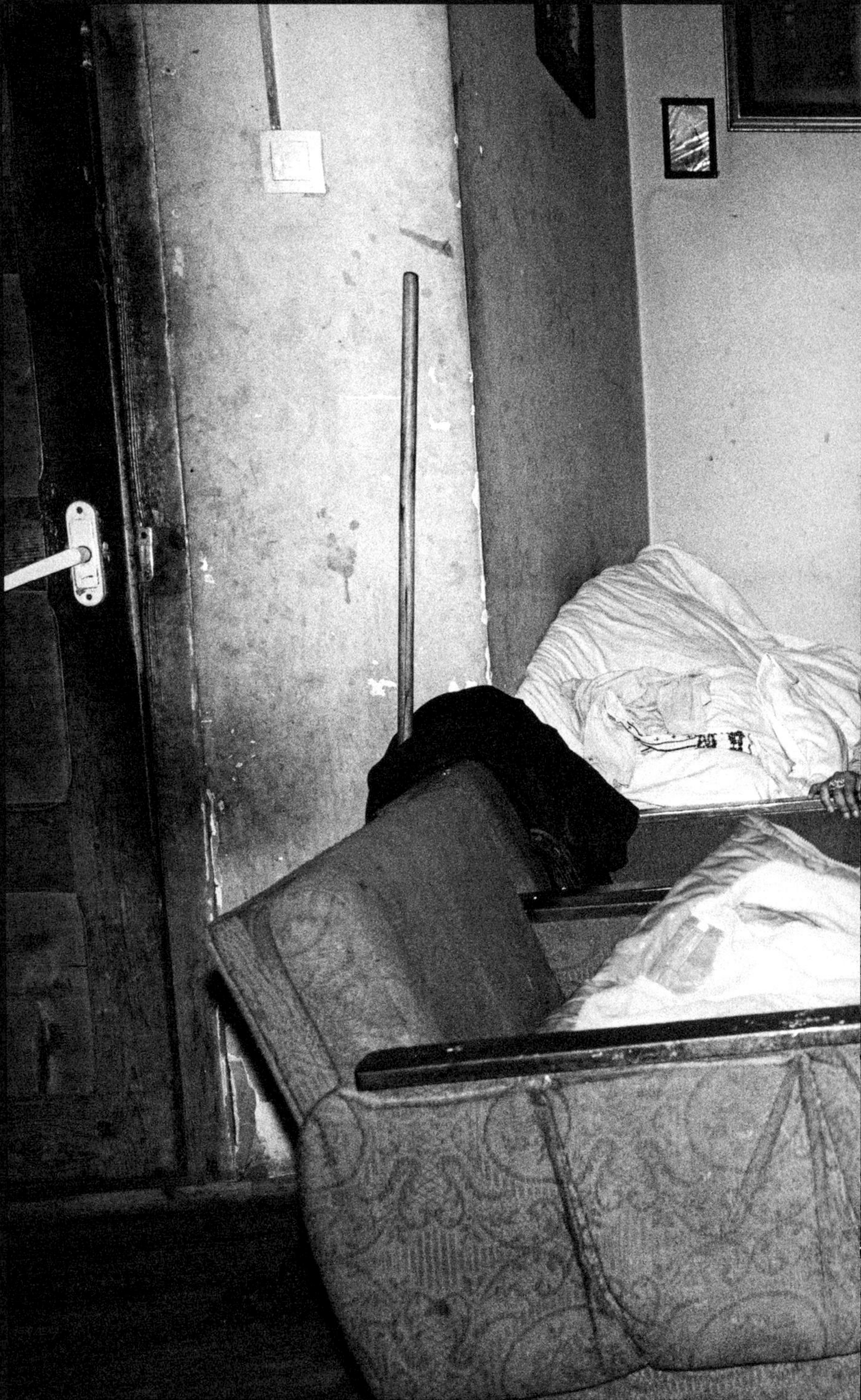

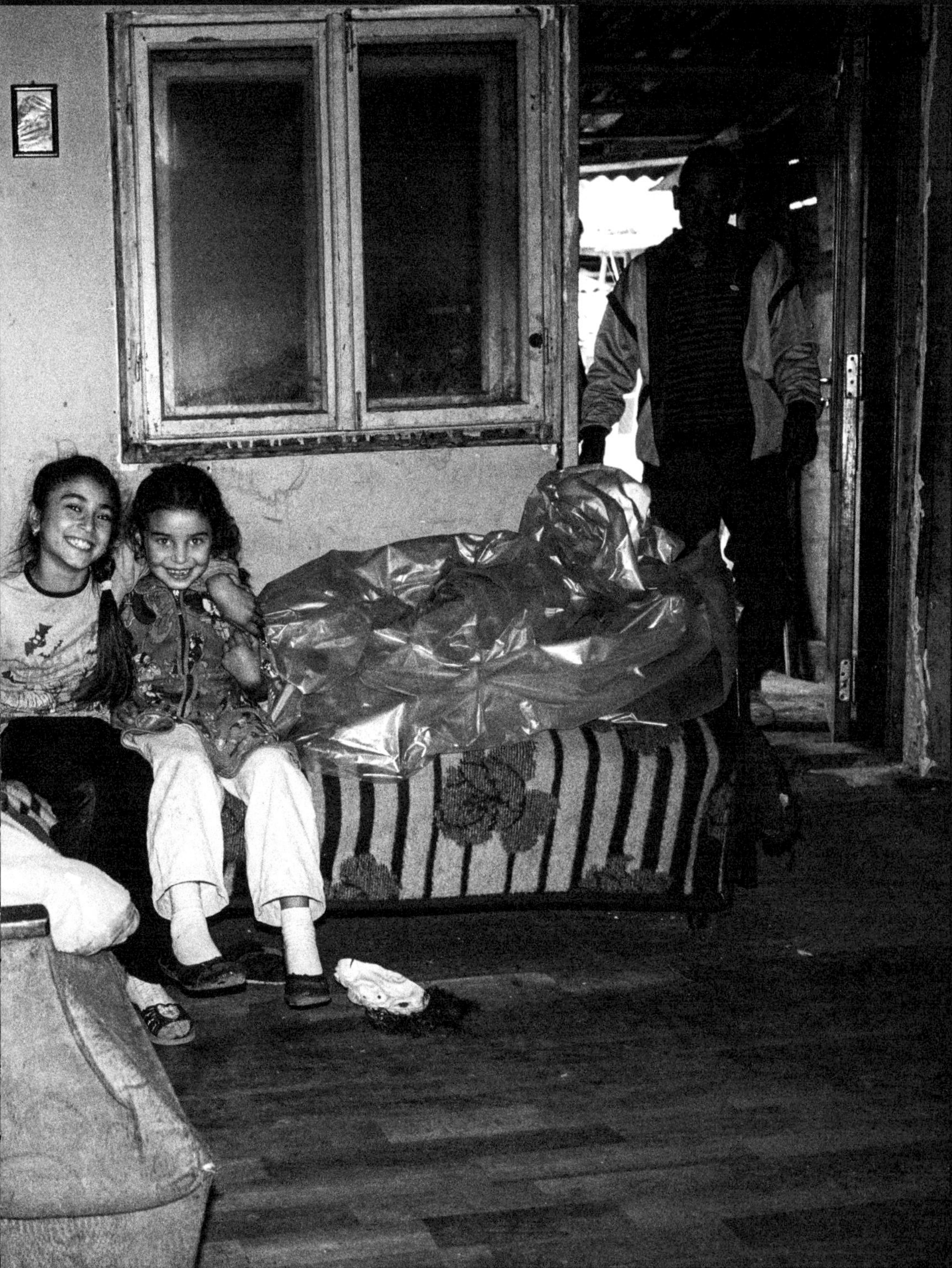

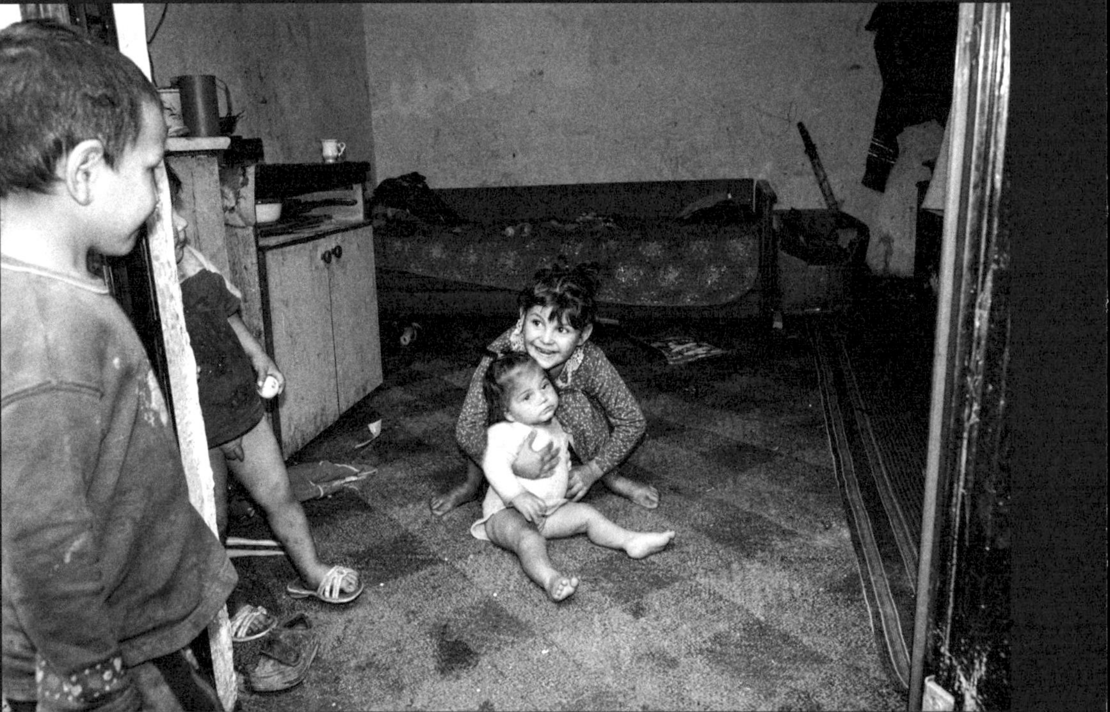

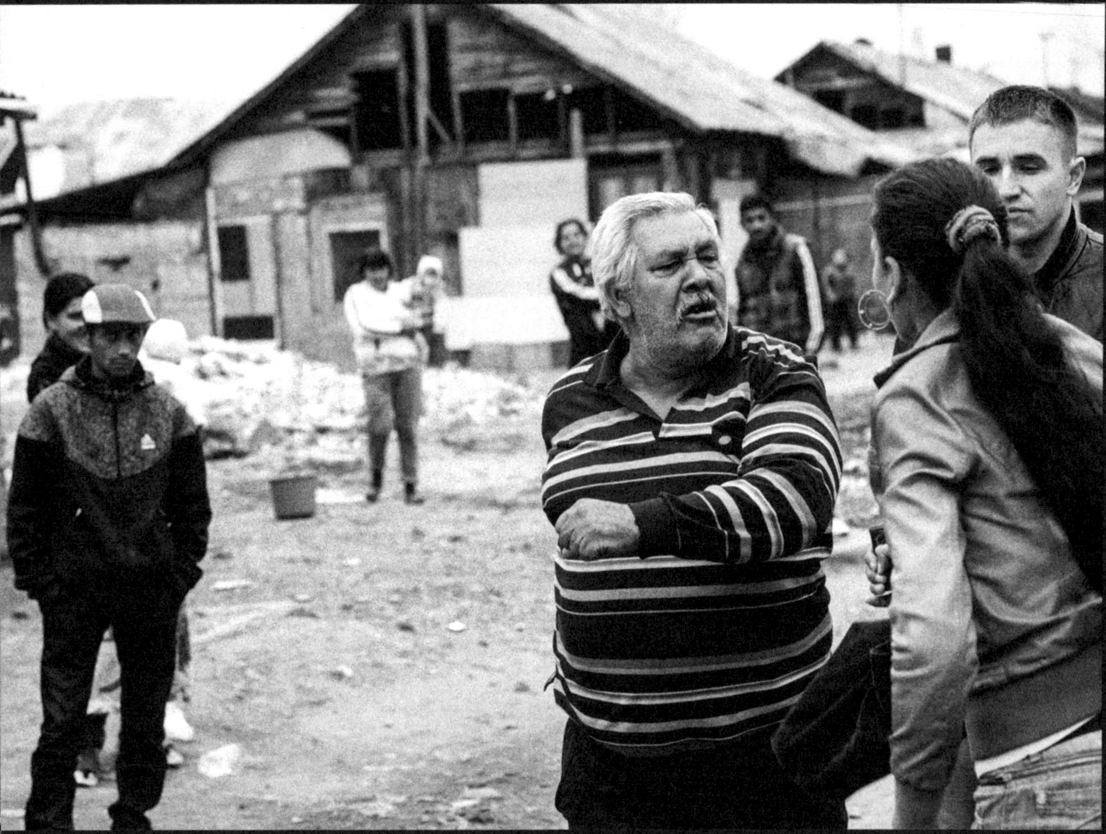

Ужгород
Uzhhorod 2012

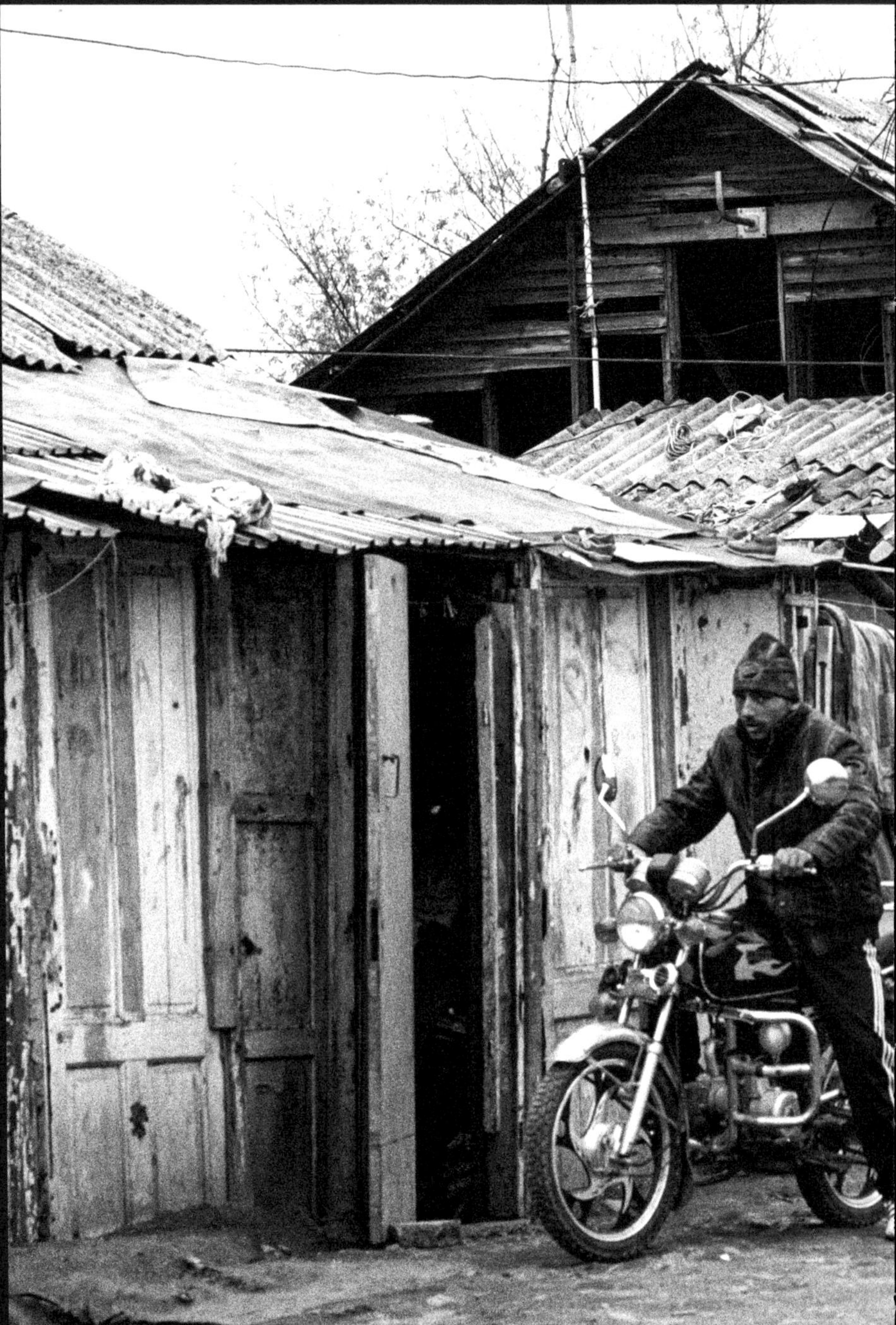

Ужгород
Uzhhorod 2012

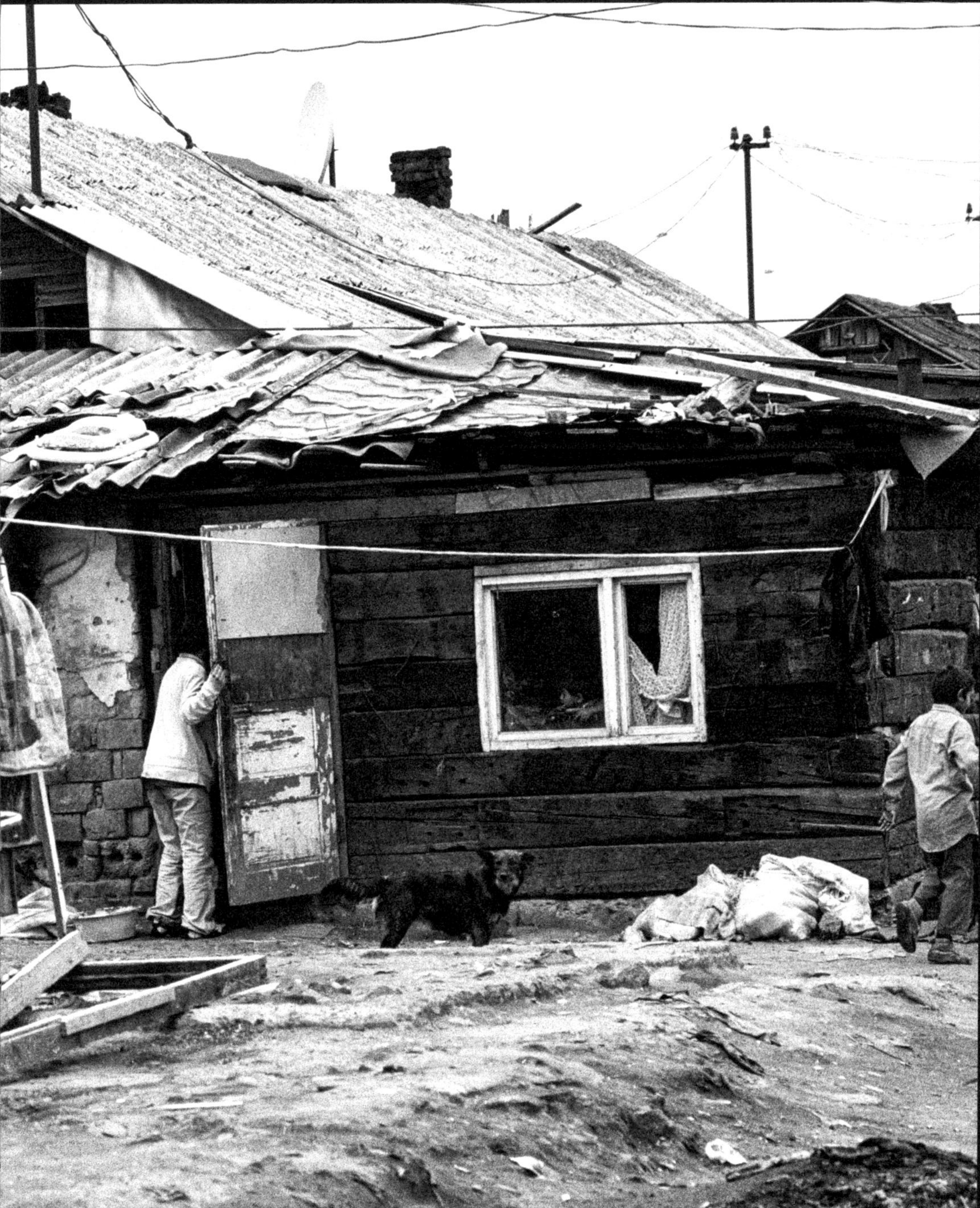

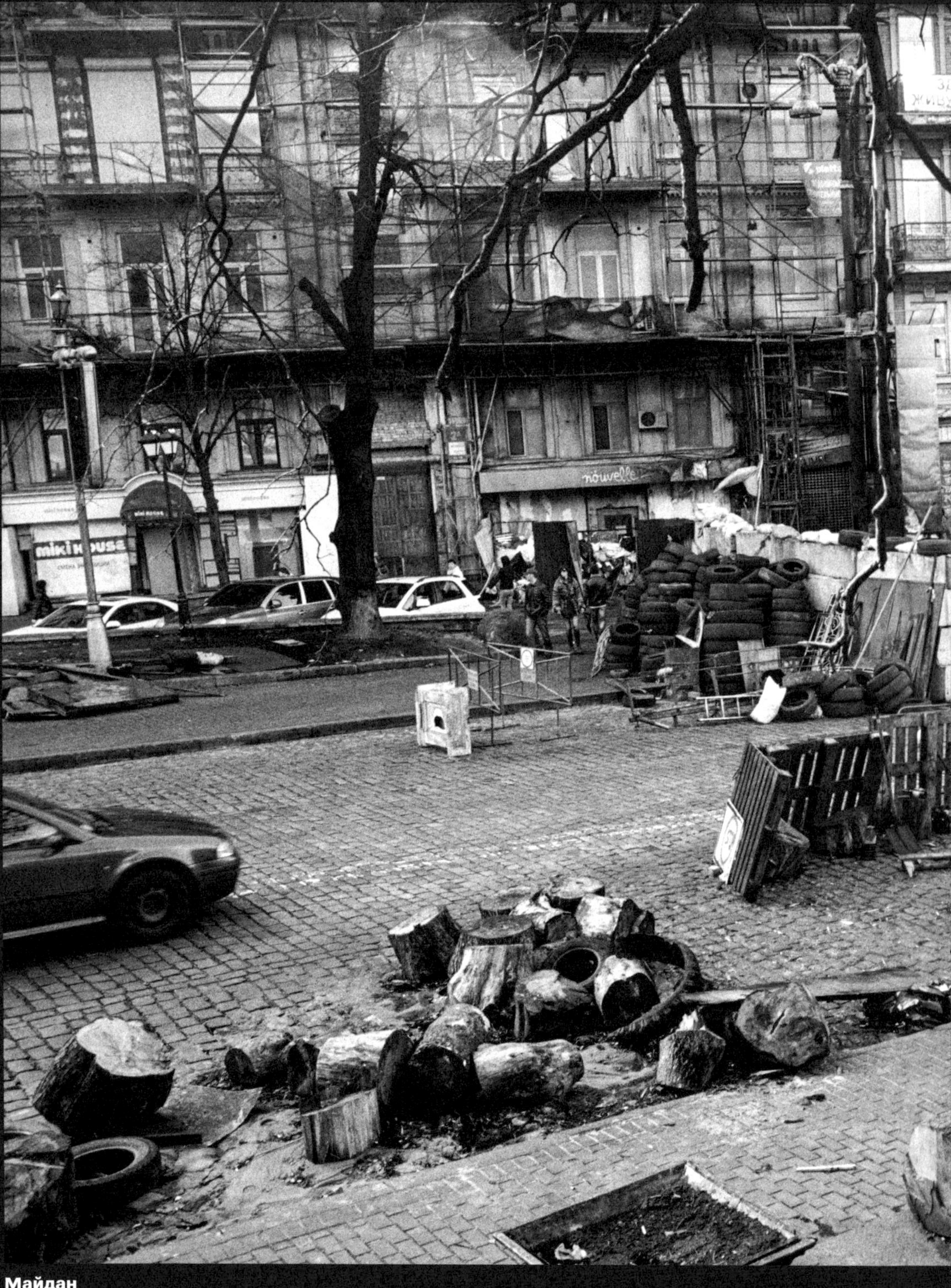

Майдан
Maidan 2014

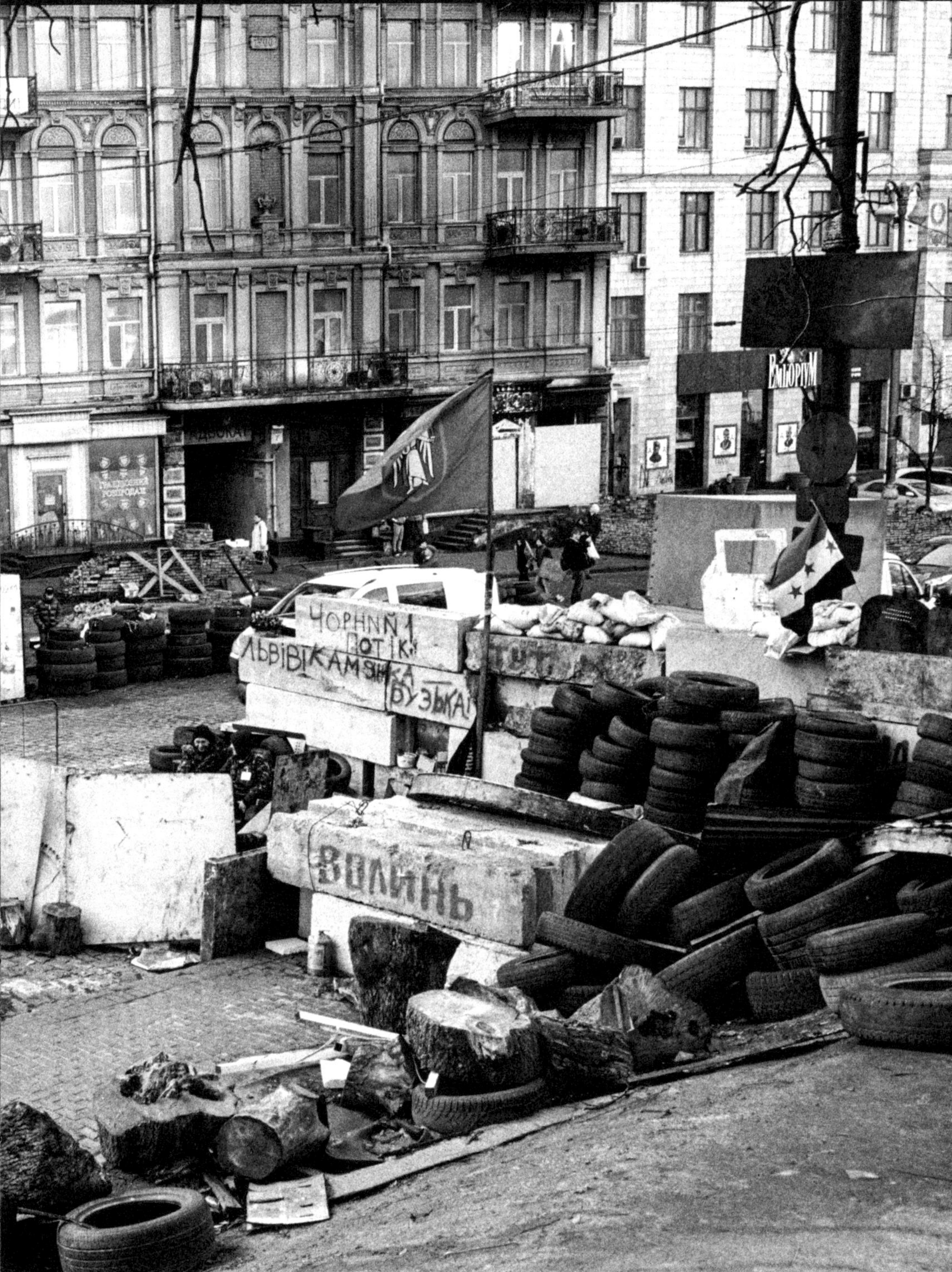
ЧОРНИЙ ПОТІК!
ЛЬВІВ
КАМ'ЯНКА БУЗЬКА!
ВОЛИНЬ

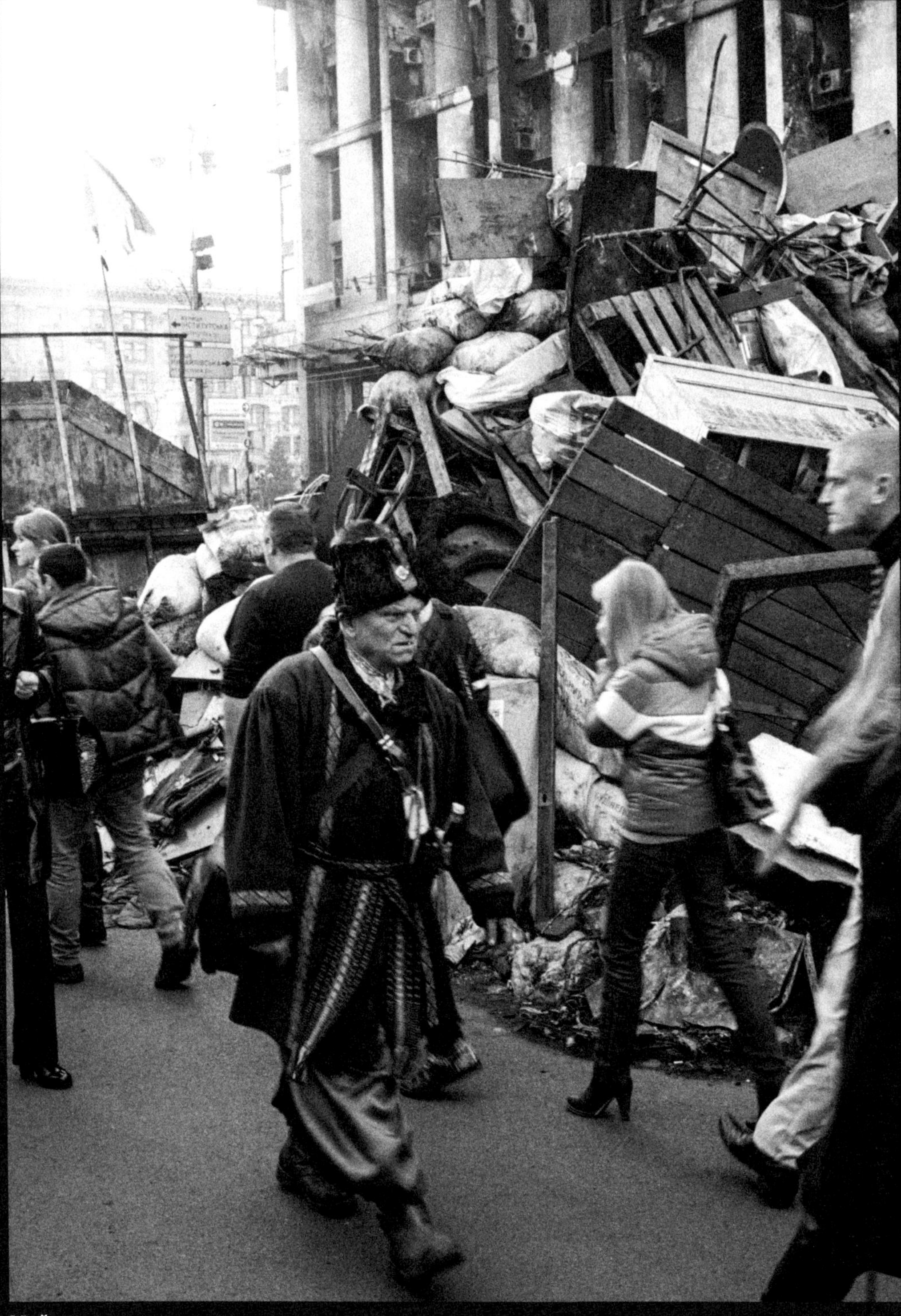

Майдан

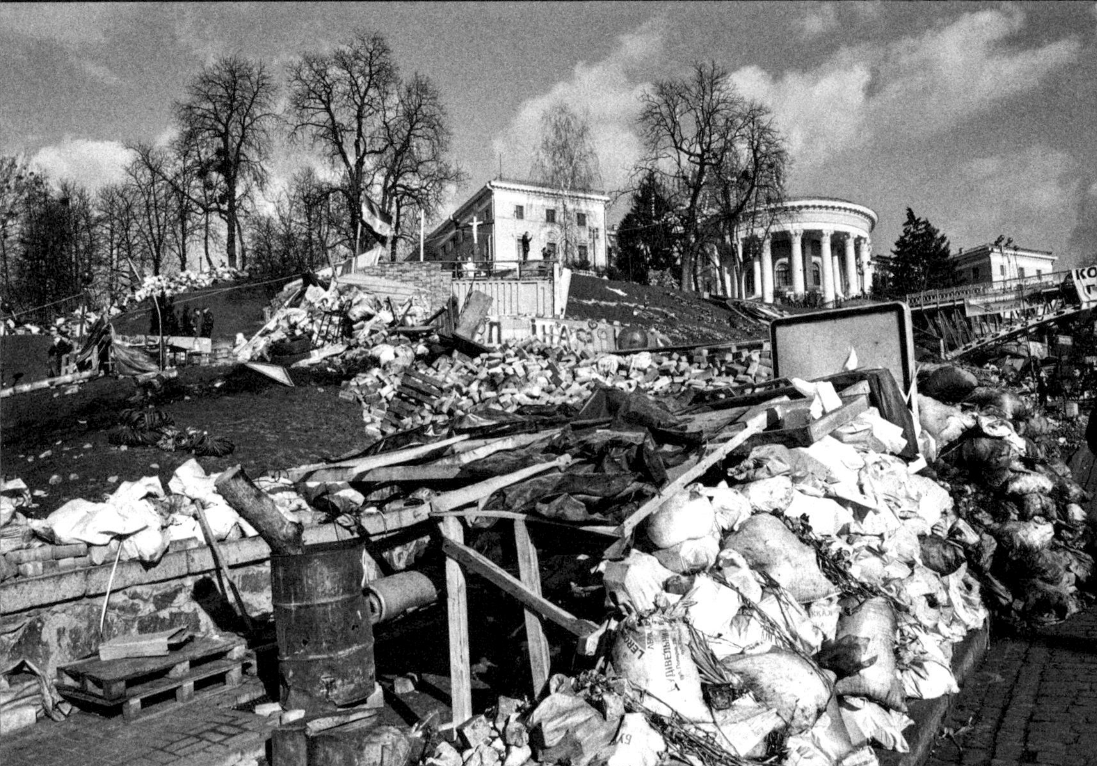

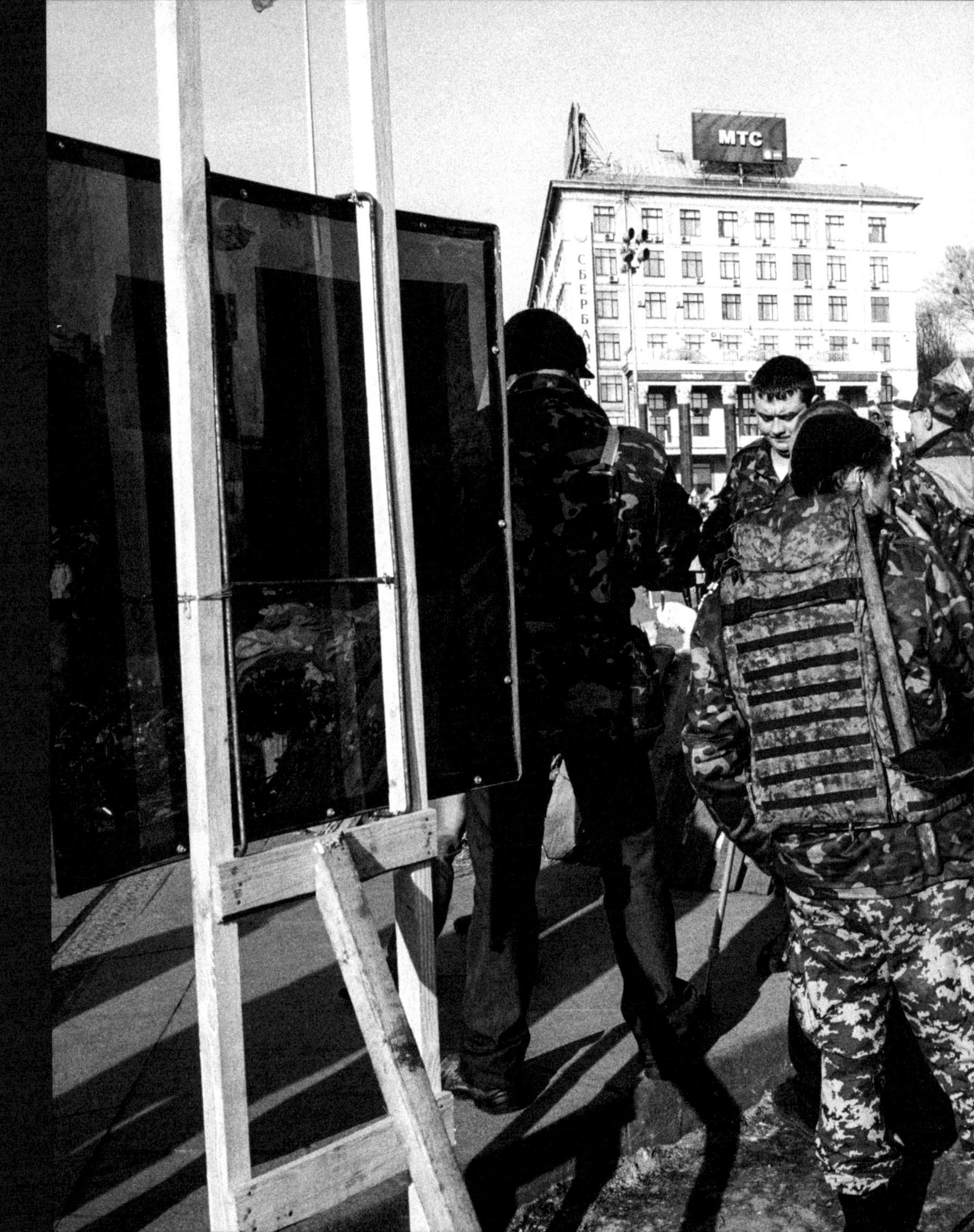
МТС

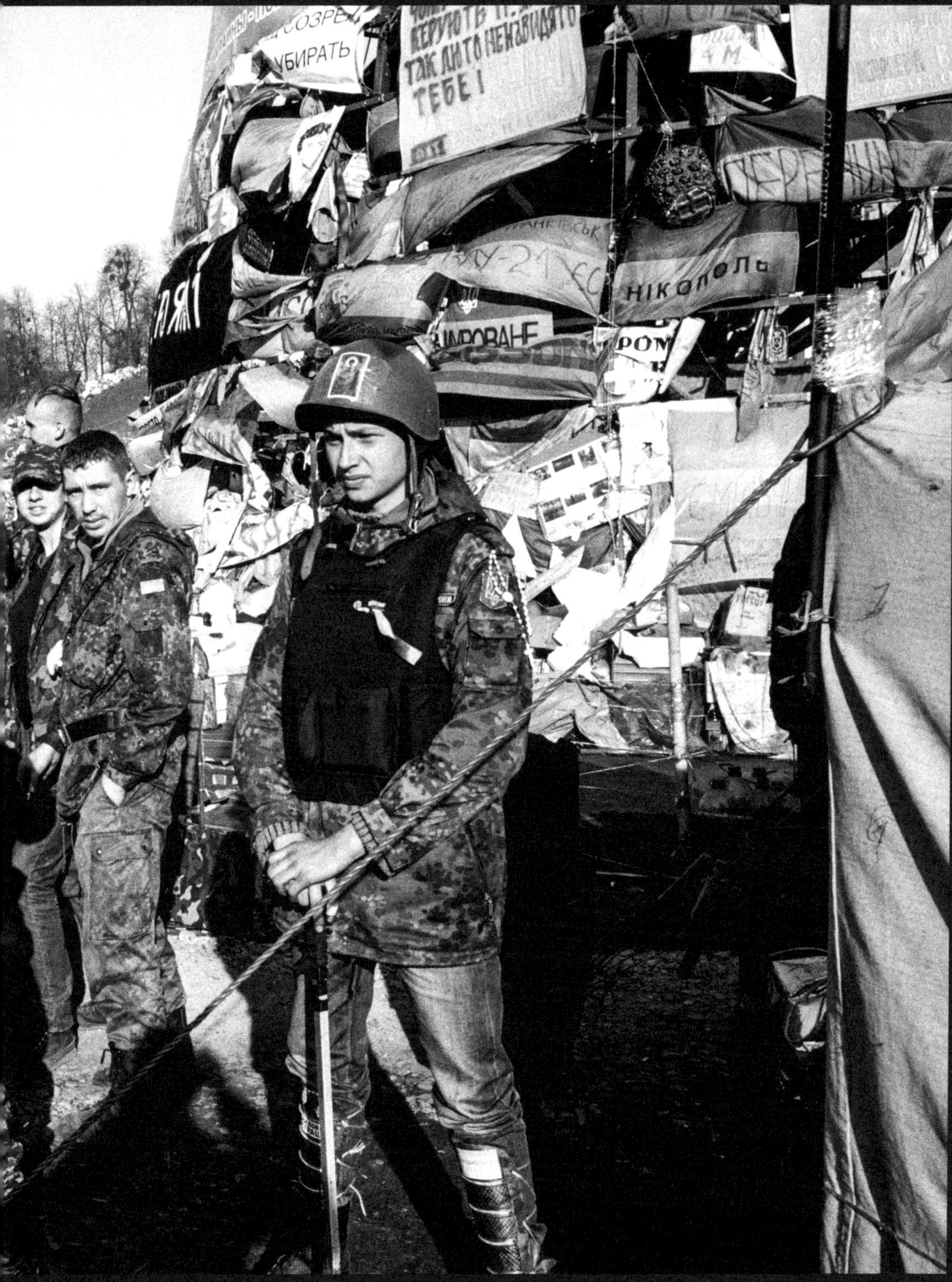
УБИРАТЬ
ТАК ЛЮТО НЕНАВИДЯТЬ
ТЕБЕ!
НІКОПОЛЬ

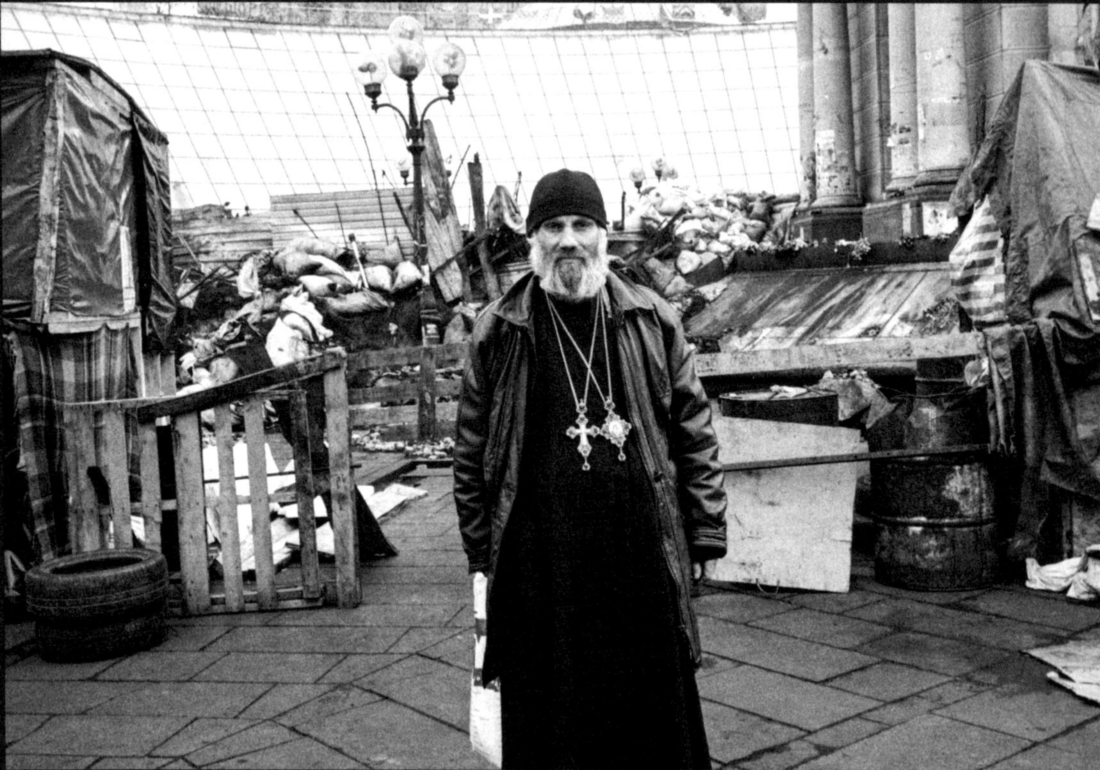

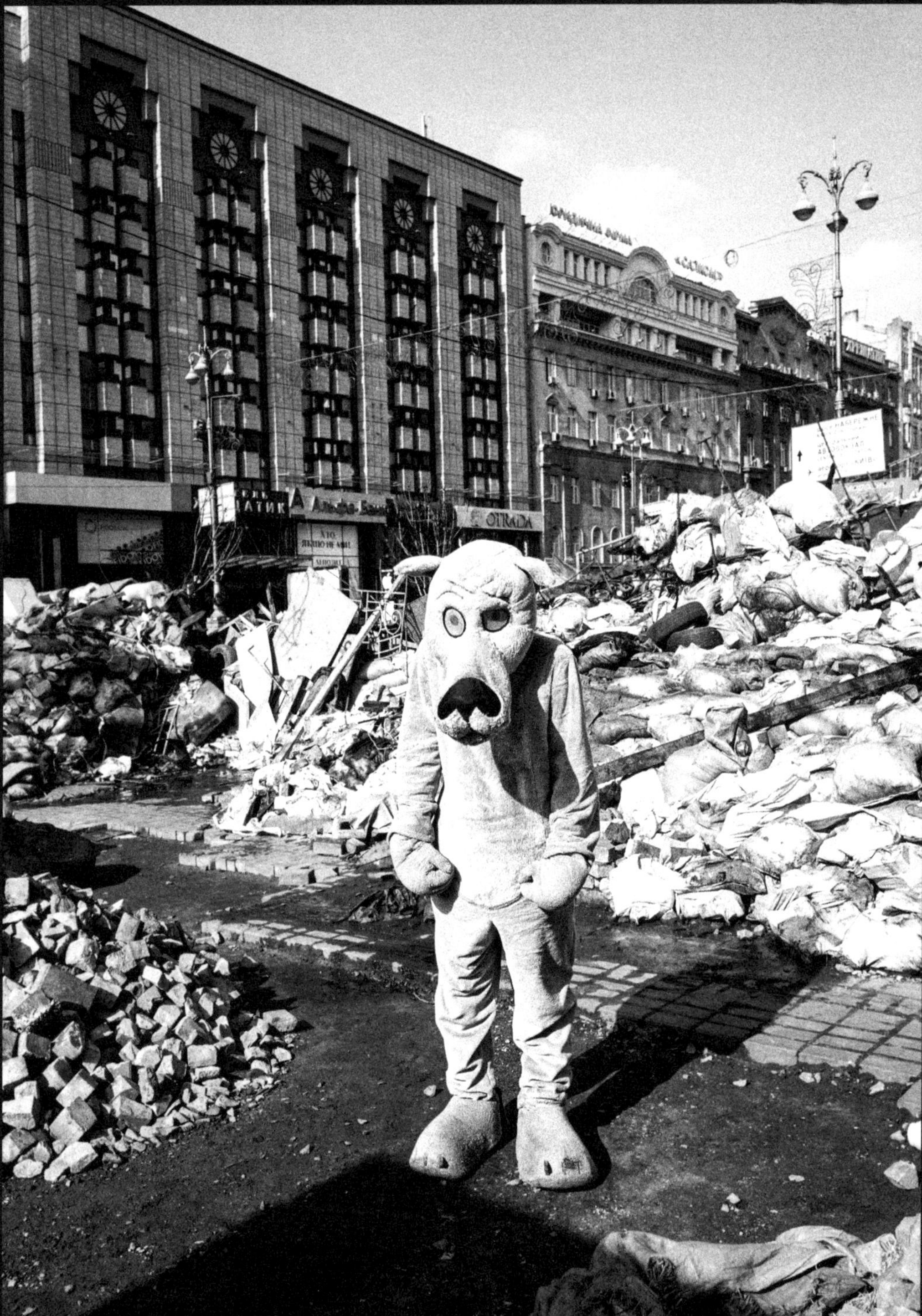

Майдан
Maidan 2014

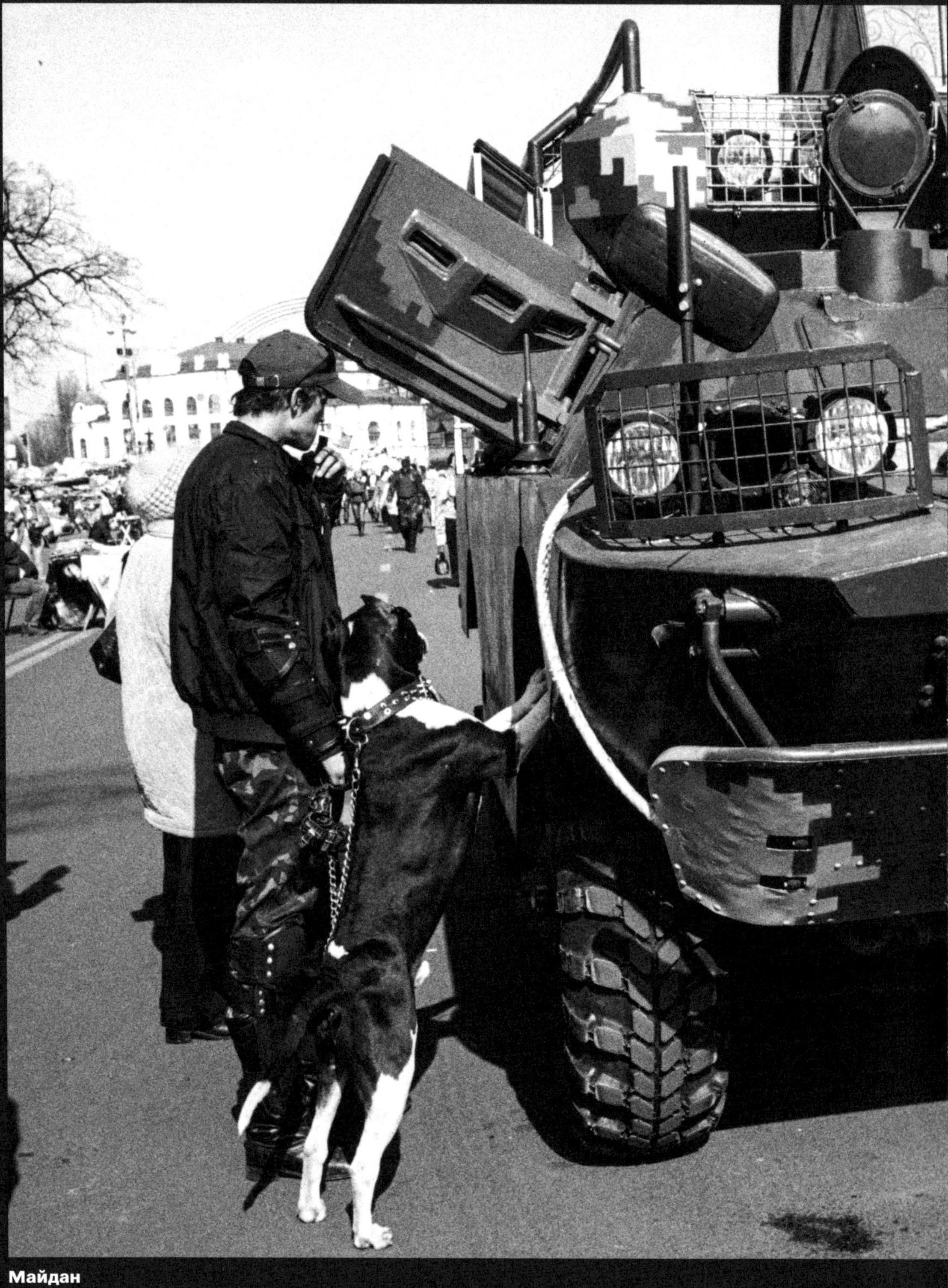

Майдан
Maidan 2014

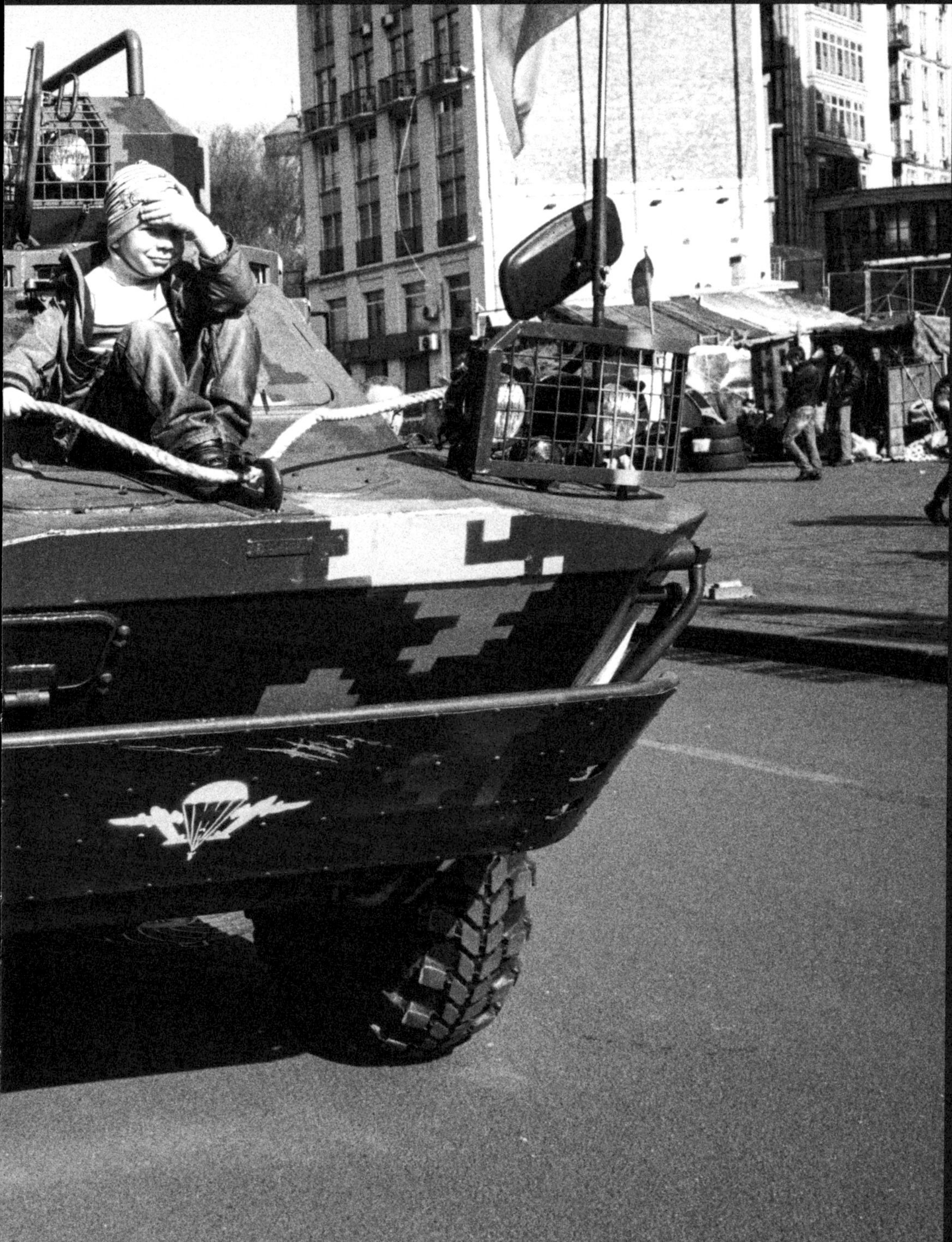

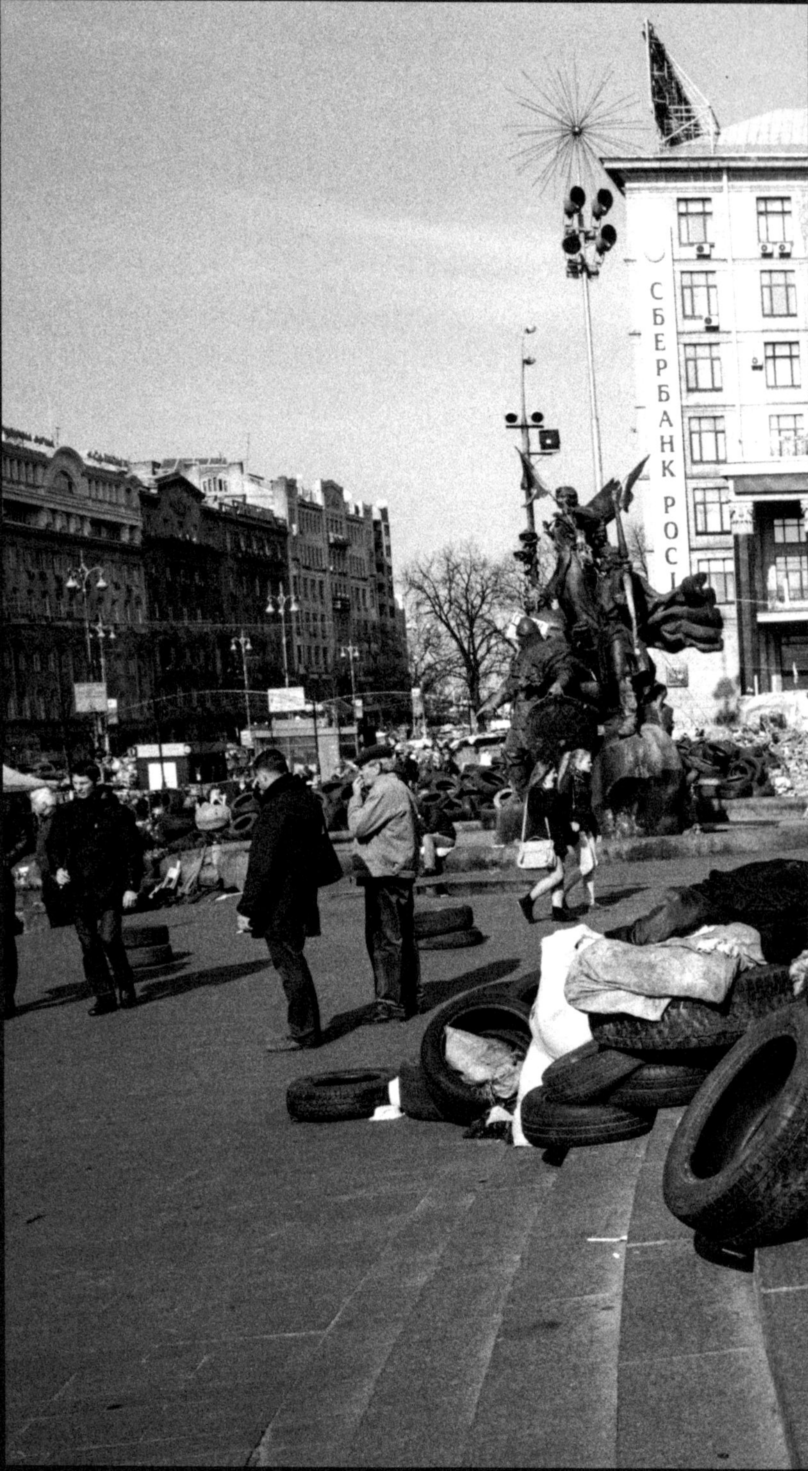

Майдан
Maidan **2014**

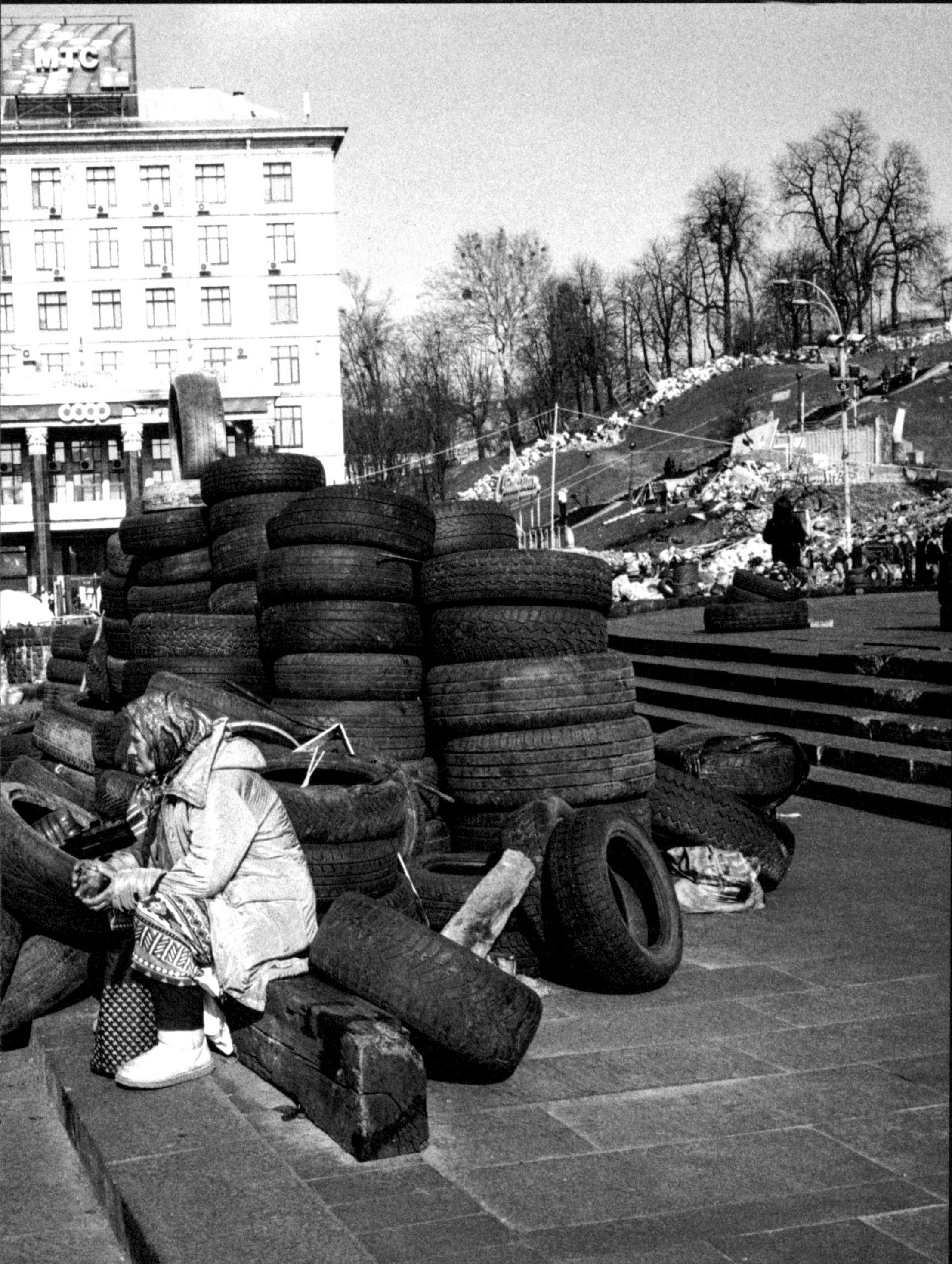
МТС

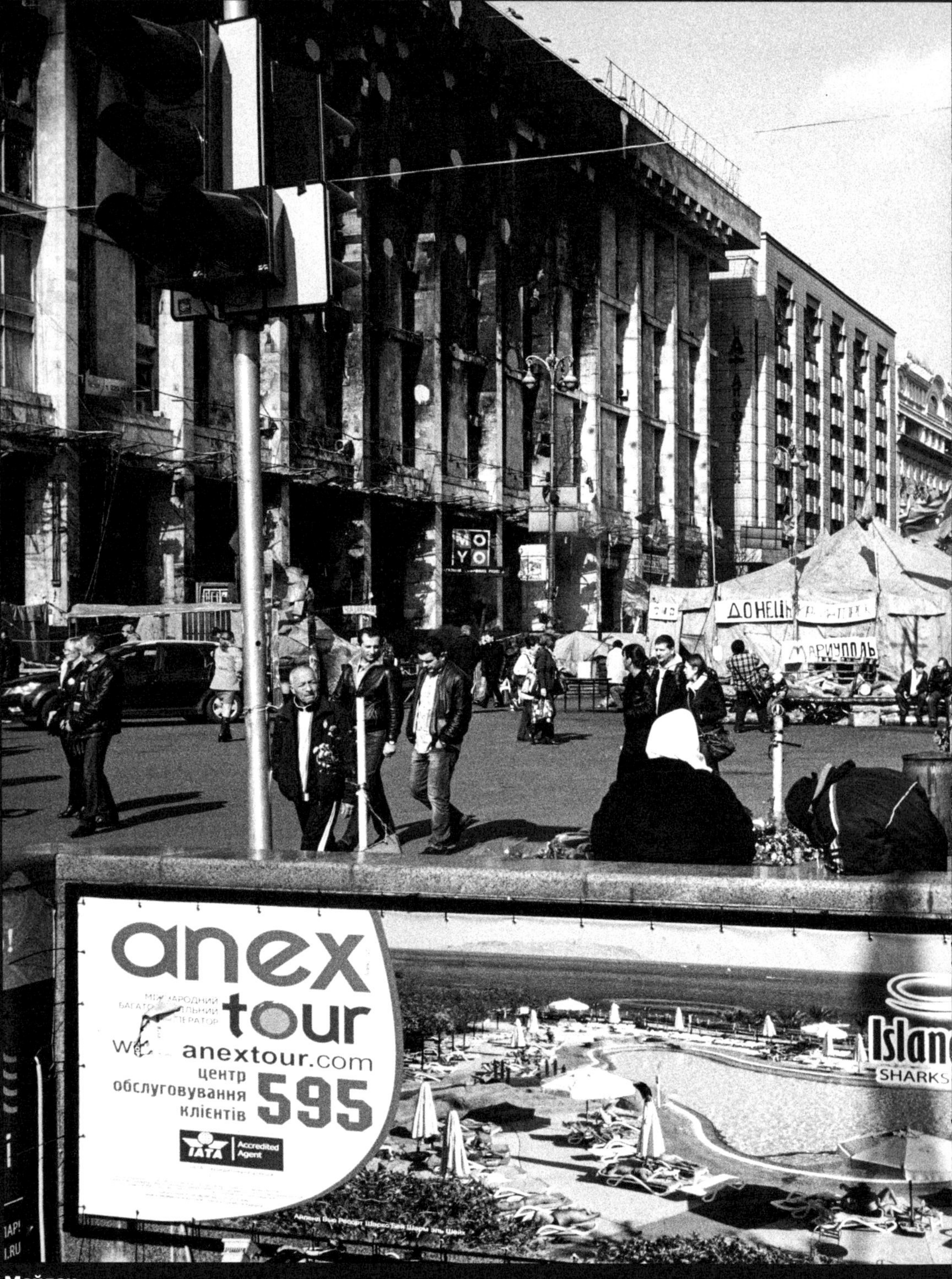

Майдан
Maidan 2014

If I had to describe Uzhhorod in one word, I would call it makeshift. The city itself stands all packed together, pedestrians lined up at the border crossing to the EU. Everything in that city appears spontaneously, as if it arose without any blueprints or design—a mosaic of multicolored pieces, shapes and sizes. This texture is a common feature of cities, but is felt more acutely here, where one of the defining characteristics of Uzhhorod and the small towns of Transcarpathia, are its Romani settlements. Most Romani communities in Ukraine live in encampments, or in living quarter they built themselves. Only a few assimilate and live in the city. Despite the modest living conditions that they manage to invent for themselves, nearly every woman here ends up with twice as many children as the means to support them. National epidemics such as tuberculosis are transmitted at a faster rate here, as far more Roma are deprived of medical aid than other Ukrainians.

We arrived the camp not far from a place called "the drunk market," which got its name from selling cheap vodka 24 hours a day in the 1990s. A sort of barracks surrounds the area, built from scraps collected from the dump: useless pieces of slate, old window frames, sheet metal and plywood boards. There are no roads or sidewalks here. Strangers passing through are associated in the minds of

The Camp versus Berkut

Табір проти «Беркуту»

Якщо назвати Ужгород одним словом, я сказала би—провізоріум. Місто спакувалося й стало у чергу на пішому кордоні з Євросоюзом. Воно стихійно, без якогось певного містобудівного плану, визначило свою фактуру як мозаїчну, зліплену нашвидкуруч зі шматків різних кольорів, розмірів та матеріалів. Мабуть, ця доволі загальна риса відчувається тут гостро, бо однією з визначальних особливостей Ужгорода, як і інших містечок Закарпаття, є численні поселення ромів. Ромські громади живуть у таборах—спеціально збудованих ними чи для них кварталах, а частина асимілювалася й живе у місті. Контраст умов їхнього життя годі собі уявити, тут у кожної жінки в рази більше дітей і менше засобів до існування. Національні епідемії, як-от туберкульоз, поширюються тут іще швидше, а лікарської допомоги позбавляють значно більше ромів, аніж інших українців.

Ми прийшли в табір неподалік «п'яного ринку», що дістав свою назву через цілодобовий продаж дешевої горілки у 90-ті роки. Місцеві бараки збудовано з усього, що вдалося зібрати на смітниках, із непотрібних шматків шиферу, старих вікон, листів металу та дощок. Вулиць та доріг тут немає. Прихід чужинців часто асоціюють зі словом «проект», який для місцевих насамперед

locals with the word "project," which for those living in this space, immediately signals bundles of old clothes, shoes and used toys, as well as packages of food or toiletries.
We haven't brought a single thing with us, not even illusive promises. Despite this, the presence and language skills of the Romani woman with us, Ibolya, gains us the camp's trust. Ibolya works as a broker in real estate and lives in the city. She tells us that languages come easily to Romani people in Transcarpathia, where they in general speak up to five languages, even as literacy remains low. It's this last weakness that keeps them dependent on the Baron. The Baron understands the process of recordkeeping and formal registration for different types of social assistance. Ibolya is well acquainted with the discrimination that Roma face. Negative attitudes even come up in the process of selling an apartment. Even if the space is perfectly clean, buyers prefer to close deals on apartments previously inhabited by white people.
Of course, mistrust exists on both sides. In our case this came through in our chance encounter with the Baron himself, a loud, paunchy guy in a moth-eaten sweater and track pants. The moment he saw us he started shouting and brandishing his fists. When Ibolya tried to approach him, he swung at her. We took this as a good moment to leave just as a stone flew toward us. Expelling us in this

означає клунки зі старим одягом, взуттям та дитячими іграшками, пакети з їжею чи засобами гігієни.
А ми взагалі нічого не принесли, навіть примарних обіцянок. Але з нами ромська жінка Іболья, її присутність і знання мови гарантує довіру табору. Іболья працює брокеркою з продажу нерухомості, вона письменна і живе в місті. Вона розповідає, що закарпатські роми легко переходять на різні мови і загалом говорять п'ятьма, однак грамотність і досі є тією слабиною, яка робить їх залежними від барона. Барон розуміється на діловодстві та оформленні різних видів соціальної допомоги. Іболї добре знайома підозрілість до ромів, яка впадає в око навіть у сфері продажу житла: яка б охайна не була квартира, покупці воліють купувати в «білих».
Звісно ж, недовіра існує й з іншого боку. В нашому випадку висловити її виходить сам барон. Пузатий чолов'яга у дірявому светрі й спортивних штанях заходився сваритися й махати кулаками; коли Іболья підійшла ближче, він замахнувся на неї. Ми добре вгадали момент, коли треба йти — одразу ж після першого каменя в наш бік. Певно, барону вдасться отримати якісь політичні плюси з нашого показового вигнання та закріпити свій статус захисника табору.

way, the Baron surely aimed to get some kind of political advantage by reinforcing his status as a defender of the camp.
Exclusion and a sense of threat from the outside world compel affection toward the Baron. The camp lives in a shaky precariousness twice exploited: between his calculating thoughts, and strangers, whose appearance often means the decimation of the Roma's already scarce resources. Local police, and the notorious special police force Berkut, whose branch office is located nearby, periodically carried out systematic *raids* here—they'd come in the middle of the night or at dawn. Breaking into the barracks, the men inside had thirty seconds to get dressed, before they would be beaten. These intrusions were carried out regularly under the pretext of "processing." Officers would transport any man, young or old, to the local station, then photograph and fingerprint them. In other words, they created for themselves an artificial database of potential suspects.
At one point members of Berkut and several masked men came looking for a teenager on theft charges. They'd almost caught him, but the boy had hidden inside the camp. When they did eventually find the boy, they were about to beat him incessantly, but the Roma roused the entire camp, beating back in response. Punches flew in the officers' direction as stones pelted the cars they'd brought with them. The camp exploded. That day Berkut was forced to flee.

Виключеність та відчуття зовнішньої загрози примушують любити барона. Табір живе у хиткій амбівалентності двох експлуатацій: між своїм злодійкуватим головою та дистанційованими чужими, чиє наближення часто означає спустошення й без того мізерних ресурсів ромів. Місцева міліція в особі славнозвісного спецпідрозділу «Беркут», чиє відділення розташоване неподалік, періодично здійснювала сюди *рейди*—вони приїздили вночі або рано-вранці. Вдиралися в бараки, давали чоловікам 30 секунд на те, щоб вдягтися, потім починали бити. Такі наїзди проводилися з метою «обробки»—забирали молодих хлопців та чоловіків, привозили у відділок, фотографували, брали відбитки пальців. Іншими словами, штучно створювали собі бази даних потенційних зловмисників.
Та одного разу «Беркут» і люди в масках приїхали шукати підлітка-злодюжку, якого майже упіймали, але хлопець устиг заховатися в таборі. Приїхавши напідпитку і знайшовши того хлопака, вони взялися його гамселити. Тоді роми піднялися всім табором і почали бити у відповідь. У «беркутів» летіли удари, а в їхні машини—каміння. Табір спалахнув, і того дня «Беркут» відійшов.
Ця історія дуже схожа на табірну легенду. Неписьменність місцевих людей породжує простір для усного наративу про себе з доволі умовними часовими рамками та текстурою колажу.

This story has nearly become a legend in the camp. The illiteracy among the local people generates the space of oral narrative, filtering the self through relative timeframes in the texture of a collage. Their experience does not leave a single document, apart from the enthusiasm of this one small victory.
Looking back, it seems the camp of protestors on Maidan repeated the Roma's act of resistance, whose story makes an impression on me with its closeness and relevance. The recent past and the microhistories of excluded communities disclose the logic of what seems incomprehensible today, and what appears specific to their experience, sooner or later, gains universal meaning.

Їхній досвід не лишає по собі жодного документу, один лиш ентузіазм маленької перемоги.
Нині, після того як майданівський табір повторив акт спротиву ромів, їхня історія ще більше вражає мене своєю близькістю і важливістю. Недалеке минуле та мікроісторії виключених спільнот виказують логіку нашого, здавалося б, незбагненного сьогодення, а їхній на позір специфічний досвід рано чи пізно стає масовим.

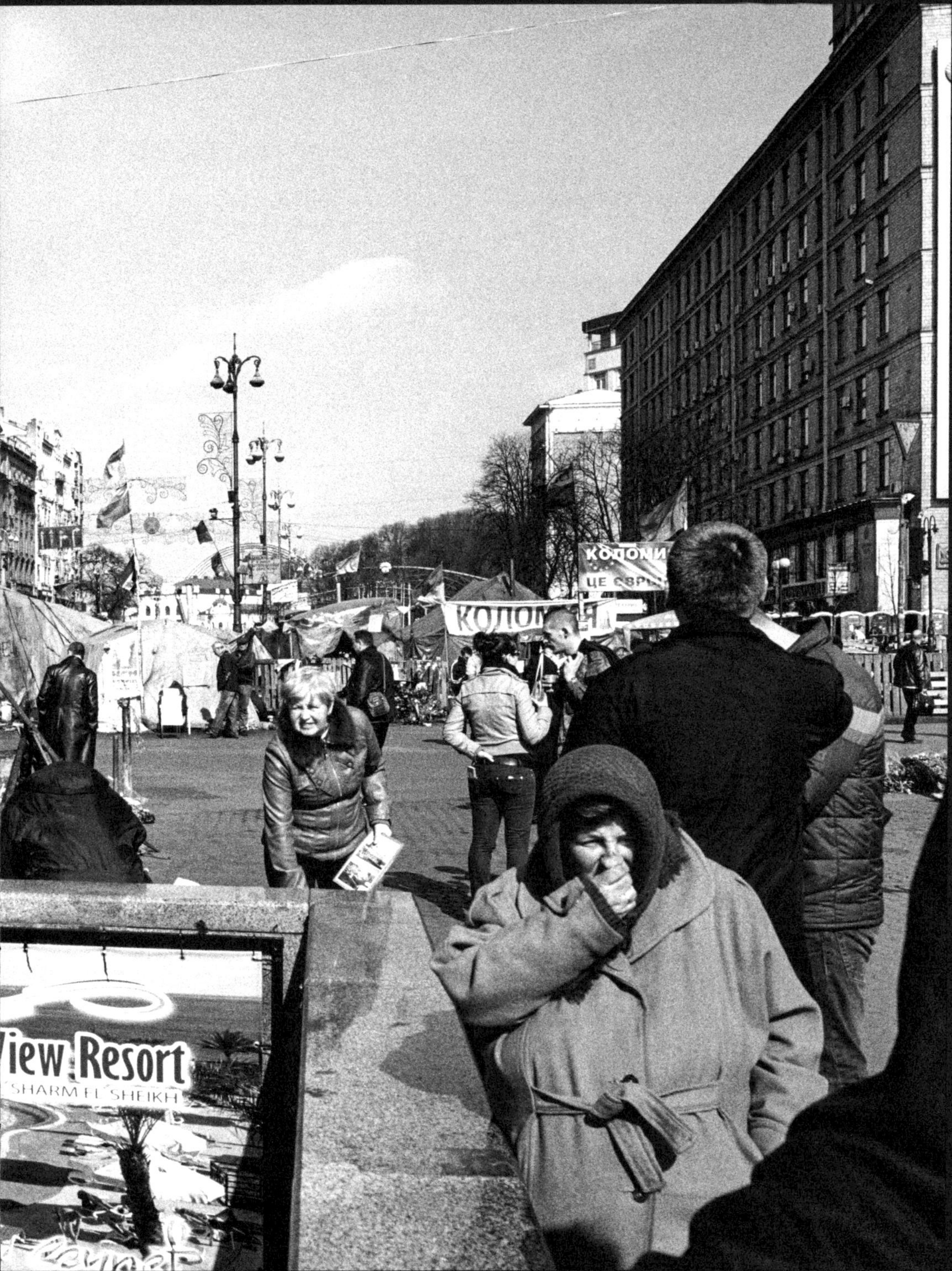
View Resort
SHARM EL SHEIKH

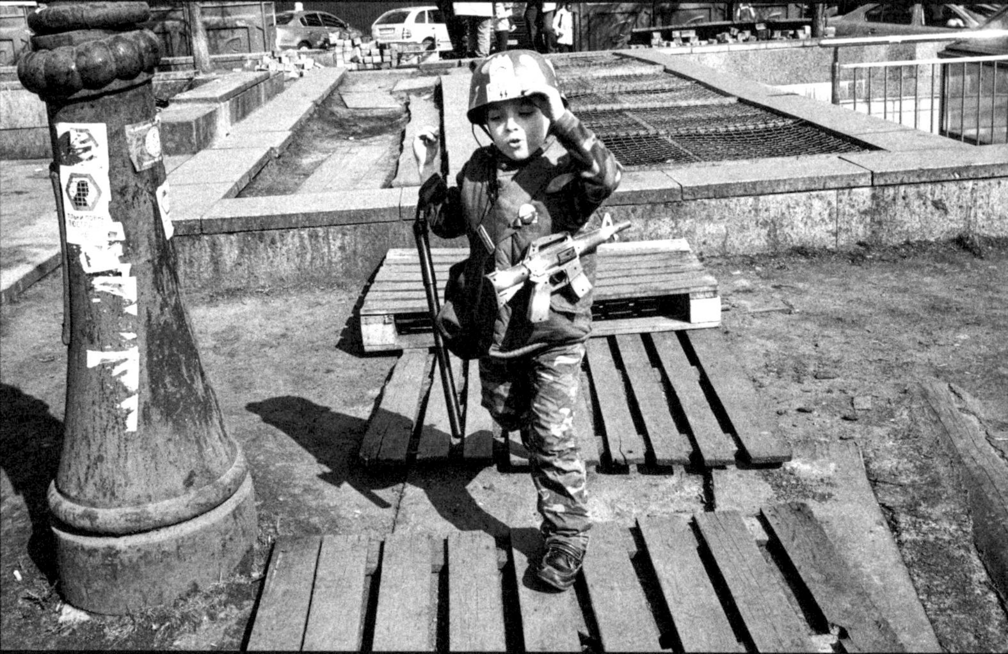

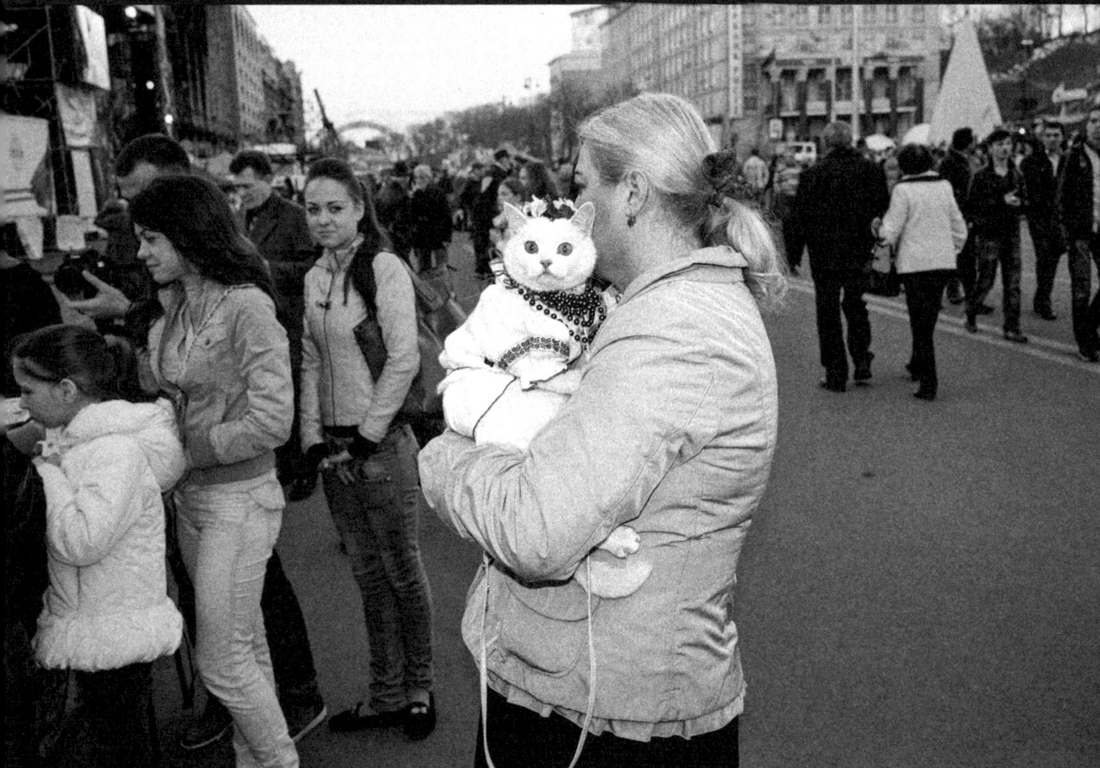

Майдан
Maidan

2014

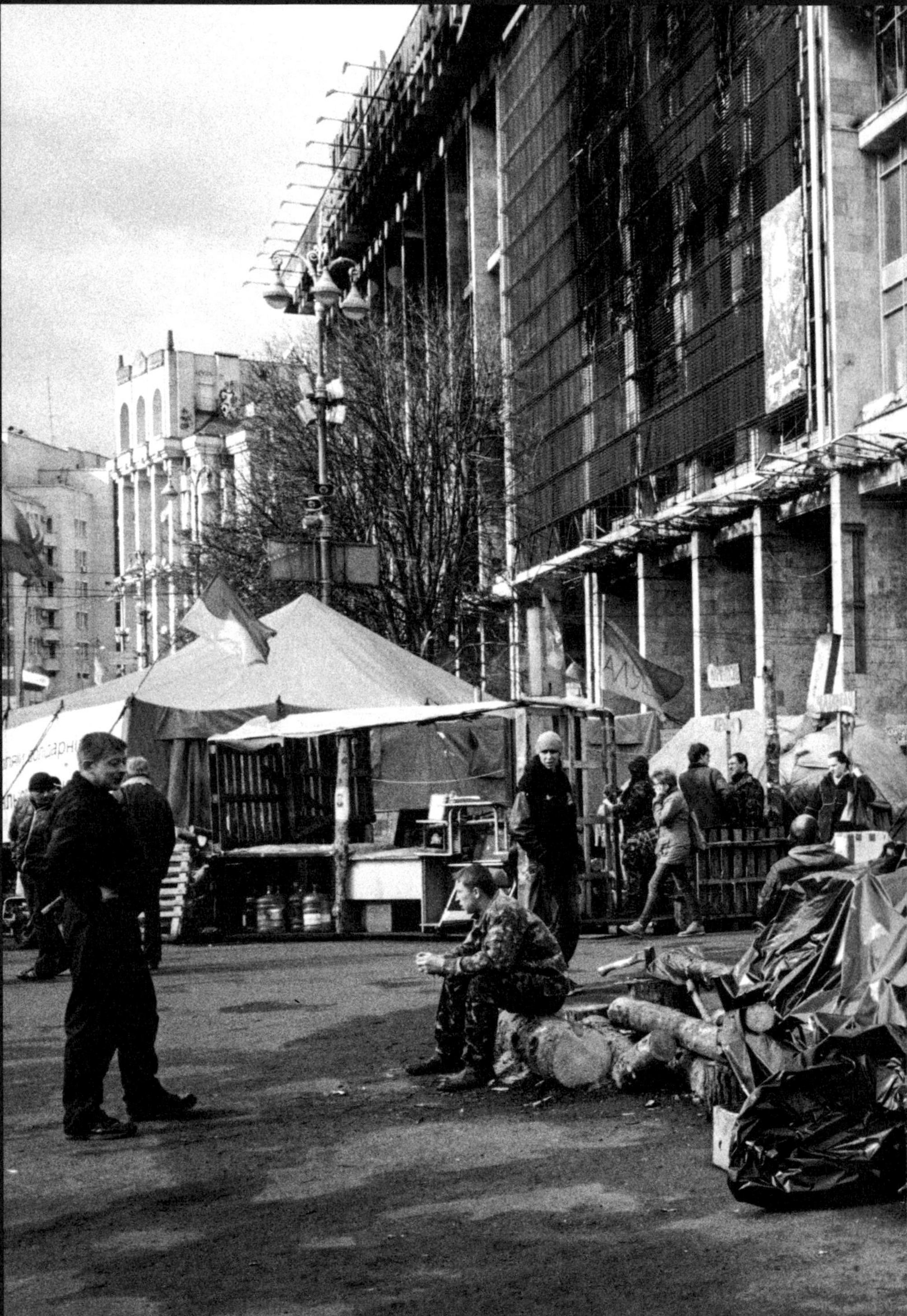

Майдан
Maidan 2014

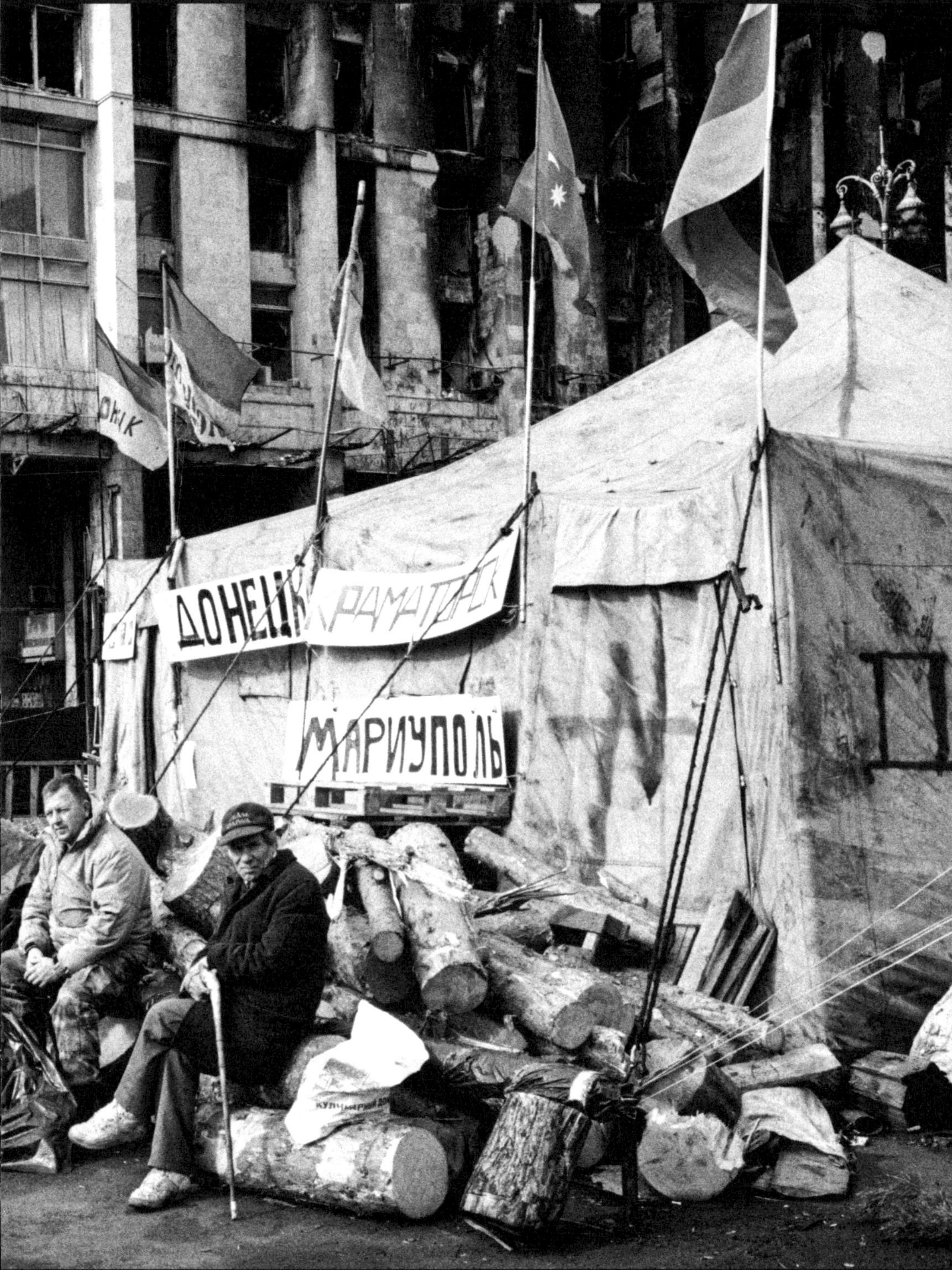
ДОНЕЦК
КРАМАТОРСК
МАРИУПОЛЬ

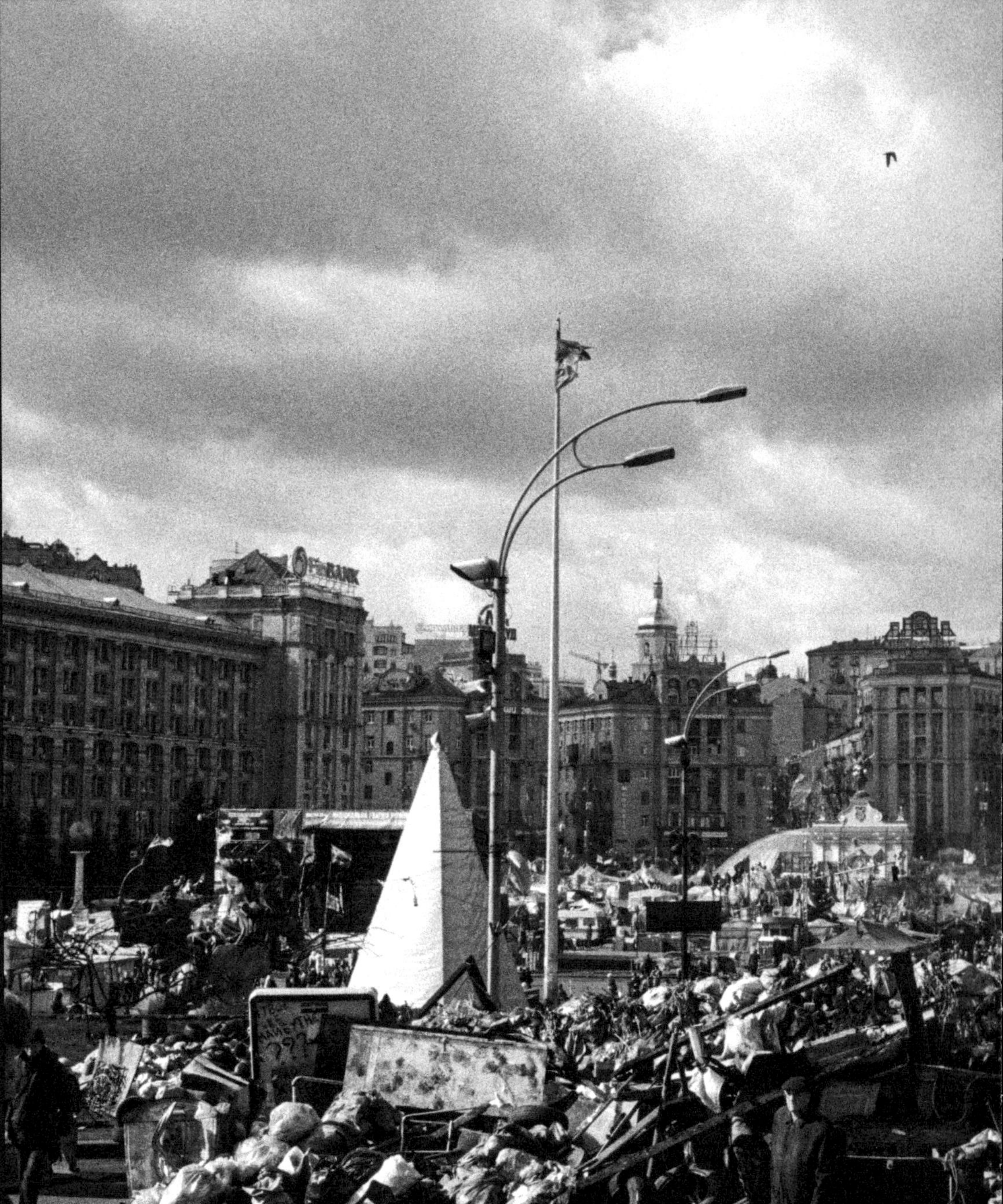

Майдан
Maidan 2014

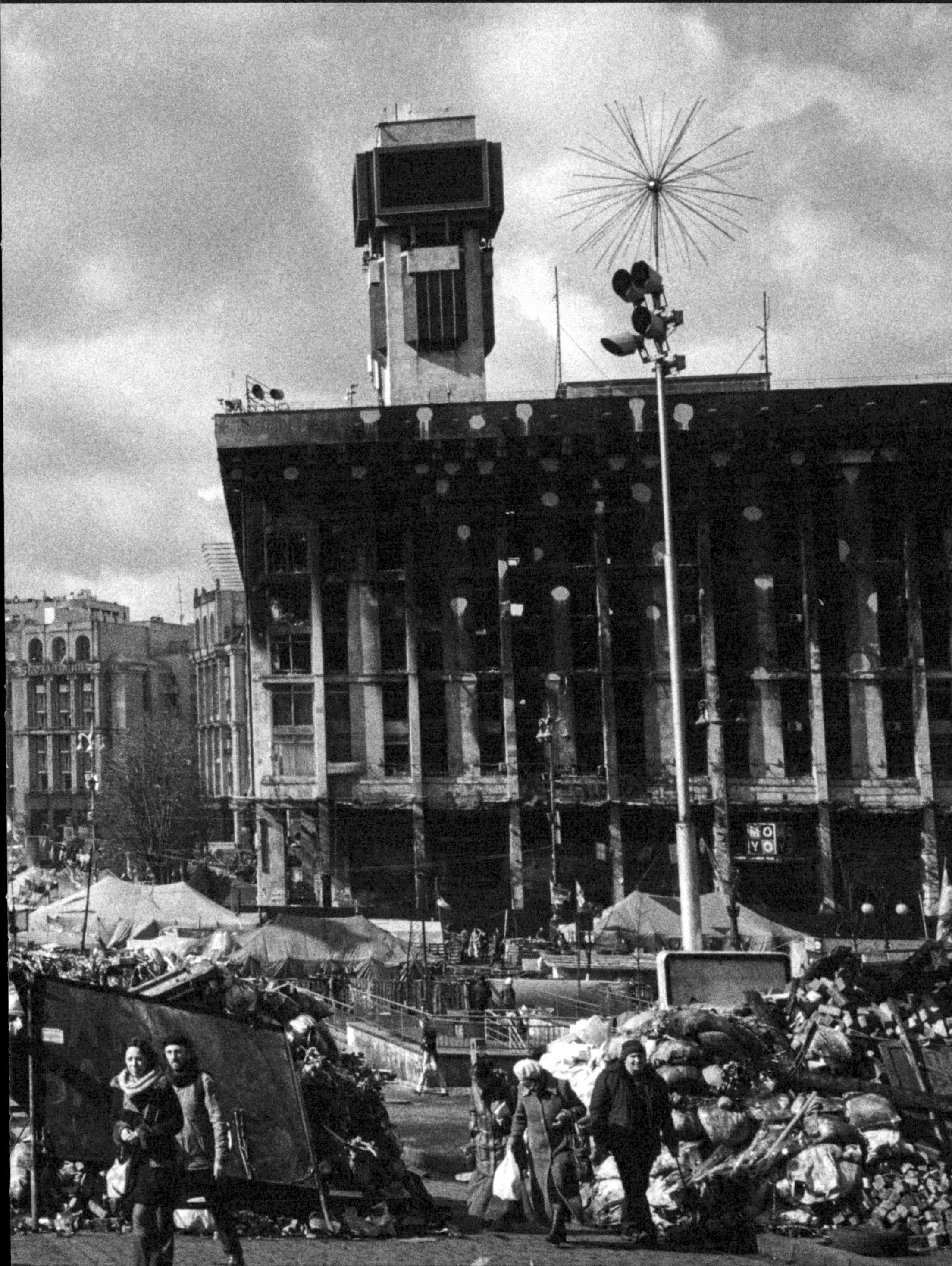

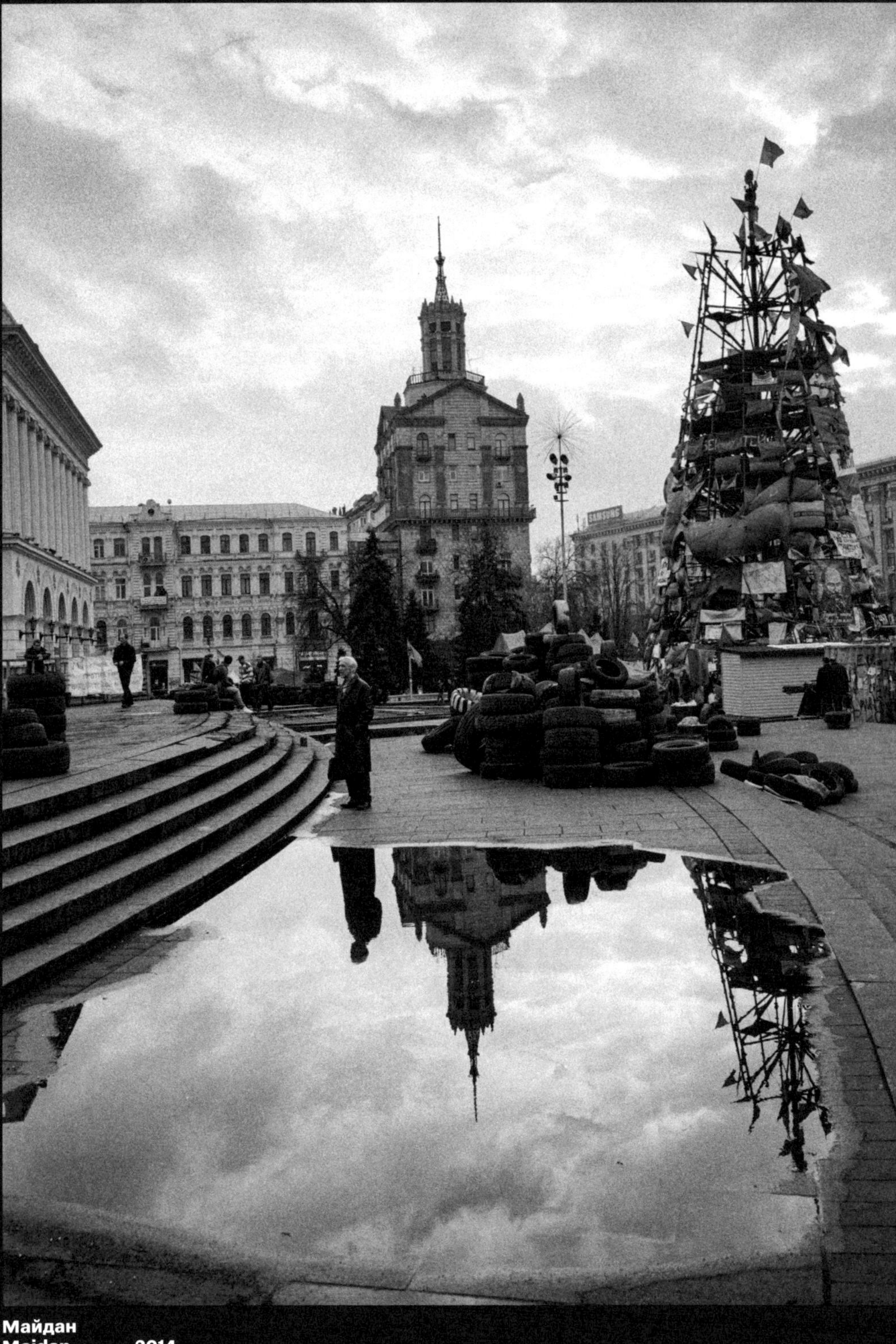

Майдан
Maidan 2014

Contemplating the night, I see nothing. I love nothing.
Georges Bataille, Inner Experience

To decipher the Ukrainian night one may only find several clues. Perhaps one of the first associations from literature that comes to mind is *Evenings on a Farm Near Dikanka,* by Nikolai Gogol: "Do you know the Ukrainian night? Oh, but you do not know the Ukrainian night! Behold her ..."
Gogol tells of how the heavens descend upon the earth while the respectable people in the world remain asleep. His landscapes permeate with sensuality and the pathos of gloom, of shadow, and the deep stillness disrupted by the nightingale's song. In these pastoral settings, the natural world in the foreground is anthropomorphized, revealing at the same time its beast—the untamed dimension of humanity. Perhaps it is precisely in this sense that "Ukrainian Night" poses a question about the boundary between human and animal, and how this border comes to be defined.

Night

Ніч

Споглядаючи ніч, я нічого не бачу, нічого не люблю.
Жорж Батай, «Внутрішній досвід»

До розгадки української ночі можна дібрати кілька ключів. Одна з перших асоціацій з нашої літератури—це, мабуть, початок «Вечорів на хуторі поблизу Диканьки» Миколи Гоголя: «Знаете ли вы украинскую ночь? О, вы не знаете украинской ночи! Всмотритесь в нее...»
Гоголь оповідає про те, як небесне спускається на землю, поки добропорядний люд спить. У його пейзажі прочитується чуттєвість і пафос мороку, тіней і тиші, яку розриває спів солов'я. У такій ідилічній картині антропоморфна природа виступає на передній план, водночас виводячи на світло свого перевертня—натуралізований вимір людського. Можливо, саме в цьому сенсі «Українська ніч» ставить питання межі між людським і тваринним і, разом з тим, умов, що ці межі встановлюють.

Gogolian exclaims of "Divine night!" describe the ambivalent pleasure of the sublime, incomprehensible and threatening at the same time. Now apparent in the images of life after Maidan looms a similar moment, when the incomprehensible, the revolutionary is washed away and all the people that had become visible, those who had emerged from the shadows plunged, again, into an even thicker darkness.
At present, the Ukrainian night is neither a Gogolian idyll, nor ironic Post-Romanticism. It is a space of horror and total silence, of silent people, as Georges Bataille wrote. It is as though the night no longer takes its turn with the day. Nothing precedes it, and it leads nowhere, condemning every experience to a blank forgetfulness. There is no twilight here, there is not even darkness itself—only mute stars and the abyss of violence, only war.
But before this night of despair had fallen, we encountered on our journey the night of humanity, following the ideas of Hegel; the cosmos of her pupils, the depths of her wounds, the chasm of her cry directed at herself alone. We saw the

Гоголівські вигуки «Божественна ніч!» описують амбівалентну насолоду піднесеним, незбагненним та загрозливим водночас. І, вочевидь, у фотографічних сюжетах міського життя після Майдану проглядає саме та мить, коли незбагненне, революційне розмивається, і всі люди, котрі стали видимі, включені, котрі вийшли з тіні, занурюються в нову, ще густішу темряву.
Українська ніч сьогодні—не гоголівська ідилія і не іронічний постромантизм. Це простір жаху і тиші, *тиші людини,* як писав Жорж Батай. Здається, ця ніч більше не існує в парі з днем, вона нічому не передує і нікуди не веде, прирікаючи будь-який досвід на забуття. Немає ні сутінків, ні мороку—лише мовчазні зорі в пітьмі насильства, лише війна.
Але до настання ночі відчаю нас у нашій мандрівці супроводила ніч людини, говорячи мовою Геґеля. Космос її зіниць, глибина її ран, прірва її крику про саму себе. Також була історія *нічних* міст, відмінних від своїх денних двійників, історія тих, кого вдень не видно або

story of cities at night, differing from their daytime equivalents, stories about those who pass unseen in plain daylight, those who not even the light can reveal. This is, in one word, the story of an entirely different kind of sincerity.
At the same time, night introduces the possibility of making sense out of events that have already occurred, and spaces that will remain forever changed. The owl of Minerva departed at the first sign of dusk. The merciless irreversibility inherent to documents and photographs seems to force us to conclude our history, while the shadow of the Ukrainian night grows, transforming into an endless continuation of the Ukrainian social body.

Kyiv, January 2015

хто вдень не показується. Одне слово, історія іншого рівня чесності.
Водночас ніч постає можливістю осмислення подій, які вже відбулися, і просторів, які назавжди змінилися. Сова Мінерви вже вилетіла в сутінки. Безжальна незворотність, притаманна документам і фотографіям, ніби змушує поставити крапку в нашій історії, однак тінь української ночі все росте й росте і стає безперервним продовженням українського соціального тіла.

Київ, січень 2015

Miron Zownir,
Kateryna Mishchenko:
Ukrainian Night

Photography: Miron Zownir
Texts: Kateryna Mishchenko
Design: Katharina Köhler,
Wolfgang Schwärzler
Translation: Jessica Zychowicz
Editing: Jana Fuchs
Copy editing: Jana Fuchs,
Ames Gerould
Proofreading (Ukrainian):
Maryna Aleksandrowytsch
Lithography: Hausstætter
Herstellung, Berlin
Printing and Binding:
DZA Druckerei zu Altenburg

Published by Spector Books
www.spectorbooks.com

First Edition
Printed in Germany

ISBN 978-3-95905-012-8

The German edition of this book
is published by Spector Books,
ISBN 978-3-944669-71-7

Distribution
– France, Belgium:
Interart Paris, www.interart.fr
– United Kingdom:
Central Books Ltd,
www.centralbooks.com
– USA, Canada:
RAM Publications+Distribution
Inc., www.rampub.com
– Australia, New Zealand:
Perimeter Distribution,
www.perimeterdistribution.com
– Germany, Austria:
GVA, Gemeinsame
Verlagsauslieferung Göttingen
GmbH&Co. KG
www.gva-verlage.de
– Switzerland:
AVA Verlagsauslieferung AG,
www.ava.ch
– Other Countries:
Motto Distribution,
www.mottodistribution.com

Development of this book has been
supported through a scholarship
of the Robert Bosch Foundation's
Border Crossers program.

We would like to thank the following people who supported our crowdfunding campaign, without whom this publication would not have been possible:
Daniela Bergelt, Matthias Brunnert, Rolf Buchholz, Lars Bünger, Axel Doßmann, Andreas Fuchs, Werner Fuchs, Indrajit Ghosh, Gerhard Hacker, Ira Hennig, Inge Hermann, Ronald Hirte, Lore Hofmann, Christa Holderer, Tim Holderer, Krzysztof Izdebski, Thorsten Jantschek, Gisela Kallenbach, Monika Kampl, Sieghard Killat, Johannes Kirsten, Prof. Dr. Cornelia Kricheldorff, Ruth Leiserowitz, Alexander Leistner, Gabriele Leupold, Susanne Macht, Michaela Marek, Petra Obrocki, Karin Oestreich, Roswitha Quadflieg, Katharina Raabe, Christoph Radke, Filip Radunovic, Anastasiya Ryabchuk, Edith Spettig, Kateryna Stetsevych, Reinhard Stolz, Andreas Tannhäuser, Jörg Volland, Theodore R. Weeks, Siegfried Weidlich, Elisabeth Weißthanner, Kai Wenzel.

With special thanks to:
Annette Berr, Vasyl Cherepanyn, Ames Gerould, Vaclav Harsa, André Härtel, Sascha Konrad, Stephan Popp, Valentin Pirog, Dmytro Rachlinskyj, Mate Nikola Tokić, Elisabeth van Gelder.

Мірон Цовнір,
Катерина Міщенко:
Українська ніч

Фото: Мірон Цовнір
Текст: Катерина Міщенко
Дизайн: Катаріна Кьолер,
Вольфґанг Шверцлер
Переклад: Джесіка Зихович
Редакторка: Яна Фукс
Літературна редакція:
Яна Фукс, Еймс Джерольд
Коригування українського
тексту: Марина Александрович
Літографія: Hausstætter
Herstellung, Berlin
Друк: DZA Druckerei zu Altenburg

Видано Spector Books
www.spectorbooks.com

Перше видання
Надруковано в Німеччині

ISBN 978-3-95905-012-8

Книжка англійською мовою
видана Spector Books
ISBN 978-3-944669-71-7

Дистрибуція
– Франція, Бельгія:
Interart Paris, www.interart.fr
– Велика Британія:
Central Books Ltd,
www.centralbooks.com
– США, Канада:
RAM Publications+Distribution
Inc., www.rampub.com
– Австралія, Нова Зеландія:
Perimeter Distribution,
www.perimeterdistribution.com
– Німеччина, Австрія:
GVA, Gemeinsame
Verlagsauslieferung Göttingen
GmbH&Co. KG
www.gva-verlage.de
– Швейцарія:
AVA Verlagsauslieferung AG,
www.ava.ch
– Інші країни:
Motto Distribution,
www.mottodistribution.com

Робота над книжкою здійснювалася за сприяння Фонду ім. Роберта Боша в рамках програми *Grenzgänger.*

Це видання стало можливе завдяки підтримці через краудфандинг. Ми висловлюємо вдячність:
Данієлі Бергельт, Маттіасу Бруннерту, Рольфу Бухгольцу, Ларсу Бюнґеру, Акселю Досману, Андреасу Фуксу, Вернеру Фуксу, Індраїту Ґошу, Гергарду Гакеру, Ірі Генніг, Інґе Германн, Рональду Гірте, Лоре Гофман, Крісті Гольдерер, Тіму Гольдереру, Кшиштофу Іздебскі, Торстену Янчеку, Ґізелі Калленбах, Моніці Кампль, Зіґгарду Кіллату, Йоганесу Кірстену, проф. др. Корнелії Кріхельдорфф, Рут Ляйзеровіц, Александеру Ляйстнеру, Ґабріель Льойпольд, Сюзанне Махт, Міхаелі Марек, Петрі Оброцкі, Карін Оестрайх, Росвіті Квадфліґ, Катаріні Раабе, Крістофу Радке, Філіпу Радуновічу, Анастасії Рябчук, Едіт Шпеттіг, Катерині Стецевич, Райнгарду Штольцу, Андреасу Таннгойзеру, Йорґу Фолланду, Теодору Р. Віксу, Зіґфріду Вайдліху, Елізабет Вайстаннер, Каю Венцелю.

Особливо дякуємо: Аннет Бер, Еймсу Джерольду, Вацлаву Гарса, Андреасу Гертелю, Саші Конраду, Штефану Поппу, Валентину Пірогу, Дмитру Рахлінському, Мате Ніколі Токіч, Елізабет ван Гельден, Василю Черепанину.